JN122182

シリーズ
新時代の学びを創る
9
シリーズ企画者
山崎 英則
冨永 光昭
木原 俊行
池永 真義

家庭科
授業の理論と実践

持続可能な生活をつくる

大本久美子 編著

あいり出版

執筆者紹介

大本久美子　■大阪教育大学教育学部　　　　：編者、1章、6章、8章1、
　　　　　　　　　　　　　　　　　　　　　　9章1、10章1、コラム2

野田文子　　■関西福祉科学大学教育学部　　：2章、11章1

鈴木真由子　■大阪教育大学教育学部　　　　：3章、4章、7章1、コラム1

加賀恵子　　■弘前大学教育学部　　　　　　：5章、7章2-3、コラム3

南　千里　　■大阪教育大学附属平野小学校：7章2-1

村田晋太朗　■兵庫教育大学連合大学院（博士課程）：7章2-2

西江なお子　■奈良学園大学人間教育学部　　　　：8章2-1、10章2-3

勝田映子　　■帝京大学教育学部　　　　　　：8章2-2

谷　昌之　　■大阪府立天王寺高等学校　　　：8章2-3

忽那啓子　　■元　能勢町立東中学校　　　　：9章2-1

入交享子　　■大阪府立茨木高等学校　　　　：9章2-2

古川ルミ　　■大阪教育大学附属池田中学校：9章2-3、10章2-2

橋本美恵　　■大阪市立新生野中学校　　　　：10章2-1

橘　祥浩　　■尼崎市立浜田小学校　　　　　：11章2、11章3、11章4、11章5

◎シリーズ企画・監修者　山﨑英則・冨永光昭・木原俊行・池永真義

は じ め に

　2020 年に小学校、1 年ずつ遅れて中学校・高等学校で完全実施となる新しい
教育課程では、「知識及び技能」、「思考力、判断力、表現力等」、「学びに向か
う力、人間性等」の資質・能力を「主体的・対話的で深い学び」で身につけさ
せることをめざしている。また今回の改訂では、課題解決力の育成やカリキュ
ラム・マネジメントを重視している。家庭科では、これまでにもアクティブな
学びを通じてこれらの資質・能力を培うことをめざしてきているが、カリキュ
ラム・マネジメントの視点を強化することによって、より一層充実することが
期待できる。

　本書は、「シリーズ・新時代の学びを創る」全 13 巻の内、第 9 巻家庭科編と
してまとめているため、シリーズの企画に沿った 3 部構成となっている。

　第 1 部は家庭科教育の現代的意義と課題、第 2 部は家庭科教育における授業
づくりの理論、第 3 部は実践事例である。

　第 1 部では、家庭科の意義と特性について、育成したい学力と背景学問に焦
点を当てて述べている。現代の教育課題や生活課題解決に家庭科はどのように
貢献できるのか、人間の生涯発達に家庭科の学びはどのような意味を持つのか
についても言及した。また家庭科教育の系譜や新学習指導要領を解説した。

　第 2 部では、カリキュラム・マネジメントや地域教材、主体的で対話的な学
びの実現等に焦点を当て、授業づくりに関わる実践的理論について論述してい
る。

　第 3 部の実践事例は、大阪教育大学の附属学校をはじめとする、小・中・高
等学校の授業実践を紹介している。問題解決的な学習の他、生活を総合的・科
学的に捉えた実践、生活を視覚化・言語化した実践、地域・行政・企業等との
連携、他教科との連携・異校種間連携・学校行事との連携を図った家庭科の実
践事例を載せている。ご執筆いただいた先生方に心よりお礼を申し上げたい。

　本テキストは、教員志望の大学生を対象としているが、現職教員の方々の授
業づくりに役立てていただくことを期待している。本書に対するご意見、ご批
判をいただければ幸いである。

　教育現場における児童・生徒一人ひとりの多様性の尊重や教育的ニーズへの

支援は、障がいの有無、日本語が理解できるかどうか、などではなく、すべての子どもたちに求められている。本書が新時代の家庭科教育の在り方を議論する一助になることを心から願っている。

　最後に、あいり出版の石黒憲一氏には、大変お世話になった。感謝の意を申し上げる。

2021 年 7 月　　　　大本久美子

1章　家庭科の意義と特性

章のねらい

　本章では、家庭科の意義と特性について、①育成したい能力（学力）と②背景学問としての家政学の２つに焦点を当てて論述する。

　家庭科は学校教育の中でどのような役割を果たすことができるのか、「21世紀型能力」や求められる学力としての「思考力、判断力、表現力等」を取り上げ、学力論として考察する。さらに現代の教育課題や生活課題解決に家庭科はどのように貢献できるのかについて言及する。

1．予測困難な時代に求められる資質・能力

　近年、知識・情報・技術をめぐる変化の早さは、加速度的であり、グローバル化や情報化などの社会的変化が予測以上に進展している。特にＡＩ（人工知能）やテクノロジーの急激な進歩は、社会や産業の劇的な変化を生みだしている。このような状況の下、内閣府は、第５期科学技術基本計画でSociety 5.0を提案した[1]。Society 5.0とは、サイバー空間（仮想空間）とフィジカル空間（現実空間）を高度に融合させたシステムにより、経済発展と社会的課題の解決を両立する、「新たな社会」のことである。

　一方、外務省のＳＤＧｓ本部は、『拡大版ＳＤＧｓアクションプラン2018』を発表している[2]。誰一人取り残さない社会をめざす持続可能な開発目標（ＳＤＧｓ）の推進を通じて、少子高齢化やグローバル化の中で実現できる「豊かで活力ある未来像」を世界に先駆けて示していくために、日本ならではの「ＳＤＧｓモデル」を構築した（ＳＤＧｓについては、第４節で詳細に触れている）。Society 5.0は、ＳＤＧｓと連動して推進することが図1-1に示されている。

『拡大版SDGsアクションプラン2018』のポイント

政府の主要方針
『経済財政運営と改革の基本方針2018』(※1)：積極的平和主義の旗の下、SDGsの実現に向け、人間の安全保障に関わるあらゆる課題の解決に、日本の「SDGsモデル」を示しつつ、国際社会での強いリーダーシップを発揮する。
『未来投資戦略2018』(※2)：「Society 5.0」の国際的な展開は、世界におけるSDGsの達成に寄与。そのため、企業による取組を支援。

※1、2. 平成30年6月15日閣議決定

世界に発信・展開する日本の「SDGsモデル」の方向性（第4回SDGs推進本部会合で決定）

■ 日本は、誰一人取り残さない社会の推進を目指すSDGsの推進を通じて、創業や雇用の創出を実現、少子高齢化やグローバル化の中で実現できる、「豊かで活力ある未来像」を、世界に先駆けて示していく。そのため、日本ならではの「SDGsモデル」を構築。
■ 日本の「SDGsモデル」を特色付ける大きな柱として、次の三つを掲げつつ、『SDGs実施指針』における8つの優先分野に総力を挙げて取り組むため、政府の主要な取組を盛り込んだ。『拡大版SDGsアクションプラン2018』では、主要な取組を含め更なる具体化・拡充を行うとともに、発信を強化。

I. SDGsと連動する「Society 5.0」の推進	II. SDGsを原動力とした地方創生、強靱かつ環境に優しい魅力的なまちづくり	III. SDGsの担い手として次世代・女性のエンパワーメント
● SDGsが掲げる社会課題や潜在ニーズに効果的に対応すべく、破壊的イノベーションを通じた「Society 5.0」や、「生産性革命」を実現。 ● 経団連「企業行動憲章」の改定を支持し、民間企業の取組を更に後押し。	● 各地方のニーズや強みを活かしながらSDGsを推進し、地方創生や、強靱で環境に優しい魅力的なまちづくりを実現。 ● 政府が一体となって、先進的モデルとなる自治体を支援しつつ、成功事例を普及展開。	● 次世代や女性をエンパワー。 ● 国内では、「働き方改革」、「女性の活躍推進」、「人づくり革命」などを着実に実施。 ● 国際協力では、「人間の安全保障」に基づき、保健、女性、教育、防災等への支援を推進。

第4回推進本部会合における指示を踏まえ

| 日本の技術力を活かし、国際社会で「SDGsのための科学技術イノベーション(STI)」を主導
・『SDGsのためのSTIロードマップ』の雛形等を策定。本年6月の国連STIフォーラム(日本が共同議長)等を通じ、ロードマップの重要性・必要性を喚起。
・『統合イノベーション戦略』及び『知的財産戦略ビジョン』等において、SDGsをハイライト。

SDGs経営やSDGsに資する海外展開を応援
・日本企業がフロントランナーとしてSDGsを実現するため、『SDGs経営推進イニシアティブ』を推進。 | 自治体によるSDGs推進モデルを構築すべく、政府一体となって支援
・29自治体を「SDGs未来都市」に選定。

国際会議・フォーラムの機会を捉え、地方からSDGsの取組を発信
・G20サミット・閣僚会合開催地から、SDGsの取組を発信。
・2025年万博誘致でも、SDGs推進を発信。

2020年東京オリンピック・パラリンピック競技大会を5輪に
・2020年東京オリパラ大会のための『持続可能な運営計画(第二版)』の公表。 | 次世代によるSDGs推進を後押し
・「次世代のSDGs推進プラットフォーム」の立ち上げを、年末までに準備。

女性の活躍を官民リーダーが力を合わせ主導
・WAW！・W20(G20エンゲージメント会合)を開催

国内外の「人づくり」のために行動
・2019年のG20・TICADに向けて、次世代を含め、保健・教育分野における取組を強化。
・子どもに対する暴力撲滅に関する国際イニシアティブとの政策連携と財政貢献。

アジアで、「ビジネスと人権」を率先
・『国別行動計画(NAP)』の策定作業を加速化 |

個別取組・発信
『SDGs実施指針』における8つの優先分野に関し、SDGsを推進する取組を更に具体化及び拡充
● SDGsに関する官民の知見共有プラットフォームの立ち上げ
● 7月の国連HLPFにおいて、「日本のSDGsモデル」を発信

1

◎図1-1　『拡大版ＳＤＧｓアクションプラン2018』のポイント
出典）外務省SDGｓ推進本部（平成30年）
https://www.mofa.go.jp/mofaj/gaiko/oda/sdgs/pdf/action_plan_2018.pdf

　このような「変化の時代」に生きる子どもたちには、一人ひとりが持続可能な社会の担い手として、快適で活力があり、質の高い生活を営む力、社会課題を解決していく力などが求められている。学校教育においては、予測困難な社会の変化に主体的にかかわり、感性を豊かに働かせながら、どのような未来を創っていくのか、どのように社会や人生をよりよいものにしていけるのかという目的を自ら考え、自らの可能性を発揮し、「よりよい社会と幸福な人生の創り手となる力」、つまり「生きる力」を身につけられるようにすることが重要である。

　中央教育審議会では、2030年とその先の社会の在り方を見据えながら、学校教育を通じて子どもたちに育てたい姿を以下のように描いている[3]。

・社会的・職業的に自立した人間として、わが国や郷土が育んできた伝統や

文化に立脚した広い視野を持ち、理想を実現しようとする高い志や意欲を持って、主体的に学びに向かい、必要な情報を判断し、自ら知識を深めて個性や能力を伸ばし、人生を切り拓いていくことができること。

・対話や議論を通じて、自分の考えを根拠とともに伝えるとともに、他者の考えを理解し、自分の考えを広げ深めたり、集団としての考えを発展させたり、他者への思いやりを持って多様な人々と協働したりしていくことができること。

・変化の激しい社会の中でも、感性を豊かに働かせながら、よりよい人生や社会の在り方を考え、試行錯誤しながら問題を発見・解決し、新たな価値を創造していくとともに、新たな問題の発見・解決につなげていくことができること。

　このような姿は、変化の激しい社会を生きるために必要な「生きる力」を現在とこれからの社会の文脈の中で改めて捉え直し、しっかりと発揮できるようにすることで実現できるものであると考えられている。これらの「生きる力」は、よりよい生活を営む力として、家庭、地域、社会の具体的な生活空間、対象と関連させて家庭科でも育成をめざしてきている。

　そこで、家庭科が学校教育で育成をめざしている「生きる力」や生活をよりよくしようと工夫する資質・能力を育成する教科であることを「育成できる学力」の視点から見ていくことにする。

2．家庭科で育成できる学力（能力）

(1)　21世紀型能力と家庭科

　国立教育政策研究所教育課程研究センターでは、21世紀を生き抜く力を「21世紀型能力」と名付け、その試案を提案した[4]。変化の激しい社会においては、学校で学んだ知識や技能を定型的に適用して解ける問題は少なく、問題に直面した時点で集められる情報や知識を入手し、それを統合して新しい答えを創り出す力を育成することが求められている。2017年、2018年に告示された学習指導要領は、この「21世紀型能力」の考え方に基づき改訂が進められた。

◎図1-2　21世紀型能力

出典：国立教育政策研究所　教育課程の編成に
　　　関する基礎的研究報告書5「社会の変化
　　　に対応する資質や能力を育成する教育
　　　課程編成の基本原理」p.26

提案された21世紀型能力とは、「21世紀を生き抜く力をもった市民」として日本人に求められる能力であり、図1-2のように、能力の中核に「思考力」、その思考力を支える「基礎力」と思考力を活用する「実践力」の3つから構成されている。OECD（経済開発協力機構）のプロジェクト DeSeCo（デセコ：Definition and Selection of Competencies）のキー・コンピテンシーの視点からみると、「基礎力」は、カテゴリー1の「相互作用的に道具を用いる」に、「実践力」は、カテゴリー2の「異質な集団で交流する」とカテゴリー3の「自律的に活動する」に位置づいている。また「生きる力」としての知・徳・体を構成するさまざま資質・能力から、特に、教科・領域横断的に学習することが求められる能力を汎用的能力として抽出し、それらを「基礎」「思考」「実践」の観点で再構成したものと捉えることもできる。それぞれの力について以下に説明する。

　まず、21世紀型能力全体の基礎・基本として、「基礎力」を位置づけ、言語的リテラシー、数量的リテラシー、情報リテラシーを身につけるために、それらの知識と技能の習熟をめざす。グローバル化が進展し、あらゆる領域や分野で知識・情報・技術が重要な意味を持つ21世紀の知識基盤社会においては、日常生活の中で高度なリテラシーを身につけることが求められる。国際成人力調査（Program for the International Assessment of Adult Competencies,　PIAAC 2013）では、リテラシー（読解力）を「社会に参加し、自らの目標を達成し、自らの知識と可能性を発展させるために、書かれたテキストを理解し、評価し、利用し、これに取り組むことである」と定義している[5]。

　思考力を助けるのが基礎力の一つの役割と考えることもでき、このような基礎力をもとに、問題発見解決、創造力、論理的・批判的思考力、メタ認知から構成される「思考力」を育成することが求められている。

　論理的・批判的思考力は、物事を多様な観点から論理的に考察する思考力である。比較・関連付けや、理由付け、判断力などから構成される。問題発見解決力、創造力は問題を発見したり解決したり、新しいアイデアを生み出したりする思考力である。メタ認知は、計画に従って学習を進め、その進行が順調に進んでいるかをモニターし、制御する思考力である。

　基礎力を基盤として身に付けた思考力は、実生活や社会における問題解決において具体的な実践として発揮される。知識と思考力を実生活・実社会で活用し、いかに行為すべきかを決定し、実際に問題を解決していくのが実践力である。実践力として育てたい能力と共有させたい価値を「自律的活動力」「人間関係形成力」「社会参画力」の3つの領域で構成している。これらは思考力の使い方を方向付けるものである。

　実践力とは、「日常生活や社会、環境の中に問題を見つけ出し、自分の知識を総動員して、自分やコミュニティ、社会にとって価値のある解を導くことができる力、さらに解を社会に発信し、協調的に吟味することを通して他者や社会の重要性を感得できる力」と定義されている[6]。自分の行動を調整し、ライフスタイルを選択、決定する力のベースとなる「自律的活動力」「人間関係形成力」「社会参画力」の詳細を以下に説明する。

　まず、「自律的活動力」とは、主として自分自身に関わる能力や価値である。キーワードとして「生活習慣」「健康・体力」「計画実行力」「自己理解・個性伸長」「自律」「選択能力」「進路選択」などがあり、自己に関するものである。次に「人間関係形成力」は、他者と効果的なコミュニケーションをとり、協力してより良い人間関係づくりをする力である。キーワードとしては「他者理解」「表現力」「礼儀」「思いやり」等で、他者や集団に関するものである。「社会参画力・持続可能な未来への責任（倫理と責任）」は、これからの社会において、グローバルあるいは、ローカルな場面で起こりうるさまざまな倫理的な問題に積極的に関わり、市民的責任を自覚して行動する力とされている。身近な自然から地球環境や生態系までの保護・保全、社会、いのちに関わる能力や態度を育てる。

　実践とは、対「人」、対「自然」、対「社会」に対して、行為者がある目的の下に意識的に行なうものであり、行為者が何をめざし、何を大切にするかとい

う価値が「自律的活動力」「人間関係形成力」「社会参画力」のベースにある。

　実践力の具体的な構成要素は、自己形成力、他者との人間関係形成力、未来社会を創造する力である。家庭科でめざしている「生活を創造する力」や「課題解決力」の育成は、21世紀型能力を育むことに他ならない。

　荒井は、家庭科の学習目標とDeSeCoのキー・コンピテンシーとの関係を図1-3のように示している[7]。家庭科の文脈ごとの目標は、3つのコンピテンシーのそれぞれと重なる要素があり、全体をカバーしている。世界標準の学力（能力）のめざす方向が家庭科や家政学が見つめてきた「生活の中で活きる力」、「生活における問題解決や実践力を育む」方向へと舵を切ったと荒井は述べている[8]。

小・中・高校共通の学習目標
○生活に必要な知識や技術を身につけ活用する
○家族や他の人と協力して生活を営む
○家庭や地域の生活の課題を主体的に解決する

◎図1-3　キー・コンピテンシーと家庭科の学習目標との関係

　21世紀の学力論が知識や技術の獲得から、それらの生活問題への応用・活用へと転換する中で、家庭科はまさに21世紀型能力の育成の中核に位置づく教科であり、先取りしてそれらの育成に取り組んできた教科であるともいえよう。

　次に学校教育全体で育成したい力として求められている「思考力、判断力、表現力等」に焦点を当てて、家庭科でどのように育成することが可能か、論じていきたい。

(2)　思考力、判断力、表現力等の育成と家庭科

　まず、学力の３つの要素が明示された背景を以下に整理しておきたい。

　2007（平成 19）年６月に開催された第 57 回教育課程部会の配布資料から、改正学校教育法第 30 条第２項の記述内容が確認できた。「前項の場合において、生涯にわたり学習する基盤が培われるよう、基礎的な知識及び技能を習得させるとともに、これらを活用して課題を解決するために必要な思考力、判断力、表現力その他の能力をはぐくみ、主体的に学習に取り組む態度を養うことに、特に意を用いなければならない」と記されている[9]。

　これを受けて 2008（平成 20）年３月に公示された学習指導要領では、総則において、「基礎的・基本的な知識及び技能」「知識・技能を活用して課題を解決するために必要な思考力・判断力・表現力等」「主体的に学習に取り組む態度」を育成することが示された[10]。

　中央教育審議会答申「幼稚園、小学校、中学校、高等学校及び特別支援学校の学習指導要領等の改善について」では、授業の中で思考力・判断力・表現力等を育成するための学習活動として、次の６つの学習活動を例示している[11]。

① 体験から感じ取ったことを表現する
② 事実を正確に理解し伝達する
③ 概念・法則・意図などを解釈し、説明したり活用したりする
④ 情報を分析・評価し、論述する
⑤ 課題について、構想を立て実践し、評価・改善する
⑥ 互いの考えを伝え合い、自らの考えや集団の考え方を発展させる

　さらに、言語は知的活動（論理や思考）の基盤であるとともに、コミュニケーションや感性・情緒の基盤でもあり、豊かな心をはぐくむうえでも、言語に関する能力を高めていくことが重要であり、言語を通した学習活動を充実することにより思考力・判断力・表現力等の育成が効果的に図られることとし、いずれの教科等においても言語活動を発達の段階に応じて行なうことが重要であると述べている。

　加えて、「児童・生徒の学習評価の在り方について（報告）」（平成 22 年）では、各教科の学習内容に即して、思考・判断したことを表現する活動と一体的に評価する観点「思考・判断・表現」を設定することとし、従来の「思考・判

断」を「思考・判断・表現」とした[12]。この「関心・意欲・態度」、「思考・判断・表現」、「技能」、「知識・理解」の４観点から、次期学習指導要領では、「知識・技能」、「思考力・判断力・表現力等」、「主体的に学習に取り組む態度」の３つの観点に整理されている。今回の改訂では、とりわけ「思考力・判断力・表現力」を育む問題解決的な学習の必要性を明示している。

　学習評価については、2部で詳細を述べているので、ここでは、自分の生活や家庭生活と関わらせて、どのように「思考力・判断力・表現力」を養うのか、思考・判断・表現する流れについて簡単に説明する。

　図1-4は、自分の生活や家庭生活と関わらせて思考・判断・表現する学習の流れが示されている。生活の中から課題を発見することを学習のスタートとし、課題を明確にし、課題解決のために情報収集と分析を行なう。その後、比較・検討を行ない、解決方法を決定し、計画の立案、発表、実践、省察、発表、価値の創出と改善策の検討、発表という流れで、思考の道すじが示されている[13]。これらの一連の学習過程をおさえることで、家庭や地域での実践によりつながっていくと考えられる。

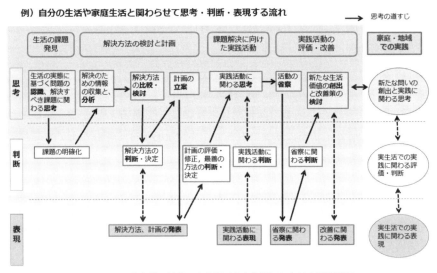

◎図1-4　家庭科、技術・家庭科（家庭分野）における学習過程
出典）文部科学省　教育課程部会　家庭、技術・家庭ワーキンググループ資料 10 − 1（平成 28 年 5 月 11 日）

　しかし、このような言語活動の充実を図った「思考力・判断力・表現力」の育成や実生活から課題を認識させる一連の学習は、ある程度まとまった時間が必要となる。

　家庭科の現状の授業時間数は、小学校115時間、中学校87.5時間、高等学校70時間（家庭基礎）であり、十分な時間数とはいえない（図1-5参照）。そのため、さまざまな工夫で時間数を確保することが課題となる。他の教科をはじめ、道徳や総合的な学習、特別活動などの時間を活用して、教科横断的に取り組むことも可能である。現状の限られた時間で、これらの力を確実に身につけさせる方法を生み出すことが家庭科の課題の一つとなっている。

　次に家庭科の背景学問とも言われる「家政学」に焦点を当てて、家庭科の特性を考えてみたい。

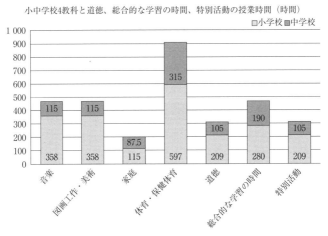

小中学校4教科と道徳、総合的な学習の時間、特別活動の授業時間（時間）

◎図1-5　小・中学校家庭科の時間数（現行学習指導要領）

3．未来世代の生活の質を向上させる家政学

(1)　家庭科の基盤となる「家政学」

　家庭科という教科が家政学という学問とどのように関連しているのかを述べるために、家政学とは何かについて最初にみておきたい。

　家政学は、家庭を中心とした人間の生活が「快適」かつ「安全」で「健康に

過ごせること」を目標とする学問である。日本家政学会では「家政学」を次の
ように定義している[14]。

「家政学は、家庭生活を中心とした人間生活における人と環境との相互作用
について、人的・物的両面から、自然・社会・人文の諸科学を基盤として研究
し、生活の向上とともに人類の福祉に貢献する実践的総合科学である」

[日本家政学会：家政学将来構想（1984 年）]

筆者下線

また家政学原論部会「行動計画 2009 − 2018」第 1 グループがまとめたガイ
ドラインでは、家政学の研究対象、家政学の独自性、定義を次のように公表し
ている[15]。

家政学の研究対象は、家庭を中心とした人間生活における人と環境との相互
作用である。家政学は人と人、人とモノとの相互作用を対象に、生活環境のあ
りようや広い意味での家庭生活の諸事象について研究する。

家政学の独自性は、生活主体としての個人・家族・コミュニティから対象を
眺め、愛情、ケア、互恵関係、人間的成長、文化の伝承と向上などの家政学的
な価値（家政学の倫理）に基づいて課題を認識するという視座および価値基準、
並びに最終的には家庭を中心とする人間生活の質の向上に資するという目的を
有することに求められる。

家政学とは、個人・家族・コミュニティが自ら生活課題を予防・解決し、生
活の質を向上させる能力の開発を支援するために、家庭を中心とした人間生活
における人と環境との相互作用について研究する実践科学であり、総合科学で
ある。家政学は生活者の福祉の視点から、持続可能な社会における質の高い生
活を具現化するライフスタイルと生活環境のありようを提案する。

以上の記述（下線は筆者による）から、家政学の目的が「人間生活の向
上」と「福祉への貢献」にあり、生活者の視点から「人間生活」を総合的に捉
えなければならないこと、また研究対象が「人間生活」にあることがわかる。
家政学的価値に基づき、課題を認識し、生活課題を予防、解決できる能力や、
生活の質を向上させる能力を養う学問であるともいえる。人間生活に関わるす
べての事象が研究対象となるため、関連する学問分野は広範である。さらに、
個人・家族の生活を中心とした地域や地球規模のコミュニティを含む生活環境

をも研究対象としている。これらの対象の広さに加えて、一人の人間の誕生から死までの長い時間軸も考慮しなければならない。

図1-6は、日本家政学会が1997年に示した家政学の研究領域である[16]。「家族・福祉」「情報・環境」「技術・産業」「文化・芸術」の4つのコアを結ぶ円の中に多くの研究領域が配置され、「生活の質」や「ライフスタイル」を追求する学問であることを示している。この図からも家政学は、多様な学問

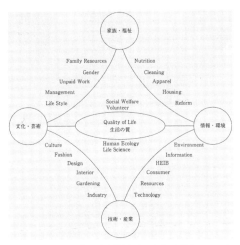

◎図1-6　家政学の研究領域（日本家政学会　1997）

領域から成り立ち、生活、暮らしの事象を多面的、総合的な視点から捉えていることを読み取ることができよう。

「生活の質」や「ライフスタイル」のあり方を追究する家政学は、個々の生活現象を個々別々に取り上げるのではなく、総合的にみるという家政学独自の視点が生かされてこそ、その独自性をアピールすることができる。今日「生活」という総合的分野は、家政学以外の他の学問分野からも注目され、さまざまな学問領域の研究対象に取り込まれつつあるが、家政学が「生活」について生活者の視点から総合的に考える実践的総合科学であり、これまで「生活」を総合的に研究してきたことを再確認しておきたい。

以上をまとめると、家庭生活を中心とした個人、家族の人間生活全般を学習対象とする家庭科においても家政学と同様、生活者の視点から「生活」を総合的に考え、家庭科教育を通じて、未来世代の「よりよく生きる力」を育むことが重要となる。

(2)　家政学を学問背景とした家庭科の授業実践

子どもたちは、日々ルーティンとして行なわれている家庭生活の営みや諸事象をあまり意識せずに毎日を過ごしている。「家庭科」の授業では、まず自ら

の食生活・衣生活・住生活や家族の生活事象にしっかりと向き合わせ、生活技能や生活原理を学ばせ、さまざまな生活事象を社会的、科学的に認識できるように子どもたちを導くことが求められている。そのためには、子どもたちの心身の発達段階に応じた学習目標や学習内容、教材開発や授業のつくり方、指導方法などの教育学研究も必要になる。

　家庭生活を中心とした人間生活の向上に関わる知識や技能を子どもたちに伝えるだけでは、家庭科は家政学のミニ版となってしまう。家政学を学問背景とした教科理論や家政学の専門分野をしっかりと学んだ教員が、家庭生活を中心とした人間生活の向上に関わる知識や技能の習得に加え、子どもたちの「生活問題解決力」や「生活実践力」を育むこと、つまり「生活主体」としてよりよい生活を営む力を育むことをめざした家庭科の授業を子どもたちに提供しなければならない。

　このような授業は、家政学の「家政」を「家族および社会への配慮に基づく生活管理、生活経営」と定義づけるならば、将来、市民社会を形成する子どもたちに、「生活主体」として自己満足的な生活ではなく、社会性のある生活を営む力を育むことにつながっていく。このことが家庭科の意義と特性であり、家政学や家庭科教育が果たす大きな社会貢献といえる。

　家庭科を担当する教員には、生活の具体性や個別性を理解し、子どもたちの日常生活から課題（問題点）をみつけ、その解決を図る手段として家政学から得た知識や原理、法則性などを活用しながら教育学の視点を加え、学習者が学習成果を自らの生活に戻し、実生活に活かせる授業づくりが求められる。つまりそのような授業が提供できるように授業者の授業力・授業設計力（教科の指導力）を向上させることが不可欠である。

　社会の変化とともに家庭生活を取り巻く生活環境が拡大し、学びの視野を広げることやグローバルな視点で生活を捉えることが必要になってきている。「生活」を研究対象としている家政学と密接に連携しながら、グローバルな情報社会の中に生きる子どもたちの生活実態を把握し、社会の急速な変化に対応した家庭科の学習内容を充実させることが急務である。

4．現代の教育課題・生活課題に対応した家庭科教育

(1) 新学習指導要領およびSDG sから見る教育課題

　本節では、社会の変化や現代の教育課題に家庭科はどのように対応できているのか考えてみたい。

　教育基本法の教育目標（第2条）に「正義と責任、男女の平等、自他の敬愛と協力を重んずるとともに、公共の精神に基づき主体的に社会の形成に参画し、その発展に寄与する態度を養うこと」が明記されている[17]。また、社会の形成者としての自覚や能力を育成することは、2015年9月に国連が採択した「我々の世界を変革する：持続可能な開発のための2030アジェンダ」の目標を達成することにもつながっている。

　このアジェンダは、すべての人が豊かで充実した生活が送れるよう、人的環境も含めた持続可能な社会の形成に向けて、17の目標と169のターゲットからなる「持続可能な開発目標」（Sustainable Development Goals）を設定した。平和で公正、かつ包括的な社会を育て、「安さ」「早さ」等の個人の利益ではなく、人間が豊かに生活できることや資源を大切にすることを優先させ、自然と調和する経済、社会、技術の進展を確保するために、2016年より世界的活動が始まっている。目標17の「パートナーシップで目標を達成しよう」以外の16の目標について、日本ユニセフ協会の資料を用いてその内容を整理した（次頁資料参照）。

　不平等、暴力・差別をなくし、地球環境を守るという、私たちの世界をよりよくする持続可能な社会形成への取り組みは、世界共通の最重要課題であり、子どもたちへの重要な教育課題となっている。

　1節でも述べたとおり、外務省のＳＤＧ s本部は、「拡大版ＳＤＧ sアクションプラン2018　～2019年に日本のＳＤＧ sモデルの発信をめざして～」を発表している。「SDGs実施指針」8分野の内容の特に①あらゆる人々の活動の推進②健康・長寿の達成⑤省エネ・再エネ、気候変動対策、循環型社会⑦平和と安全・安心社会の実現などは、家庭科や家政学と親和性のある取り組みである。

現代の重要な教育課題に家庭科がしっかりと貢献できることが見て取れる。

未来の世界を変える知識と力を子どもに

01　不平等をなくそう！

- **目標1**　「あらゆる場所のあらゆる形態の貧困を終わらせよう」
- **目標2**　「飢餓を終わらせ、すべての人が一年を通して栄養のある十分な食料を確保できるようにし、持続可能な農業を促進しよう」
- **目標3**　「あらゆる年齢のすべての人々の健康的な生活を確保し、福祉を促進しよう」
- **目標4**　「すべての人が受けられる公正で質の高い教育の完全普及を達成し、生涯にわたって学習できる機会を増やそう」
- **目標5**　「男女平等を達成しよう。すべての女性および女児に対するあらゆる種類の暴力や差別をなくし、その能力を伸ばそう」
- **目標6**　「すべての人が安全な水とトイレを利用できるよう衛生環境を改善し、ずっと管理していけるようにしよう」
- **目標10**　「国内および国家間の不平等をみなおそう」

02　暴力・差別をなくそう！

- **目標5**　「男女平等を達成しよう。すべての女性および女児に対するあらゆる種類の暴力や差別をなくし、その能力を伸ばそう」
- **目標8**　「包括的で持続可能な経済成長を促進し、すべての人が働きがいのある人間らしい仕事に就くことができるようにしよう」
- **目標16**　「持続可能な開発のための平和的でだれも置き去りにしない社会を促進し、すべての人が法や制度で守られる社会を構築しよう」

03　地球環境を守ろう！

- **目標7**　「すべての人が、安くて安定した持続可能な近代的エネルギーを利用できるようにしよう」
- **目標9**　「災害に強いインフラを作り、持続可能な形で産業を発展させイノベーションを推進していこう」
- **目標11**　「安全で災害に強く、持続可能な都市および居住環境を構築しよう」
- **目標12**　「持続可能な方法で生産し、消費する取り組みをすすめていこう」
- **目標13**　「気候変動およびその影響を軽減するための緊急対策を講じよう」
- **目標14**　「持続可能な開発のために海洋資源を保全し、持続可能な形で利用しよう」
- **目標15**　「陸に住む生態系や森林の保護・回復と持続可能な利用を推進し、砂漠化と土地の劣化に対処し、生物多様性の損失を阻止しよう」

「持続可能な開発目標」を伝える先生のためのガイド（日本ユニセフ協会）参照

◎図1-7　『SDGs実施指針』の8分野に関する取り組み

　一方学習指導要領の総則において、次代の社会を形成することに向けた現代的な諸課題に対応して求められる資質・能力を教科横断的な視点で育成していくことが示されている[18]。改訂学習指導要領では、「何ができるようになったか」への改革が求められ、持続可能な社会の実現をめざす教育は、特定の教科だけではなく、学校教育全体での取り組みが不可決である。しかしその中でも特に、子どもたちが解決すべき問題を自分の生活に引き寄せ、生涯にわたって探究を深める未来の創り手としての資質・能力を育む家庭科の学習が重要な役割を担っていることはいうまでもない。

　さらに、総則の中で学校における食育の推進ならびに体力の向上に関する指導、安全に関する指導および心身の健康の保持増進に関する指導について触れられている。一部抜粋すると以下の通りである[19]。

　「・・・学校における食育の推進並びに体力の向上に関する指導、安全に関する指導及び健康の保持増進に関する指導については、体育科の時間はもとより、家庭科、特別活動などにおいてもそれぞれの特質に応じて適切に行うよう努めることとする。またそれらの指導を通して、家庭や地域社会との連携を図りながら、日常生活において適切な体育・健康に関する実践を促し、生涯を通

じて健康・安全で活力ある生活を送るための基礎が培われるよう配慮すること。」

　総則の中で家庭科でも重視している「食育の推進」について触れられ、それを担う教科として「家庭科」が明示されていることに注目したい。

　さらに、学校における道徳教育は、特別の教科である道徳（以下「道徳科」という）を要として学校の教育活動全体を通じて行なうものであり、道徳科はもとより、各教科、外国語活動、総合的な学習の時間および特別活動のそれぞれの特質に応じて、児童の発達の段階を考慮して、適切な指導を行うこと」と規定されている。例えば、生命を尊重し、家族の一員として家族関係をより良くする方法を考える家庭科の学習は、「感謝」の「日々の生活が家族や過去からの多くの人々の支え合いや助け合いで成り立っていることに感謝し、それに応えること」や「生命の尊さ」の「生命が多くの生命のつながりの中にあるかけがえのないものであることを理解し、生命を尊重すること」という道徳科の内容項目と関連している。

　道徳教育を進めるに当たっては、人間尊重の精神と生命に対する畏敬の念を家庭、学校、その他社会における具体的な生活に生かし、豊かな心を持ち、伝統と文化を尊重し、・・・主体性のある日本人の育成に資することとなるよう、特に留意すること、ということも総則に明記され、伝統文化や生活文化の継承にも触れている。

　以上のことから、現代的教育課題として要請されている食育や道徳教育と家庭科は深く関わりがあることがわかる。また教科横断的な視点で取り組むべき環境教育、消費者教育、キャリア教育、健康教育、金銭教育、市民性教育等とも密接に関連している。加えて現代社会の生活課題を表わす「グローバル・持続可能・社会参画・人権・ジェンダー・貧困・生活格差・少子高齢化・・」等のキーワードにも関連した学習内容を扱ってきている。

　今日のような「生活の変容」は、子どもたちにどのような「生活課題」を生じさせ、そしてその「生活課題」を解決する力をどのように身につけさせることができるのか、ということを家庭科の授業づくりを行なう際に意識しながら学習計画をたて、課題解決力を育む学習を積み重ねていくことの大切さを強調しておきたい。子どもたちに実感をもって体得させ、教科書の内容を伝えるだ

けの授業にならないよう、家庭科の本質をふまえた家庭科教育が求められている。

(2)　課題解決力や実践力を培う家庭科教育

これまで述べてきた通り、学校教育全体に求められている「思考力・判断力・表現力等」の育成や、改訂学習指導要領の指針となった21世紀型能力の育成に家庭科教育は大きく貢献している。

個人のライフスタイルや家庭生活と経済、地球環境問題は、密接な関係がある。今日の社会のさまざまな課題解決に家庭科や家政学の視点が不可欠である。家庭生活、社会、地球を経済原理ではなく生活原理に基づいて、生活者の視点から、空間軸や時間軸で未来の生活をも見据えることができる力を育成することが大切である。

これからの社会で求められる「社会参画力」とは、日本およびグローバル社会の一員としての責任を自覚し、持続可能な未来社会の形成者となる力である。その力を育成するためには、現実のリアルな社会で起こっている課題に向き合い、正解のない問題の最適解を自らが導き出せるような力を培う授業を積み重ねることが必要である。換言すれば、日常の生活課題にどのように対処し、自らの生活をよりよくするかを考えることをテーマにした授業は、21世紀を生き抜く力をもつ市民として求められている「問題に直面したときに、新しい答えを創り出す力」＝問題解決力を育むことにつながる。

家庭科は学校で獲得した知識や技術が子どもたちの生活問題や生活知と結びつきやすい。つまり、学習の内容（なかみ）が子どもたちの生活を起点とし、授業で学んだ内容が自らの生活の具体的な生活場面で活かされ、子どもたちが家庭科を「学ぶ意味」を実感できる授業を通して、日常の生活課題に対処でき、生活をよりよく工夫する実践的な態度を身につけさせることができる。

総じて、家庭科の教科としての特性は、子どもたちの実生活に身近な事例を題材に用いて、子どもたちの生活課題解決力、つまり21世紀型能力の基礎力、思考力、実践力の育成をめざす学習を小・中・高等学校で体系的に進めていくことができることにある。

図1-8は、小・中・高等学校で育みたい生活課題解決力のイメージ図である。

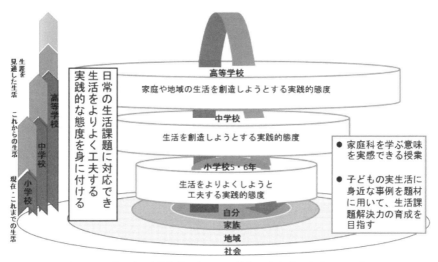

◎図1-8　小・中・高等学校で育みたい生活課題解決力の育成イメージ図

(3)　人間発達の視点から見る家庭科教育

　最後に家庭科という教科が人間としての成長・発達にどのような意義がある
のか、触れておきたい。

　人間は成長・発達につれ、「負わなければならない荷」、「乗り越えなくては
次に進めない危機」という発達課題がある。

　発達課題という概念を最初に提唱したアメリカの教育学者、ロバート・ハ
ヴィガーストは、乳幼児期から老年期まで6つに人生の段階を区分し、望まし
い社会人になるための人間の社会的立場における発達課題を示している[20]。
紙面の都合で児童期、青年期、壮年期のみ表1-1にまとめた。

　60年前の社会背景や生涯発達に多少違いはあるとしても、18歳成年として
子どもたちを社会に送り出すために、児童期、青年期にどのような発達課題が
あるのか興味深い。家庭科教育と関連する項目を以下に整理する。

　小学生である児童期は、身体の健康や清潔や安全について、気をつける習慣
を養う、大人たちから独立して自分で計画、行動ができる、社会集団や社会制
度に対する社会的態度、リーダーシップ等の発達などである。

◎表 1-1　ハヴィガーストの発達課題（1953）

発達段階	発達課題
児童期 （6 ～ 12 歳）	日常の遊びに必要な身体的技能の学習 身体の健康や清潔や安全について、気をつける習慣を養う 社会で友だちと仲よくつきあうことを学ぶ 性別の区別とその社会的役割の適切な認識 読み・書き・計算の基礎的学力の習得と発達 日常生活に必要な概念の発達 良心・道徳性・価値判断の尺度の発達 大人たちから独立して自分で計画、行動ができる（自立的な人間関係） 社会集団や社会制度に対する社会的態度、リーダーシップなどの発達
青年期 （12 ～ 18 歳）	両性の友人との新しい成熟した人間関係をもてる 男性として、また女性としての社会的役割を学ぶ 自分の身体の構造を理解し、身体を有効に使う 両親や他の大人から情緒的に独立する 経済的に独立できるという自信をもつ 能力に応じた職業を選択し、その職業のための準備をする 結婚と家庭生活への準備をする 市民として必要な知識・教養・態度の発達 社会的に責任のある行動を求め、それを成し遂げる 行動を導くための価値や倫理の体系を形成する
壮年期 （18 ～ 30 歳）	配偶者の選択 配偶者との生活を学ぶ 家庭生活の出発（母親になり父親になることを達成する） 子どもを育てる 家庭を管理する 職業に就く 市民としての責任をもつ 多くの社会集団の中から自分に適した社会集団を見つける

HUMAN DEVELOPMENT AND EDUCATION by Robert J.Havighurst LONGMANS,GREEN(1953) を参考に作成

　学習指導要領の総則の記述にも見られる通り、家庭や地域社会との連携を図りながら、日常生活において生涯を通じて健康・安全で活力ある生活を送るための基礎を培うことは、児童期の課題である。小学校家庭科の学習においては、これまで以上に「大人からの自立と社会的態度、リーダーシップの醸成」を強化することを検討したい。

　また、心理学者、E.H. エリクソンの 8 つの発達段階より 2 つ多い 10 段階の発達段階を提唱している服部祥子も、自分には自分なりの力があるという「有能感」を開発し、「勤勉性」を育成することが学童期の最大の課題と述べてい

る[21]。この「勤勉性」とは、「学ぶ喜び」つまり「自分の持っている能力やエネルギーを、学びの中に投入し、何か意味のある活動を遂行しようという熱意を伴った勤勉性」を意味している。自らが持つ能力やエネルギーを家庭科の学びに投入し、自らの家庭生活をよりよくする体験を積み重ねることに大きな意義があり、家庭科の学習を通じて家庭生活の中で家族の一員として家事を担い、役立ち感や自己肯定感を育むことは、有益な活動体験といえる。

　一方、中・高校生期にあたる青年期の課題は、能力に応じた職業を選択し、その職業のための準備をする、市民として必要な知識・教養・態度の発達、社会的に責任のある行動を求め、それを成し遂げる、両性の友人との新しい成熟した人間関係をもてる、行動を導くための価値や倫理の体系を形成するなどである。高校卒業後のキャリアを展望し、自らのライフスタイルを考えるうえで、市民として社会的な責任のある行動を身につけ、その行動を導くための価値観や倫理観を育成できる教育の重要性を発達課題が示していると言えよう。服部は、思春期にも当たるこの時期は、身体的・精神的・社会的に「大なり小なりの挫折の危険性をはらむ危ない時期」と述べている。社会との接点をもちながら社会的体験を深め、真に社会の一員として参加する日の準備をすることが重要で、危ない橋を渡ってこそ「自我同一性の確立」、つまり「自分を取り巻く世界の中や、広がりの中で、自分を保ちながら、なおかつ他者と密接な関連を持ち、自己の統一体としての存在を確かにする」という作業が可能となる、と指摘している[22]。

　家庭科ではこれまでにも、生活設計を柱にした学習や、消費者市民を育成する学習を重視してきた。「個人・家族・コミュニティ・社会」を不可分な総体として捉え、持続可能な未来をめざし、自己の統一体としての存在を確立し、ウェルビーイングを向上させる学習の検討が求められている。

　家庭科は、人間の生涯にわたる発達と生活の営みを総合的に捉え、生活に必要な知識と技術を習得させ、主体的に家庭や地域の生活を創造する能力と実践的な態度を育てる教科である。自分自身の存在意義を実感し、自己肯定感を育むことを意識的に学習に組み込み、「一人でちゃんと生きていける自信」を持たせる家庭科の授業を積み重ねて人間としての成長・発達に繋げたい。

　生活的自立、精神的自立を目指す一方で、ケアが必要な人との共生も家庭科

では重視している。誰もがケアされる時期とケアする時期の両者を体験する。自立と共生の本質も実生活を通して体験できる。

【引用文献】

1）内閣府（平成 28 年）https://www8.cao.go.jp/cstp/kihonkeikaku/5honbun.pdf
2）外務省 SDG ｓ推進本部（平成 30 年）https://www.mofa.go.jp/mofaj/gaiko/oda/sdgs/pdf/action_plan_2018.
   pdf
3）中央教育審議会「次期学習指導要領等に向けたこれまでの審議のまとめ」p11
4）国立教育政策研究所教育課程研究センター （2013 年）「教育課程の編成に関する基礎的研究報告書 5」社会
   の変化に対応する資質と能力を育成する教育課程編成の基本原理
5）OECD 国際成人力調査　調査結果の概要（2013）http://www.mext.go.jp/b_menu/toukei/data/Others/
   __icsFiles/afieldfile/2013/11/07/1287165_1.pdf
6）同上
7）日本家政学会（2014）日本家政学会誌　Vol65　No.1　p42
8）同上
9）文部科学省（2007）http://www.mext.go.jp/b_menu/shingi/chukyo/chukyo3/004/siryo/attach/1399696.htm
10）文部科学省(2008)　小学校学習指導要領解説　総則編　東洋館出版社　pp5-6
11）中央教育審議会答申　幼稚園、小学校、中学校、高等学校及び特別支援学校の学習指導要領等の改善につい
   て（2009）P25 http://www.mext.go.jp/b_menu/shingi/chukyo/chukyo0/toushin/__icsFiles/afieldfile/2009/05
   /12/1216828_1.pdf
12）文部科学省　児童生徒の学習評価の在り方について（報告）http://www.mext.go.jp/b_menu/shingi/
   chukyo/chukyo3/004/gaiyou/attach/1292216.htm
13）文部科学省　教育課程部会　家庭、技術・家庭ワーキンググループ資料 10 − 1（平成 28 年 5 月 11 日）
   http://www.mext.go.jp/b_menu/shingi/chukyo/chukyo3/065/siryo/__icsFiles/afieldfile/2016/08/10/1374886_
   10.pdf
14）日本家政学会編（1984）「家政学将来構想 1984　家政学将来構想特別委員会報告書」　光生館
15）（一社）日本家政学会家政学原論部会編　（2018）　やさしい家政学原論　建帛社　p12
16）富田守（2001）『家政学原論　生活総合科学へのアプローチ』　朝倉書店　p18
17）教育基本法 http://www.mext.go.jp/b_menu/houan/an/06042712/003.htm
18）文部科学省（2018）　小学校学習指導要領（平成 29 年告示）　東洋館出版社
19）同上　p18
20）LONGMNS GREEN（1953）　HUMAN　DEVELOPMENT AND EDUCATION　Robert.J.Havighurst
21）服部祥子（2006）『子どもが育つみちすじ』　新潮社　p79
22）同上　p86

2章 家庭科の実践的動向

章のねらい

　家庭科は、学校おける普通教育の教科であり、学校教育法第21条に示される学校教育の目標の達成を担っている。特に第4項の「家族と家庭の役割、生活に必要な衣、食、住、情報、産業その他の事項について基礎的な理解と技能を養うこと」に深く関わっている[1]。

　各教科の教育課程は、学習指導要領により基準が示されていることから、この章では、小学校と中学校の学習指導要領改訂の経緯をたどりながら、義務教育における家庭科の動向について概観する。

1. 新しい教育制度と家庭科

　学習指導要領は、昭和22年と昭和26年は「学習指導要領（試案）」として、昭和31年以降は「学習指導要領」として公示・施行され、ほぼ10年間隔で改訂されてきている。現在の学校教育は、平成20-21年に公示された学習指導要領を教育基準としており、普通教育の家庭科は小学校から高等学校まで必修教科として開設され、中学校では、技術・家庭科の家庭分野で扱われ、高等学校では、家庭基礎、家庭総合、生活デザインの3科目から1科目を選択履修することとされている[2]。なお、章の最後に小学校家庭科の教育目標を表2-1に、内容項目と履修学年及び授業時間数を表2-2に、中学校の教育目標を表2-3・表2-5・表2-7に、指導項目と履修学年および授業時間数を表2-4・表2-6・表2-8に示す。

　第2次世界大戦の終結に伴い、昭和22（1947）年に教育基本法、ならびに学校教育法が公布され、6・3・3制の日本の学校制度が整備された。小学校では、「民主的な家庭と社会の建設者の育成を使命とする教科」として家庭科と社会科が設置され、明治5（1982）年の学制発布以降、女子教育を担ってきた手芸、裁縫、家事の各教科は廃止された。また、新制中学校では、職業科の中の1つ

の科目として「家庭」が置かれた³⁾。

　この時に公示された「学習指導要領一般編（試案）」（以後「一般編」と記述する）には、小学校と中学校の教育目標と教科課程が示され、最初に日本の学校教育の目的や学習指導要領の意義について論じている。さらに、教科ごとの学習指導要領も公示され、「学習指導要領家庭科編（試案）」（以後「家庭科編」と記述する）によって、小学校第5学年からから中学校第3学年までの5年間を通した家庭科の教育目標と教育課程が示された。

　5年間の家庭科の教育目標は、「1.家庭において（家族関係によって）自己を生長させ、また家庭及び社会の活動に対し自分の受け持つ責任のあることを理解する。2.家庭生活を幸福にし、その充実向上を図って行く常識と技能を身につけること。3.家庭人としての生活上の能率と教養とを高めて、いっそう広い活動や奉仕の機会を得るようにすること」の3点であった⁴⁾。家庭科の学習によって技能を習得させるばかりではなく、自己の生長と責任、家庭生活の幸福、家庭人としての姿勢を育てることが求められていた。

(1) 小学校家庭科の男女共学

　小学校の家庭科は、家庭生活を営む姿勢の育成を重視しており、家族関係の指導が必須であるとされていた。また、各学年とも年間105時間の授業時間数が配当され、男女で区別することなく学習させることとされた。

　一方「一般編」には、「家庭科は、これまでの家事科と違って男女ともに課すことを建前とする。ただし、料理や裁縫のような、女子にだけ必要だと認められる場合には、男子にはこれに変えて、家庭工作を課することに考えられている」と、男女共学は建前である旨が記述されている。当時の経済事情では既製品の購入など不可能であり、女子の裁縫教育が無くては各家庭の衣生活の維持はできなかった。男女共学といえども、男女別に製作活動を行なうことはやむを得ない措置であり、女子には引き続き、高度な裁縫技能の習得が期待された⁵⁾。

　また、戦前からの女子教育を母体としていたこともあり、多くの家庭科の指導を裁縫教師が担当することになり、これらの裁縫教師は一時的な仮免許状しか持たず、子どもの教育を全般的に担うことはできなかった。高度な技術教育

から脱却し、男女共学で学ぶ普通教育と位置づけられた新しい家庭科の指導は困難な出発であったと言わざるを得ない。

(2)　「家庭科廃止論」の噴出

　これらの事情が相まって、家庭科は男女ともに学ぶ教科としてふさわしくないと考えられ、家庭科廃止の動きが生まれた。1950 年までに、家庭科を社会科や理科に含ませようという、いわゆる家庭科廃止論が CIE（民間情報教育局）から強く言及された[6) 7)]。

　当時、CIE から高度な裁縫技術と評価されたのは、どのような技能であったのか。前出の「家庭科編」では、前掛け・下ばき・シャツ・運動服・寝まき、または、じゅばんなど洋装・和装の被服の製作が示されている。小学校の 2 年間で、週 3 時間の学習時間であったことを考えるとかなり高度な技能が求められていたことがわかる。男子には、掃除用具・台所用品の製作・修理、家庭用品の製作・修理、運動具・遊び道具の製作・修理が示されていた。製作物が家庭科のカリキュラムとして示されていたことも、生活活動に基づく単元学習に改めようとしていた小学校教育に馴染みにくかったと考えられる。

　実際に、昭和 26（1951）年度公示の「一般編」では、家庭科の独立した時間配当はなくなり、第 5 学年と第 6 学年の音楽、図工に合流する形で、1 年間の総学習時間 1,050 時間の 25%〜 20%と提示された。家庭科の指導時間が全くなくなったわけではないが、第 1 学年から第 4 学年までの音楽と図工は 20%〜 15%とされていることから、家庭科には、5%ほどの枠が示されたにすぎない。

　さらに、「一般編」の小学校から高等学校までの各教科の一貫した取り扱いを示した「4．各教科の発展的系統」では、「小学校の家庭科においては社会科や理科の学習とよく連携して、男女のこどもに、家庭生活の正しいあり方の理解や、望ましい態度の養成がめざされねばならない」[8)]とされており、社会科や理科で家庭科の内容を総合的に扱うこと、習得する技能は男女ともに学べる初歩的なものとすることが示されている。この改訂時には、家庭科を「生活の指導」として扱うとして学習指導要領の「家庭科編」は発行されず、代わって「小学校における家庭生活指導の手引」が示された。学習指導要領ではなかったが、「指導の手引」として公示されたことにより、家庭科の教育内容は

維持され、昭和 31 年の改訂へと繋がった。

(3)　民主的な家庭の主体者

　昭和 31（1956）年の小学校学習指導要領の全面改訂により、家庭科は再び記載され、「初歩的・基礎的な技能を男女ともに学ぶ」とすることで小学校普通教育を担う教科としての立場が確立された[9]。これ以降、当初の民主的な家庭の建設が家庭科の担う大きな役割であることが強く認識され、裁縫教育から家族の生活を扱う教育内容へと変革されていく。

　家庭科で扱う内容は、「家庭の仕事」を担うための技能の習得を中心としたものから、家政学の研究分野を背景とする「家族関係」「生活管理」「被服」「食物」「住居」の 5 分野で構成される生活の科学性を求めるものへと転換した。

　「被服」では、裁縫教育から被服の機能や着方、洗濯、管理・補修、作り方と衣生活全般にわたるものとなった。さらに「食物」では献立学習が導入され、「生活管理」では労力・物資・生活の計画化、「住居」では住まいの機能、健康な住まい方が加えられた。「家庭生活の意義」も加わり家庭生活の主体者の育成が強く意識された。

　昭和 30 年までは「小学校における家庭生活指導の手引」準拠の教科書が使用され、昭和 31 年には、「家庭科編」に準拠した教科書となった。両者を比べてみても、指導内容がそれほど大きく変化しているわけではない。例えば、教科書「わたしたちの家庭　6 年」では、新しく「7. くらしかたのくふう」が加えられ、「仕事しやすい台所」として台所の絵や食器棚が詳しく紹介されている。さらに、六つの食品群の図が登場している。被服製作では、すでに基本的な技術を学ぶ題材として、エプロンとパンツが提示されていたが、被服製作の導入は「つくろい」から「アップリケづくり」へと変化させている。この他、全体は 64 頁から 72 頁へと増加しているが、生活の変化に合わせ、動植物の世話は表中に記載されるにとどまるなど簡単な扱いとなっている。

(4)　職業科から職業・家庭科へ

　中学校の家庭科は、職業科の中の農業・工業・商業・水産・家庭という 5 つ

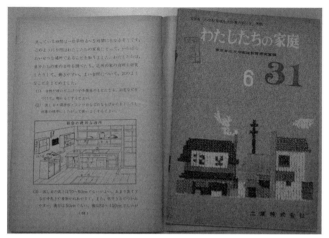

◎写真 2-1　わたしたちの家庭
東京家政大学家政教育研究室編（昭和31年）二葉株式会社

　の選択科目のひとつとして扱われ、実質的な女子向けの科目として出発した。
　昭和22年には、家庭科に関して「学習指導案家庭科編（試案）」と「学習指導案家庭科編（中等学校第四・五学年用）（試案）」の2つが相次いで発行され、前者には、小学校から中等学校までの5年間の指導目標と指導内容[3]、後者には、小学校から高等学校までの8年間の指導目標と高等学校にあたる第10学年から第12学年までの指導単元が記載されていた[10]。これにより、職業科に組み込まれたものの、教科として独立したアイデンティティを持ち、小学校から高等学校までの連続性を持った教科であることが示された。
　当時の教科書は、各学年60ページ程度であったが、挿絵や図表も掲載されていた。また、第1学年の初めには、この教科書は、読んで暗記するためのものではなく、①問題を引き出す、②問題を解く手がかりにする、③話し合いの材料にする、④実習の手引にするなど、問題解決の手がかりとして活用するものであることを述べている。問題解決学習は、家庭科創設当時から示された継続的な学習課題であったことがわかる。
　職業科は、異なる教科を併せ持っていたことから、それぞれの内容に沿った5種類の学習指導要領が作成されていた。5科目の合科が進められようとした

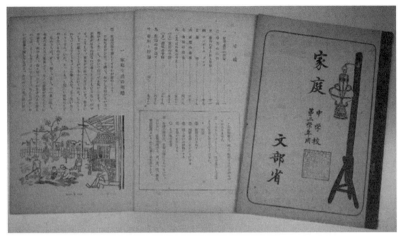

◎写真 2-2　中学校「家庭」教科書
文部省（昭和 23 年）東京書籍

が、家庭科は他の 4 科目と異なる教育目標と体系を持っており、特に実践のレベルで教育対象、教育目標、教育内容を共有することは難しかった。昭和 26 年の改訂では、教科名は「職業・家庭科」とされ、他の 4 科目と明確に区分された。背景には、家庭科教員の強い働きかけと紆余曲折の展開があった[11]。

(5)　家庭の仕事と女子教育

　職業・家庭科は、社会と家庭において「実生活に役立つ仕事」を学習する必修教科として各学年 105 〜 140 時間の配当があり、さらに、選択科目としても同じ時間数が配当されていた。教育内容は、①仕事、②技能、③技術に関する知識・理解、④家庭生活・職業生活についての社会的、経済的な知識・理解の 4 項目であった[12]。さらに、①で教育内容を 12 の大項目にまとめ、②と③で示す技能と技術については、大項目ごとに分けて詳述している。これらの大項目を「中学校学習指導要領職業・家庭科編」第 3 章の教育計画で、さらに第 1 類（栽培・飼育・漁・食品加工）、第 2 類（手技工作・機械操作・製図）、第 3 類（文書事務・経営記帳・計算）、第 4 類（調理・衛生保育）に分類している。生徒は、4 分類にわたって 6 項目以上を履修することとされ、家庭科の内容は、

第4類となるが、食品加工、染色、裁縫、洗濯などが各類に分散しており、各分類からも家庭科関連の内容を学習することができた。

しかしながら教育計画において、第1学年で男子向き・女子向きの課程を設けることができるとされ、第2学年、第3学年では、2つ以上の課程から生徒に選択させるとしている。さらに、教育計画の例では、性別かつ、居住地域別の課程が示されており、女子には、「農村女子向き」と「商業地域女子向き」が示されている。農村女子向きには「花の栽培とにわとりの飼育」、商業地域女子向きには「家庭と職業」が扱われている。

女子向きの教育内容は、家庭生活のありかた、家族関係、家庭経済、衣食住の計画・管理、家庭と保育、能率と休養、わが国の産業と職業、各種産業における職業人であり、生活に必要な技能・技術から将来の進路選択まで含み、キャリア教育としての側面を持っていた。

以上のように、職業・家庭科は、キャリア教育を念頭に構成され、「経済・技術・社会の面から実践的な活動を通して知識・技術・態度を学習する、また、すべての生徒が共通に学習するべきものである」としながら、より具体的なレベルの教育計画や指導計画例では、性別と地域の特性により選択的に指導することが示されていた。当時は、産業社会や家庭生活の状況に照らし、性別、地域による教育内容が必要であると考えられていたといえる。性別による棲み分けが明確に示されたが、一方で、家庭科の系統性が明確になった。

(6) 産業教育と職業・家庭科

また、昭和26年に制定された「産業教育振興法」によって、職業科として「家庭」も産業教育振興費国庫補助制度の対象となり、実験実習室の施設・設備が整備された[13]。家庭科は、生活者としての基礎的な知識や技術、態度を育むものであったが、生活に関わる産業は数多く、産業技術の基礎となる知識や技術を学ぶ側面も併せ持っていたといえる。

さらに、職業人として生きる姿勢や態度の育成は男女共通の教科の根底とされ、職業指導や啓発的な経験に役立つものであることや、実践的活動を通じて学ぶ姿勢を重視することが教育実践に求められた。例えば、教育内容の「わが国の産業と職業」、「各種産業における職業人」について、第2学年、第3学年で

◎写真 2-3　職業・家庭科「家庭生活」教科書
全国職業教育協会編（昭和 30 年）開隆堂

4分の1程度学ぶようにするとされている。また、実際の第3学年教科書では、「国民生活と国民経済」、「職業人の心がまえ」として25頁（全181頁）にわたって記載されている。教科書に示された具体的な内容は、家や社会での平等、環境の改善、生活の共同、技術の産業化、協同組合、資源、雇用、労働法規、など幅広いものであった。なお、選択教科の内容は、主に被服製作であったが、生活の実践的な課題解決学習として「ホームプロジェクト」も含まれていた。

　昭和32年の「中学校学習指導要領職業・家庭科編改訂版」では、各学年の授業時間数はこれまでと変わらないが、男女が共通に履修する内容と時間を明確にし、指導計画の学年別基準を廃している[15]。類はなくなり、これまでの大項目は分野と表記され、いくつかの分野で構成される群にまとめられ、6つの群とされた。これまで4分の1の学習を求めながらも、類に分類されず、大項目としても扱われていなかったキャリア教育の内容が、第6群に「産業と職業」「職業と進路」「職業生活」として示された[16]。職業指導が独立した区分で示されたほか、漁業に関する第4群を除く、すべての群を少なくとも35時間履修することになった。ただし、ここでも性別履修が前提とされており、指導計画において「なお、女子向きの計画については、第5群を主とすることが

できる」と注釈がされている。

　第5群では、食物、被服、住居、家族、家庭経営の5分野が扱われ、食物、被服、住居に含まれる食生活、調理、衣生活、住生活の4項目は、男女共通に身につけさせる内容とされていた。家庭生活を科学的、能率的に営み、その向上改善を図ること、さらに、国民生活・国民経済の向上のため、経済循環という認識を育てることも重要な課題であるとされていた。

2.「ゆとり教育」と家庭科

(1)　小学校家庭科の科学性

　昭和33（1958）年の小学校学習指導要領では、「被服・食物・すまい等に関する初歩的・基礎的な知識・技能を習得させ、日常生活に役だつようにする」が家庭科の目標とされ、再び、技能習得の教科としての特色が強調された[17]。社会と理科から独立した教科であるためには、技能教育がその独自性を裏付けるものとなり、かつ、高度な裁縫教育も不要となりつつある社会状況から、科学性に裏付けられた生活の知識と技術を扱うとされ、男女共学の小学校普通教育にふさわしい教科内容となった。

　家庭科の授業時間数は、「道徳」の導入とともに削減され、第5・6学年週2時間、年間各70時間の配当となった。「家族関係」と「生活管理」は統合され「家庭」となり、他に「被服」「食物」「住居」を加え4領域となった。家庭科における知識・技能の教育的意義は生活能力の育成にあり、衣・食・住の学習はこれらの生活技能が有機的に関連し合って家庭生活のあり方を学ぶためのものであるとされた。被服製作は「台ふきと袋・カバー類とエプロン」へと大幅に削減され、「食物」では食品に含まれる栄養素という考え方が強化され、基礎食品群を用いた献立作成に重点が置かれるようになった。栄養のバランスを考えて日常食を作るという食生活の基本的指導内容が確立された[18]。

　さらに、昭和43（1968）年の改訂では、「家庭生活の意義の理解」という目標が加えられたほか、合理性や科学性に裏付けられた技能・技術が求められた[19]。被服製作は「袋とカバー類」のみとなり、調理は「日常食の調理」から「簡単な調理」へと簡易化した。衣食住の知識・技能は、科学的根拠が提示

され、家庭生活認識の育成の重要性がさらに強調されるようになった [20][21]。

(2)　体験を重視した学習

　昭和 52（1977）年の改訂では、児童の生活体験の希薄さが指摘され、「物を
つくることや働くことの喜びを得させる」ことが教育全般に関わる重要な改善
事項とされた [22]。子どもの主体的で体験的な学習を保障するため、ゆとりの
ある教育課程が組まれ、第 4 学年では 70 時間、第 5 学年・第 6 学年では 140
時間の授業時数の削減が行なわれた。地域や学校独自の教育活動を充実させる
ことで、知・徳・体の調和のとれた発達を促し、人間性豊かな児童・生徒を育
てようとするものであった。

　小学校の家庭科は、2 学年の授業時間数は変わらなかったが、実践性をより
重視した指導内容、基礎的な生活技能の習得などをめざすこととなり、これま
での 4 領域を「食物」「被服」「住居と家族」の 3 領域に統合された。「食物」
では、児童の調理体験の減少による学習前能力の低下、家庭での調理技術習得
機会の低下などが課題となっている。また、調理実習中のごみの処理が環境問
題として扱われ、「被服」では、小物と袋・カバー類やエプロンが復活し、か
つての生活必要物の製作から、より科学性・合理性を学ぶ製作活動へ、さらに
体験を踏まえた最小限度の技能の習得と文化の伝承へとその教育目標は変化し
た。「住居と家族」は、住居が家族の生活の場であることから一つに括られた
が、「家庭」の内容は全ての領域で達成を図るとされ、家庭の仕事時間や金銭
の管理などの生活資源の管理、また、整理・整頓と清潔、生活に役立つ物の製
作などの環境整備が中心的な学習内容となった [23]。

　平成元（1989）年の改訂では「住居と家族」領域を「家族の生活と住居」と
改め、衣食住の内容を家族の生活と関連づけて扱うことが示された．買い物の
しかたには、金銭の収支や計画的な生活、物の選び方、買い方などの内容が示
され、消費者教育や環境教育の内容を含む取り扱いとなっている。特に、ライ
フスタイルの見直しを視野に入れた社会や環境と生活の関わりに対する理解を
深めようとする内容が教科書に見られるようになった [24][25]。

(3) 技術革新と技術・家庭科の性別履修

　昭和33年の中学校学習指導要領の改訂で、職業・家庭科は技術・家庭科となった。ソビエト連邦が宇宙船「スプートニック号」の打ち上げに成功し、技術革新の競争が激化したことが背景にある。日本においても産業技術教育に重点を置き、技術開発の担い手を育てることで、ものづくり産業の振興が図られた。技術・家庭科の授業時間数は、各学年週3時間とされ、かつて職業科に含まれていた5つの科目は、引き続き選択教科（職業に関する教科）として設置され、週2時間が配当された。

　必修の技術・家庭科は、中学校学習指導要領の第8節に示された。これ以降、学習指導要領には、全教科の目標と内容が合わせて示され、内容の詳細や指導計画については各教科の指導書が発行された[26]。教科の共通の目標は、「基礎的技術を実践的な活動を通して学習させ、必要な知識、技能、態度を身につけさせる」という1の目標を根底におき、2・3・4に養うべき態度を示すものとなった。性別履修については、これまで教育計画の例で提示されてきたが、「各学年の目標および内容」でA男子向き、B女子向きと性別による履修が明記され、性別、学年ごとに各分野の目標が示された。

　女子向きの教育内容には、設計・製図、家庭機械・家庭工作の分野が残されたが、共通履修の指定が廃止されたことで、男子が衣食住について学ぶ機会はなくなった。また、内容項目から「すまい」の文字は消えたが、第3学年の家庭機械・家庭工作で配線器具、照明器具、電熱器具などの他、換気、採光、清潔などが扱われた[27]。

　昭和44年の改訂では、教科の目標に「生活を明るく豊かにする」という文言が入り、生活に意識を向けると同時に、めざそうとする生活のイメージを示すものとなった。「技術の習得」と「活用の能力」はこれまでと変わらぬものであったが、「くふう創造の能力」と「実践的な態度の育成」、「共同・責任、安全」について示された。これまでと同じように、性別、学年別の指導目標と内容も示された。第1学年に「住居」が加えられたが、教科の枠組み・内容に大きな変革はなく、教科運営は安定していたといえる[28] [29]。

　また、職業に関する選択教科として第14節家庭科が設けられており、衣食住、保育・看護、家庭経営について理解し、基礎的技術を習得させるとしてい

る。家庭生活を合理的、能率的に、明るく快適にする態度を養うという目標も掲げられており、家庭における主婦の仕事を想定したものであった[30]。

(4)「相互乗り入れ」と選択枠の拡大

昭和 52 年の改訂では、中学校においてもゆとりある学校教育を実現するため、各教科や活動の時間数が削減され、総授業時数は、昭和 44 年の 1,190 時間から 1,050 時間となった。技術・家庭科もまた、第 1・2 学年の授業時間数が 105 時間から 70 時間となった。性別、学年別に示されていた目標と分野の配列は無くなり、共通の目標には総括的目標が示され、A から I までの 17 の領域ごとに目標が示された。しかしながら、この 17 の領域から男女のいずれにも 7 以上の領域を選択して履修させるとされ、性別履修は完全に解消されたわけではなく、いわゆる「相互乗り入れ」の履修形態となった。

被服分野では、作業着、日常着、休養着や手芸品の製作、被服の活用と整理が、また、食物分野では、日常食の調理、青少年と成人の栄養と献立が扱われた[31]。

平成元年の改訂は、個性を生かす教育の充実をめざし、生徒の学習意欲に応じた授業を実施できるよう、全ての教科を選択教科としても開設することができるようになった。選択教科の授業時間数は、これまでの各学年一律 105 時間から、上限第 1 学年は 140 時間、第 2 学年は 210 時間、第 3 学年は 280 時間まで増加された。これまでは、そのほとんどが外国語の授業に使われ、実質的に使えなかった選択科目の時間は、外国語を各学年で上限の 140 時間開設したとしても、それ以外の選択教科が開設できることになった。

国語と数学、道徳以外の教科・活動の時間数が削減されたが、現代的な課題など多様な分野を扱う教科を設定し、分野ごとに生徒が選択して学習できるようにするなど、画一的でない、生徒の主体性を尊重した新しい学習展開が推進された。この他、生徒の体力増進のため、保健体育の第 3 学年の授業時間数が 105 時間から 140 時間に引き上げられ、保健体育と外国語、学習内容の選択性が強化された改訂であったといえる。

技術・家庭科では、第 3 学年の授業時間数が 105 時間から 70 〜 105 時間と幅のあるものとなり、教科運営の方法は各学校にゆだねられた。学習指導要領

で示す各教科の内容は、下限時間数で履修しうる内容が示され、各学校の独自性とともに学校全体の教育計画の作成責任が高まった。

　また、道徳教育への期待も高まり、総則で特に「日常生活における基本的な生活習慣や望ましい人間関係の育成などにかかわる道徳的実践」と表記されるなど、学校教育で基本的生活習慣の定着を積極的に図ることが求められた。

　技術・家庭科の目標と内容については、これまで重要な到達目標であった技術の習得は、「知識と技術の習得を通して、家庭生活や社会生活と技術との関わりについて理解を深める」と表記され、理解を深める手立てとすることが示された。一定の技術を習得することに変わりはないが、技術習得の意味や習得した技術の活用方法を考えさせることが重要な教育目標となった[32]。

　学年ごとに示されていた 17 の領域は、さらにまとめられ A ～ K までの 11 領域となった。新たに「G 家庭生活」が設けられ、A 木材加工、B 電気、G 家庭生活、H 食物は、それぞれ 35 時間を標準として全ての生徒に履修させることになった。中でも A と G は第 1 学年で履修させるものとするとされた。第 1 学年では、年間 70 時間の授業時間を 2 領域で 2 分することが必要となり、2 学期半ばで 2 領域を交代する、あるいは、週 1 時間で各領域を指導するなど学校によって多様な工夫がなされた。長い間 2 時間の連続授業で実施されていた実習は 50 分単位で実施できることが必要となり、特に調理実習に根本的な授業改革が必要となった[33]。

3. 教育改革と家庭科

(1) 「生きる力」の育成

　平成 10（1998）年の改訂では、中央教育審議会答申（1996）の答申を受け、「生きる力」の育成の重視、「完全学校週五日制」の実施、「総合的な学習の時間」の設置が盛り込まれた。

　1990 年代の経済不況を受け、経済活性化の鍵となる産業構造や産業技術のイノベーションを担える人材、世界で生き抜くたくましさを持った人材が求められたことなどが、「生きる力」の育成を推進する原動力となった。道徳教育においても「主体性のある日本人を育成する」ための基盤としての道徳性が求

められ、ボランティア活動や自然体験活動などの豊かな体験も必要であるとされた。さらに、総合的な学習の時間が導入され、各学校が創意工夫して、横断的・総合的な学習や生徒の興味・関心等に基づく学習などの教育活動を行なうものとされた。具体的な課題の例として、国際理解、情報、環境、福祉・健康などが示された。また、労働時間の短縮から導入された週休2日制に合わせ、「学校週5日制」が導入された。これにより1年間の総授業時間数は小・中学校共に約70時間が削減され、小学校は、第1学年782時間、第2学年840時間、第3学年910時間、第4学年以上945時間に、中学校は各学年980時間となった。「総合的な学習の時間」の導入もあり、各教科の授業時間数は大きく削減された[34) 35)]。

(2) 小学校家庭科の教育内容

　家庭科の授業時間数は、第5学年60時間、第6学年55時間となった。身近な課題を発見し、課題を解決する方法を身に付けることができるより実践的・体験的な教育内容が重視されることとなった。学年の目標は2学年分まとめて示され、各学校での弾力的な運用が可能となったが、指導時間数の減少は指導内容の簡易化や削減へとつながった。調理では「米飯とみそ汁」だけが指定教材となり、生活に役立つ物の製作では作りたい題材を選択することになった。これまでの3領域は解体され、家庭生活と家族、衣服・食事・住まい方へ関心、簡単な調理、生活に役立つ物の製作、物や金銭の使い方と買物、家庭生活への工夫の8項目が示された[36)]。領域の解体は、家庭科の教育内容に総合性をもたせ、教科内での取り扱いに自由度を持たせようとするものであったが、一方で、基礎的・基本的な知識や技能の蓄積を図りながら、領域横断的な扱いで授業を展開するため、教員一人ひとりに家庭科授業の高い専門性が求められることとなった。

(3) 「学力低下論」と技術・家庭科

　中学校でも「生きる力」を育むことがめざされ、自ら学び自ら考えるいわゆる「自学自習」ができる主体性が求められた。総合的な学習の時間の新設のほか、外国語も必修教科とされた。

　各教科の時間不足は、学校週5日制や総合的な学習の時間の導入、英語の必修化、選択科目枠の拡大が重なったものであったが、大幅に削減された各教科で児童・生徒の学力の低下に不安が広がった。学習指導要領が下限の時間配当で履修できる内容を示すようになったことや、これまでのゆとり路線への反発もあり「学力低下論」に拍車がかかった。

　技術・家庭科も第3学年が35時間となった。これに対応するため、選択科目の時間数を拡大することで、各教科の課題学習、補充的な学習や発展的な学習等、多様な学習活動が行なえるようにと配慮がされ、さらに、各教科で、個別指導やグループ別指導、学習内容の習熟の程度に応じた指導、教師の協力的な指導など指導体制や指導方法を工夫改善するとした。実際に、総合的な学習の時間を選択教科の延長として扱う学校も多く、各分野の発展的な課題を他教科と共に横断的に扱うなど工夫して取り組むことで、家庭生活に繋がる題材を扱うことも次第に定着していった。しかし、多くの場面で授業時間数減を完全に補うことは困難であった。特に実習の授業運営には、特段の工夫と配慮が必要であった。

　技術・家庭科の総括的な目標に大きな変更点はなかったが、教科の内容は、「技術分野」と「家庭分野」と大きく二つに括られ、分野ごとに目標が示された。また、これまで11あった領域も各分野2つに括られた。

　家庭分野の「A生活の自立と衣食住」では、中学生の栄養と食事、食品の選択と日常食の調理、衣服の選択と手入れ、室内環境の整備と住まい方、食生活の課題と調理の応用、簡単な衣服の製作が扱われ、「B家族と家庭生活」では、自分の成長と家族や家庭生活とのかかわり、幼児の発達と家族、家庭と家族関係、家庭生活と消費、幼児の生活と幼児との触れ合い、家庭生活と地域とのかかわりが扱われた。実習や観察、ロールプレイングなどの体験的学習や幼稚園や保育所での幼児との触れ合いができるようにと記述されている[37]。

　平成10（1998）年度改訂の新しい教育課程の基準は、移行期を経て平成14年度から完全実施されたが、平成15（2003）年に一部改訂が行なわれた。特殊教育が強化され、特別な教育課程を置くことができるようになった。それと同時に、各教科において、いわゆる「基準性」が示された。小学校の家庭科、中学校の家庭分野では、「3内容の取扱い」において、「内容の範囲や程度等を

示す事項は，すべての生徒に対して指導するものとする内容の範囲や程度等を示したものであり、学校において特に必要がある場合には、この事項にかかわらず指導することができること」とされた。いわゆる「歯止め規定」がなくなり、発展的な取り扱いが可能となった[38) 39)]。

4．新しい学力と家庭科

　平成20（2008）年の改訂の学習指導要領は、平成18（2006）年の教育基本法の改正、その後の学校教育法改正、さらに中央教育審議会答申を踏まえ、習得した知識・技能を活用する「思考力・判断力・表現力等」の育成、「道徳や体育」の充実、引き続き「生きる力」の育成が基本的なねらいとされた。特に活用型の学力や学習意欲の重視は、OECD（経済協力開発機構）のPISA調査などの結果から、日本の児童生徒に不足していると受けとめられたものである[40) 41)]。

　平成20年の改訂で小学校家庭科、中学校技術・家庭科の目標の基本的な考え方に大きな変化はなく、将来を展望し、主体性をもって生きる姿勢とそのために必要な能力と実践的な態度を育成するとされている。

　技術・家庭科の2分野は各々4つの内容項目で示され、家庭生活分野の課題学習において課題の選択が認められているものの、基本的に全ての内容を男女が共に学習することになった。また、家庭分野としての体系化を図るため、4つの内容を小学校の内容構成と同じものにしている。小学校では、生涯の家庭生活の基盤となる能力や態度を育む視点から、中学校では、中学生としての自己の生活の自立を図る視点から構成されている。例えば、小学校では「自分の成長と家族」の項目を、家族や自分の変化を実感し、見通しをもって生活できるようするため最初の家庭科の学習で扱うとされており、中学校でもこれからの学習の見通しを持たせるガイダンスとして同じ項目が最初の授業に設定されている。義務教育としての連続性が強く意識された結果であるといえる。

　この他、前回の改訂で、中学校で扱うとされた5大栄養素は、小学校から扱われるようになり、持続可能な社会の構築に向け、「消費生活」と「環境」が項目として明記された。また、家庭科においても言語能力や課題解決能力の育

成が重視されている^{42) 43)}。

　2章では、義務教育における家庭科のこれまでの変遷を見てきた。家庭科は、普通教育の必修教科として教育目標、教育制度、教育内容、授業方法を探りながら、また、時代の要請と社会の変化に応えながら公教育を担ってきた。

　これらを振り返れば、家庭科は、生活に必要な知識と技能・技術の習得、家庭生活の経営主体に必要な基礎的能力の育成を普遍的な教育目標としてきたことがわかる。

　家庭生活に必要な基礎的な能力の育成は、社会と家庭にとって重要な教育価値を持つものである。さらなる家庭科教育の発展と充実には、長期的な視点からの教育成果の提示が必要であり、生涯を視野に入れた教育内容の検討や小中一貫教育における教科運営の検討などが求められている。

◎表2-1　小学校家庭科の目標

公示年	家庭科の目標
昭和22年 一般編（試案）	1. 家庭を営むという仕事の理解と、性別、年齢の如何にかかわらず家庭人としての責任ある各自の役割りの自覚。 2. 家人及び友人との間に好ましい間柄を実現する態度。 3. 自主的に自分の身のまわりの事に責任を持つ態度。 4. 食事の支度や食品に興味を持ち、進んでこれを研究する態度。 5. 家庭生活に必要な技術の初歩。 　A　簡単な被服の仕立てと手入れ及び保存の能力。 　B　家庭の普通の設備や器具を利用したり、よく手入れしたりする能力。
昭和26年 一般編（試案）	小学校の家庭科においては社会科や理科の学習とよく連携して、男女のこどもに、家庭生活の正しいあり方の理解や、望ましい態度の養成がめざされねばならない。そして、家庭生活営むための初歩的な技能、すなわち、裁縫や調理その他の初歩的な技能を習得させることも大切である。（p.69より）
昭和31年	1. 家庭の構造と機能の大要を知り、家庭生活が個人および社会に対してもつ意義を理解して、家庭を構成する一員としての責任を自覚し、進んでそれを果たそうとする。 2. 家庭における人間関係に適応するために必要な態度や行動を習得し、人間尊重の立場から、互いに敬愛し力を合わせて、明るく、あたたかい家庭生活を営もうとする。 3. 被服・食物・住居などについて、その役割を理解し、日常必要な初歩の知識・技能・態度を身につけて、家庭生活をよりよくしようとする。 4. 労力・時間・物資・金銭をたいせつにし、計画的に使用して、家庭生活をいっそう合理化しようとする。 5. 家庭における休養や娯楽の意義を理解し、その方法を反省くふうして、いっそう豊かな楽しい家庭生活にしようとする。

12

昭和 33 年	1. 被服・食物・すまいなどに関する初歩的、基礎的な知識、技能を習得させ、日常生活に役だつようにする。 2. 被服・食物・すまいなどに関する仕事を通して、時間や労力、物資や金銭を計画的、経済的に使用し、生活をいっそう合理的に処理することができるようにする。 3. 健康でうるおいのある楽しい家庭生活にするように、被服・食物・すまいなどについて創意くふうする態度や能力を養う。 4. 家庭生活の意義を理解させ、家族の一員として家庭生活をよりよくしようとする実践的態度を養う。
昭和 43 年	日常生活に必要な衣食住などに関する知識と技能、習得させ、それを通して家庭生活の意義を理解させ、家族の一員として家庭生活をよりよくしようとする実践的な態度を育てる。 具体的目標 1. 被服、食物、すまいなどに関する初歩的、基礎的な知識、技能を習得させ、日常生活に役立つようにする。 2. 被服、食物、すまいなどに関する仕事を通して、生活をいっそう合理的に処理することができるようにする。 3. 被服、食物、すまいなどについて創意くふうし、家庭生活を明るく楽しくしようとする能力と態度を養う。 4. 家族の立場や役割を理解させ、家族の一員として家庭生活に協力しようとする態度を養う。
昭和 52 年	日常生活に必要な衣食住などに関する実践的な活動を通して、基礎的な知識と技能を習得させるとともに家庭生活についての理解を深め、家族の一員として家庭生活をよりよくしようとする実践的な態度を育てる。
平成元年	衣食住などに関する実践的な活動を通して、日常生活に必要な基礎的な知識と技術を習得させるとともに家庭生活についての理解を深め、家族の一員として家庭生活をよりよくしようとする実践的な態度を育てる。
平成 10 年	衣食住などに関する実践的・体験的な活動を通して、家庭生活への関心を高めるとともに日常生活に必要な基礎的な知識と技能を身に付け、家族の一員として生活を工夫しようとする実践的な態度を育てる。
平成 15 年	一部改正により目標は同上
平成 20 年	衣食住などに関する実践的・体験的な活動を通して、日常生活に必要な基礎的・基本的な知識及び技能を身に付けるとともに、家庭生活を大切にする心情をはぐくみ、家族の一員として生活をよりよくしようとする実践的な態度を育てる。

◎表 2-2　小学校家庭科の内容項目と履修学年及び授業時間数

公示年	内容項目	履修学年	授業時間数
昭和 22 年一般編（試案）	＜第 5 学年＞（一）主婦の仕事の重要さ（二）家庭の一員としての子供（三）・（五）自分のことは自分で（四）家庭における子供の仕事（六）家事の手伝い ＜第 6 学年＞（一）健康な日常生活（二）家庭と休養（三）簡単な食事の支度（四）老人の世話	第 5・6 学年	各 105 時間

昭和26年一般編（試案）	（イ）家族の一員（ロ）手伝い（ハ）身なり（ニ）食事（ホ）すまい（ヘ）時間・物・金銭・労力の使い方（ト）飼育や栽培のしごと（チ）不事のでき事に対する処置（リ）休息・趣味・娯楽	第5・6学年	音楽、図画工作、家庭科で1,050時間の25〜20%
昭和31年	家族関係、生活管理、被服、食物、住居（家庭科のみ改訂）	第5・6学年	同上
昭和33年	A 被服、B 食物、C すまい、D 家庭	第5・6学年	各70時間
昭和43年	A 被服、B 食物、C すまい、D 家庭	第5・6学年	各70時間
昭和52年	A 被服、B 食物、C 住居と家族	第5・6学年	各70時間
平成元年	A 被服、B 食物、C 家族の生活と住居	第5・6学年	各70時間
平成10年	（1）家庭生活と家族、（2）衣服への関心、（3）生活に役立つ物の製作、（4）食事への関心、（5）簡単な調理、（6）住まい方への関心、（7）物や金銭の使い方と買い物、（8）家庭生活の工夫	第5学年 第6学年	60時間 55時間
平成16年	一部改正により内容構成は同上	同上	同上
平成20年	A 家庭生活と家族、B 日常の食事と調理の基礎、C 快適な衣服と住まい、D 身近な消費生活と環境	第5学年 第6学年	60時間 55時間

◎表2-3　職業科、職業・家庭科の目標

公示年	職業科、職業・家庭科の目標
昭和22年一般編（試案）職業科	1. 楽しく明るい家庭生活の要件を理解しその充実向上を図って行く態度。 2. 住居の科学的、能率的な使い方の会得。 3. 堅実な家事経理、特に時間と労力、物と金の上手な使い方のできる能力。 4. 家族の病気やけがの予防、手当のできる能力。 5. 栄養が十分で、経済的で且つ楽しい食事をととのえる能力。 6. 自分及び家族の身なりをととのえ、保健や経済に適合するように経理し得る能力。 7. 乳幼児の生活を理解し、やさしく世話することのできる能力。 8. 家人や隣人との間に正しい間柄を実現する能力。
昭和26年一般編（試案）職業・家庭科	1. 実生活に役だつ仕事をすることの重要さを理解する。 2. 実生活に役だつ仕事についての基礎的な知識・技能を養う。 3. 協力的な明るい家庭生活・職業生活のあり方を理解する。 4. 家庭生活・職業生活についての社会的、経済的な知識・理解を養う。 5. 家庭生活・職業生活の充実・向上を図ろうとする態度を養う。 6. 勤労を重んじ、楽しく働く態度を養う。 7. 仕事を科学的、能率的に、かつ安全に進める能力を養う。 8. 職業の業態および性能についての理解を深め、個性や環境に応じて将来の進路を選択する能力を養う。

昭和32年 職業・家庭科	1. 基礎的な技術を習得させ、基本的な主活活動を経験させる。 2. 産業ならびに職業生活・家庭生活についての社会的、経済的な知識・理解を得させる。 3. 科学的、能率的に実践する態度・習慣およびくふう創造の能力を養う。 4. 勤労と責任を重んじる態度を養う。 5. 将来の進路を選択する能力を養う。

◎表2-4　職業科（家庭）、職業・家庭科の内容項目と履修学年及び年間授業時間数

告示年	内容項目		履修学年 年間授業時間数
昭和22年 一般編 （試案） 職業科 （家庭）	第7学年	家庭生活、備えある生活、食物と栄養、幼い家族の世話	第1・2・3学年 各学年140時間
	第8学年	わが国住居の長所・短所、食物と健康及び保健献立、夏の生活、夏の装い、家庭の美しさ、秋の装い、上手な買物、冬の迎え方、簡単な病気の手当てと病気の予防	
	第9学年	家庭生活と能率、食生活の改善、被服と活動、乳幼児の保育、家庭の和楽、病人の看護、近所の交わり、帯と羽織またはドレス、家事の経理	
昭和26年 一般編 （試案） 職業・家庭科	第1類	栽培、飼育、漁、食品加工	第1・2・3学年 各学年105-140時間
	第2類	手技工作、機械操作、製図	
	第3類	文書事務、経営記帳、計算	
	第4類	調理、衛生保育 （教育計画で性別・環境別指導を例示）	
昭和32年 職業・家庭科	第1群	栽培、飼育、農産加工	第1・2・3学年 各学年105-140時間
	第2群	製図、機械、電気、建設	
	第3群	経営、簿記、計算事務、文書事務	
	第4群	漁業、水産製造、増殖	
	第5群	食物、被服、住居、家族、家庭経営	
	第6群	産業と職業、職業と進路、職業生活 （教育計画で性別・環境別指導を例示）	

◎表2-5　技術・家庭科の目標

公示年	技術・家庭科の目標
昭和33年 技術・家庭科	1. 生活に必要な基礎的技術を習得させ、創造し生産する喜びを味わわせ、近代技術に関する理解を与え、生活に処する基本的な態度を養う。 2. 設計・製作などの学習経験を通して、表現・創造の能力を養い、ものごとを合理的に処理する態度を養う。 3. 製作・操作などの学習経験を通して、技術と生活との密接な関連を理解させ、生活の向上と技術の発展に努める態度を養う。 4. 生活に必要な基礎的技術についての学習経験を通して、近代技術に対する自信を与え、協同と責任と安全を重んじる実践的な態度を養う。

昭和 44 年 技術・家庭科	生活に必要な技術を習得させ、それを通して生活を明るく豊かにするためのくふう 創造の能力および実践的な態度を養う。 1. 計画、製作、整備などに関する基礎的な技術を習得させ、その科学的な根拠を理 　解させるとともに、技術を実際に活用する能力を養う。 2. 家庭や社会における技術と生活との密接な関連を理解させ、生活を技術的な面か 　らくふう改善し、明るく豊かにする能力と態度を養う。 3. 仕事を合理的、創造的に進める能力や協同・責任および安全を重んじる態度を養う。

◎表 2-6　技術・家庭科（女子向き）の内容項目と履修学年及び年間授業時間数

公示年	技術・家庭科（女子向き）の内容項目	履修学年 年間授業時間数
昭和 33 年 技術・家庭科	第 1 学年　調理、被服製作、設計・製図、家庭機械・家庭工作 第 2 学年　調理、被服製作、家庭機械・家庭工作 第 3 学年　調理、被服製作、保育、家庭機械・家庭工作	第 1・2・3 学年 各学年 105 時間
昭和 44 年 技術・家庭科	第 1 学年　A 被服、B 食物、C 住居 第 2 学年　A 被服、B 食物、C 家庭機械 第 3 学年　A 被服、B 食物、C 保育、D 家庭電気	第 1・2・3 学年 各学年 105 時間

◎表 2-7　技術・家庭科の総括目標と家庭分野の目標

公示年	技術・家庭科の総括目標と家庭分野の目標
昭和 52 年 技術・家庭科	生活に必要な技術を習得させ、それを通して家庭や社会における生活と技術との関係を理解させるとともに、工夫し創造する能力及び実践的な態度を育てる。 （F 被服）1. 作業着の製作を通して、作業と被服との関係について理解させ、作業に適した被服を製作し、活用する能力を養う。2. 日常着の製作及び被服整理を通して、活動と被服との関係及び被服材料の性能について理解させ、活動に適した被服の製作及び繊維製品の取扱いを工夫する能力を養う。3. 休養着の製作及び手芸品の製作を通して、休養と被服との関係及び手芸の特徴について理解させ、休養に適した被服及び目的に応じた手芸品を製作し、衣生活を快適にする能力を養う。 （G 食物）1. 簡単な日常食の調理を通して、青少年に必要な栄養及び食品の性質について理解させ、青少年の食事を整える能力を養う。2. 青少年向きの献立作成及びその日常食の調理を通して、食品の選択について理解させ、青少年にふさわしい食事を計画的に整える能力を養う。3. 成人向きの献立作成及びその日常食の調理を通して、成人の栄養について理解させ、成人にふさわしい食事を計画的に整える能力を養う。 （H 住居）住空間の計画及び室内環境と設備に関する学習を通して、快適な住まい方について理解させ、住空間を適切に活用する能力を養う。 （I 保育）幼児の遊び、被服や食物に関する学習を通して、その心身の発達に応じた生活について理解させ、幼児に対する関心を高める。

平成元年 技術・家庭科	生活に必要な基礎的な知識と技術の習得を通して、家庭生活や社会生活と技術とのかかわりについて理解を深め、進んで工夫し創造する能力と実践的な態度を育てる。 (G家庭生活) 家庭生活に関する実践的・体験的な学習を通して、自己の生活と家族の生活との関係について理解させ、家庭生活をよりよくしようとする実践的な態度を育てる。 (H食物) 日常食の調理を通して、栄養及び食品の性質と選択について理解させ、青少年にふさわしい食事を計画的に整える能力を養う。 (I被服) 日常着及び簡単な手芸品の製作を通して、生活と被服との関係について理解させ、衣生活を快適にする能力を養う。 (J住居) 住空間の計画及び室内環境と設備に関する学習を通して、快適な住まい方について理解させ、住空間を適切に活用する能力を養う。 (K保育) 幼児の遊び、食物及び被服に関する学習を通して、その心身の発達に応じた生活について理解させ、幼児に対する関心を高める。
平成10年 技術・家庭科	生活に必要な基礎的な知識と技術の習得を通して、生活と技術とのかかわりについて理解を深め、進んで生活を工夫し創造する能力と実践的な態度を育てる。 (家庭分野) 実践的・体験的な学習活動を通して、生活の自立に必要な衣食住に関する基礎的な知識と技術を習得するとともに、家庭の機能について理解を深め、課題をもって生活をよりよくしようとする能力と態度を育てる。
平成15年	一部改正により目標は同上
平成20年 技術・家庭科	生活に必要な基礎的・基本的な知識及び技術の習得を通して、生活と技術とのかかわりについて理解を深め、進んで生活を工夫し創造する能力と実践的な態度を育てる。 (家庭分野) 衣食住などに関する実践的・体験的な学習活動を通して、生活の自立に必要な基礎的・基本的な知識及び技術を習得するとともに、家庭の機能について理解を深め、これからの生活を展望して、課題をもって生活をよりよくしようとする能力と態度を育てる。

◎表2-8　技術・家庭科の内容項目と履修学年及び年間授業時間数

告示年月	内容項目	履修学年 年間授業時間数
昭和52年 技術・家庭科	A 木材加工1・2、B 金属加工1・2、C 機械1・2、D 電気1・2、E 栽培、F 被服1・2・3、G 食物1.2.3、H 住居、I 保育 （男子はA～EとF～Iの中から1領域、女子は、F～IとA～Eの中から1領域を履修する。）	第1・2学年 70時間 第3学年 105時間
平成元年 技術・家庭科	A 木材加工、B 電気、C 金属加工、D 機械、E 栽培、F 情報基礎、G 家庭生活、H 食物、I 被服、J 住居、K 保育 （11領域のうち7領域を履修し、特にABGHの内容は全ての生徒が履修する。）	第1・2学年 70時間 第3学年 70～105時間
平成10年 技術・家庭科	(技術分野) A 技術とものづくり、B 情報とコンピュータ (家庭分野) A 生活の自立と衣食住、B 家族と家庭生活 （両分野の基礎的な内容を全ての生徒が履修する。）	第1・2学年 70時間 第3学年 35時間

平成 15 年	一部改正により内容項目は同上	同上
平成 20 年 技術・家庭科	（技術分野） A 材料と加工に関する技術、B エネルギー変換に関する技術、C 生物育成に関する技術、D 情報に関する技術 （家庭分野） A 家族・家庭と子どもの成長、B 食生活と自立、C 衣生活・住生活と自立、D 身近な消費生活と環境 （家庭分野の「生活の課題と実践」は、ABC の各（3）から選択する。）	第 1・2 学年 70 時間 第 3 学年 35 時間

【参考文献】

1) 文部科学省　中学校学習指導要領　平成 20 年　東山書房（2008）
2) 文部科学省　高等学校学習指導要領　平成 21 年　東山書房（2009）
3) 文部省　学習指導要領一般編（試案）昭和 22 年度 日本書籍株式会社（1947）
4) 文部省　学習指導要領家庭科編（試案）昭和 22 年度 大阪書籍株式会社（1947）
5) 朴木佳緒留・鈴木敏子　資料から見る戦後家庭科のあゆみ 学術図書出版 40-42（1990）
6) 堀内かおる「戦後初期小学校家庭科廃止論をめぐる家庭科教育関係者、文科省、CIE の動向（第 1 ～ 3 報）」日本家庭科教育学会誌第 38 巻 25-46（1994）
7) 朴木佳緒留「家庭科教育 50 年 3.1 小学校家庭科廃止論をめぐって」日本家庭科教育学会 11-14（2000）
8) 文部省　学習指導要領一般編（試案）昭和 26 年（1951）改訂版 明治図書出版株式会社
9) 文部省　小学校学習指導要領家庭科編 昭和 31 年度 二葉株式会社（1956）
10) 文部省　学習指導要領家庭編（中等学校四，五学年用）（試案）昭和 22 年度 中等学校教科書株式会社（1947）
11) 常見育男　家庭科教育史 増補版　光生館 350-370（1980）
12) 文部省　学習指導要領職業・家庭編 昭和 26 年（1951）改訂版 日本職業指導協会
13) 朴木佳緒留・鈴木敏子 資料から見る戦後家庭科のあゆみ 学術図書出版 75-77（1990）
14) 全国職業教育協会「中学職業・家庭　家庭生活 3」開隆堂出版 137-159（1955）
15) 文部省　中学校学習指導要領 職業・家庭科編 昭和 32 年度改訂版　開隆堂出版（1956）
16) 文部省 中学校 職業・家庭科学習指導書 開隆堂出版（1957）大空社復刻版第 24 巻（1991）
17) 文部省　小学校学習指導要領　昭和 33 年　帝国地方行政学会（1958）
18) 文部省　小学校家庭科指導書 開隆堂出版株式会社（1960）大空社復刻版第 23 巻（1991）
19) 文部省　改訂・小学校学習指導要領　昭和 43 年　大蔵省印刷局
20) 文部省　小学校家庭科指導書 開隆堂出版株式会社（1970）大空社復刻版第 23 巻（1991）
21) 鹿内瑞子 小学校教材・教具の活用 - 家庭 - 帝国地方行政学会（1970）
22) 文部省　小学校学習指導要領　昭和 52 年　大蔵省印刷局（1977）
23) 高部和子　小学校教育課程講座 - 家庭 - 株式会社ぎょうせい（1977）
24) 文部省　小学校学習指導要領　平成元年　大蔵省印刷局（1989）
25) 文部省　小学校指導書家庭編 開隆堂出版株式会社（1989）
26) 文部省　中学校学習指導要領　昭和 33 年（1958）改訂版　明治図書出版株式会社
27) 文部省 中学校 技術・家庭科指導書 開隆堂出版（1959）大空社復刻版第 25 巻（1991）
28) 文部省　中学校学習指導要領　昭和 44 年大蔵省印刷局（1969）
29) 文部省 中学校 技術・家庭科指導書 開隆堂出版（1970）大空社復刻版第 25 巻（1991）
30) 文部省 中学校 職業に関する教科指導書 開隆堂出版（1967）大空社復刻版第 24 巻

31）文部省　中学校学習指導要領　昭和 52 年　大蔵省印刷局（1977）

32）文部省　中学校学習指導要領　平成元年　大蔵省印刷局（1989）

33）文部省　中学校指導書　技術・家庭編　開隆堂出版（1989）

34）文部省　小学校学習指導要領　平成 10 年　大蔵省印刷局（1998）

35）文部省　中学校学習指導要領　平成 10 年　大蔵省印刷局（1998）

36）文部省　小学校学習指導要領解説家庭編　開隆堂出版株式会社（1999）

37）文部省　中学校学習指導要領（平成 10 年 12 月）解説－技術・家庭編－　東京書籍（1999）

38）文部科学省　小学校学習指導要領　平成 15 年一部改正　大蔵省印刷局（2003）

39）文部科学省　中学校学習指導要領　平成 15 年一部改正　大蔵省印刷局（2003）

40）文部科学省　小学校学習指導要領　平成 20 年　東洋館出版（2008）

41）文部科学省　中学校学習指導要領　平成 20 年　東山書房（2008）

42）文部科学省　小学校学習指導要領解説家庭編　株式会社東洋館出版社（2008）（平成 20 年）

43）文部科学省　中学校学習指導要領解説技術・家庭編　教育図書（2008）（平成 20 年）

3章 新しい学力観を踏まえた学習指導要領の改訂

章のねらい

　本章では、新しい学力観を踏まえた学習指導要領の改訂について述べる。「論点整理」で求められた育成すべき資質・能力、家庭科における4つの見方・考え方を確認するとともに、小・中・高の学習目標及び内容構成について、その特徴を整理する。また、指導上の配慮事項について、教科特性に基づいて整理する。

1. 新しい学力観

　このたびの学習指導要領の改訂は、国立教育政策研究所が実施した「教育課程に関する基礎的研究」（平成21年度～25年度）の報告書5（平成24年度プロジェクト研究調査研究報告書）で提案された「21世紀型能力」（p.26）に基づいている（図3-1）。

　この報告書の中で、学習指導要領の改訂について述べられている。すなわち教育課程の編成は、以下の3点を共通認識とする必要があり、これらを「原理」として、具体的な教育目標を設定することを求めている。

① 社会の変化に対応できる汎用的な資質・能力を教育目標として明確に定義する必要が

◎図3-1　21世紀に求められる資質・能力の枠組み

出所：国立教育政策研究所　教育課程の編成に関する基礎的研究「社会の変化に対応する資質や能力を育成する教育課程編成の基本原理」p .26

ある。

② 人との関わりの中で課題を解決できる力など、社会の中で生きる力に直結する形で、教育目標を構造化する必要がある。

③ 資質・能力の育成は、教科内容の深い学びで支える必要がある。

2．改訂学習指導要領における資質・能力

教育課程の改訂において育成すべき資質・能力は、教育課程企画特別部会「論点整理（2015（平成 27）年度）」で、以下のような 3 つの柱として提示された（図 3-2）。

① 何を知っているか、何ができるか（個別の知識・技能）

② 知っていること・できることをどう使うか（思考力・判断力・表現力等）

③ どのように社会・世界と関わり、よりよい人生を送るか（学びに向かう力、人間性等）

3 つの柱を踏まえ、「どのように学ぶか（アクティブ・ラーニングの視点）」および「学習評価の充実」が重視されるようになったと言える（図 3-2）

さらに「論点整理」では、家庭科に関する児童生徒の意識や現状について、次の 4 点を指摘している。

① 小・中・高校生のいずれも家庭科学習への関心や有用感が高い。

② 社会の変化に対応する能力が身に付いてきている。

③ 知識・技能を活用して生活の課題を解決する能力や実践力を身に付けることに課題がある。

④ 家庭や社会とのつながりを考え、人と関わる力を高めることに課題がある。

この後公表された「審議のまとめ（2016（平成 28）年）」において、家庭科で育成を目指す資質・能力は、表 3-1 のように整理された。

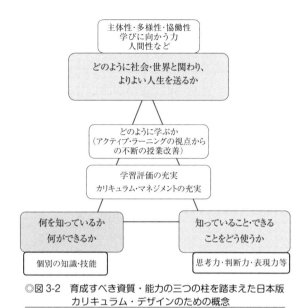

◎図 3-2　育成すべき資質・能力の三つの柱を踏まえた日本版
カリキュラム・デザインのための概念

◎表 3-1　家庭科、技術・家庭科（家庭分野）において育成を目指す資質・能力の整理

	知識・技能	思考力・判断力・表現力等	学びに向かう力・人間性等
家庭 高等学校 （共通教科）	自立した生活者に必要な家族・家庭、衣食住、消費や環境等についての科学的な理解と技能 ・家族・家庭についての理解 ・乳幼児の子育て支援等や高齢者の生活支援等についての理解と技能 ・生涯の生活設計についての理解 ・各ライフステージに対応した衣食住についての理解と技能 ・生活における経済の計画、消費生活や環境に配慮したライフスタイルの確立についての理解と技能	家族・家庭や社会における生活の中から問題を見出して課題を設定し、生涯を見通して課題を解決する力 ・家族・家庭や社会における生活の中から問題を見いだし、課題を設定する力 ・生活課題について他の生活事象と関連付け、生涯を見通して多角的に捉え、解決策を構想する力 ・実習や観察・実験、調査、交流活動の結果等について、考察したことを科学的な根拠や理由を明確にして論理的に表現する力 ・他者の立場を考え、多様な意見や価値観を取り入れ、計画・実践について評価・改善する力	相互に支え合う社会の構築に向けて、主体的に地域社会に参画し、家庭や地域の生活を創造しようとする実践的な態度 ・男女が協力して主体的に家庭や地域の生活を創造しようとする態度 ・様々な年代の人とコミュニケーションを図り、主体的に地域社会に参画しようとする態度 ・生活を楽しみ味わい、豊かさを創造しようとする態度 ・日本の生活文化を継承・創造しようとする態度 ・自己のライフスタイルの実現に向けて、将来の家庭生活や職業生活を見通して学習に取り組もうとする態度
技術・家庭 中学校	生活の自立に必要な家族・家庭、衣食住、消費や環境についての基礎的な理解と技能 ・家族の基本的な機能及び家族についての理解 ・幼児、高齢者についての理解と技能 ・生活の自立に必要な衣食住についての理解と技能 ・消費生活や環境に配慮したライフスタイルの確立についての基礎的な理解と技能	家族・家庭や地域における生活の中から問題を見出して課題を設定し、これからの生活を展望して課題を解決する力 ・家族・家庭や地域における生活の中から問題を見いだし、課題を設定する力 ・生活課題について他の生活事象と関連付け、これからの生活を展望して多角的に捉え、解決策を構想する力 ・実習や観察・実験、調査、交流活動の結果等について、考察したことを根拠や理由を明確にして論理的に表現する力 ・他者の意見を聞き、自分の意見との相違点や共通点を踏まえ、計画・実践について評価・改善する力	家族や地域の人々と協働し、よりよい生活の実現に向けて、生活を工夫し創造しようとする実践的な態度 ・家庭生活を支える一員として生活をよりよくしようとする態度 ・地域の人々と関わり、協働しようとする態度 ・生活を楽しみ、豊かさを味わおうとする態度 ・日本の生活文化を継承しようとする態度 ・将来の家庭生活や職業との関わりを見通して学習に取り組もうとする態度
家庭 小学校	日常生活に必要な家族や家庭、衣食住、消費や環境等についての基礎的な理解と技能 ・家族や家庭についての理解 ・生活の自立の基礎として必要な衣食住についての理解と技能 ・消費生活や環境に配慮した生活の仕方についての理解と技能	日常生活の中から問題を見出して課題を設定し、課題を解決する力 ・日常生活の中から問題を見いだし、課題を設定する力 ・生活課題について自分の生活経験と関連付け、様々な解決方法を構想する力 ・実習や観察・実験、調査、交流活動の結果等について、考察したことを根拠や理由を明確にしてわかりやすく表現する力 ・他者の思いや考えを聞いたり、自分の考えをわかりやすく伝えたりして計画・実践について評価・改善する力	家族の一員として、生活をよりよくしようと工夫する実践的な態度 ・家庭生活を大切にする心情 ・家族や地域の人々と関わり、協力しようとする態度 ・生活を楽しもうとする態度 ・日本の生活文化を大切にしようとする態度

3. 家庭科における「見方・考え方」

(1) 「見方・考え方」の重視

　このたびの学習指導要領改訂において、主体的・対話的で深い学びの実現に向けた授業改善については、以下のように記述されている。

　『特に、各教科等において身に付けた知識及び技能を活用したり、思考力、判断力、表現力や学びに向かう力、人間性等を発揮させたりして、学習の対象となる物事を捉え思考することにより、<u>各教科等の特質に応じた物事を捉える視点や考え方（以下「見方・考え方」という）</u>が鍛えられていくことに留意し、児童が各教科等の特質に応じた見方・考え方を働かせながら、知識を相互に関連付けて考えを形成したり、問題を見いだして解決策を考えたり、思いや考えを基に創造したりすることに向かう過程を重視した学習の充実を図ること』（下線筆者）（総則　第3 教育課程の実施と学習評価 p.8 より）

　『<u>深い学びの鍵として「見方・考え方」を働かせることが重要になること</u>。各教科等の「見方・考え方」は、「どのような視点で物事を捉え、どのような考え方で思考していくのか」というその教科等ならではの物事を捉える視点や考え方である。各教科等を学ぶ本質的な意義の中核をなすものであり、教科等の学習と社会をつなぐものであることから、児童生徒が学習や人生において「見方・考え方」を自在に働かせることができるようにすることにこそ、教師の専門性が発揮されることが求められること』（下線筆者）（改訂の基本方針における③「主体的・対話的で深い学び」の実現に向けた授業改善の推進、留意して取り組む項目オより）

(2) 家庭科における「見方・考え方」

　「人の生活の営みに係る多様な生活事象」が、家庭科の学習対象となっている。このことから、家庭科における「見方・考え方」は、「生活の営みに係る」と示された。

　すなわち、人が、生涯にわたって自立し、他者と共に生きる生活を創造するために、「家族や家庭、衣食住、消費や環境などに係る生活事象を、①協力・

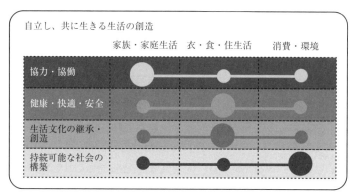

※主として捉える視点については、大きい丸で示している。
取り上げる内容や題材構成等により、どの視点を重視するのかは異なる。

◎図3-3　家庭科における「生活の営みに係る見方・考え方」
http://www.mext.go.jp/b_menu/shingi/chukyo/chukyo3/065/sonota/__icsFiles/afieldfile
/2016/09/12/1377053_01.pdf

協働、②健康・快適・安全、③生活文化の継承・創造、④持続可能な社会の構築等の4つの視点で捉え、よりよい生活を営むために工夫すること」が求められている（図3-3）。

　家庭科における「生活の営みに係る見方・考え方」に示されている4つの視点は、単独で存在しているわけではなく、それぞれ関連し合っている。例えば、衣食住の生活に関する内容においては、主に「②健康・快適・安全」ならびに「③生活文化の継承・創造」を考察する視点（図3-3大きい○印）としているが、「①協力・協働」や「④持続可能な社会の構築」を図る視点も含んでいる（図3-3小さい○印）。言うまでもなく、授業や単元・題材で取り扱うテーマや学習内容によって、どの視点を重視するのかは異なる。

　4つの視点のうち、小学校では①協力・協働は「家族や地域の人々との協力」、③生活文化の継承・創造は「生活文化の大切さに気付くこと」として捉える。

4．目標・内容構成および配慮事項

(1)　家庭科の目標

　家庭科の学習目標を表3-2〜表3-4に示した。改訂前と同様に、小学校では

学年ごとではなく、第5学年と第6学年をまとめて「教科の目標」として表わしている。中学校においても同様である。

　このたびの改訂では、教科全体の目標を提示した後に、求められる資質・能力の3つの柱に照らした目標が整理された。すなわち（1）は「知識及び技能」、（2）は「思考力、判断力、表現力等」、（3）は「学びに向かう力、人間性等」に係る目標である。

　（1）では、日常生活に関わる基礎的な知識・技能の習得を通して、生活についての自立の基礎を培う。（2）では、（1）で身に付けた知識・技能を活用して探究型の学習活動に取り組み、「思考力、判断力、表現力等」を育成することで課題解決力を養う。（3）では、（1）および（2）で身に付けた資質・能力を活用して家族や地域の人々と関わり、家庭生活をよりよくしようと工夫する実践的な態度を養う。

◎表3-2　小学校「家庭」の目標

　生活の営みに係る見方・考え方を働かせ、衣食住などに関する実践的・体験的な活動を通して、生活をよりよくしようと工夫する資質・能力を次のとおり育成することを目指す。
（1）家族や家庭、衣食住、消費や環境などについて、日常生活に必要な基礎的な理解を図るとともに、それらに係る技能を身に付けるようにする。
（2）日常生活の中から問題を見いだして課題を設定し、様々な解決方法を考え、実践を評価・改善し、考えたことを表現するなど、課題を解決する力を養う。
（3）家庭生活を大切にする心情を育み、家族や地域の人々との関わりを考え、家族の一員として、生活をよりよくしようと工夫する実践的な態度を養う。

◎表3-3　中学校「技術・家庭（家庭分野）」の目標

　生活の営みに係る見方・考え方を働かせ、衣食住などに関する実践的・体験的な活動を通して、よりよい生活の実現に向けて、生活を工夫し創造する資質・能力を次のとおり育成することを目指す。
（1）家族・家庭の機能について理解を深め、家族・家庭、衣食住、消費や環境などについて、生活の自立に必要な基礎的な理解を図るとともに、それらに係る技能を身に付けるようにする。
（2）家族・家庭や地域における生活の中から問題を見いだして課題を設定し、解決策を構想し、実践を評価・改善し、考察したことを論理的に表現するなど、これからの生活を展望して課題を解決する力を養う。
（3）自分と家族、家庭生活と地域との関わりを考え、家族や地域の人々と協働し、よりよい生活の実現に向けて、生活を工夫し創造しようとする実践的な態度を養う。

◎表3-4　高等学校「家庭」の目標

> 生活の営みに係る見方・考え方を働かせ、実践的・体験的な学習活動を通して、様々な人々と協働し、よりよい社会の構築に向けて、男女が協力して主体的に家庭や地域の生活を創造する資質・能力を次のとおり育成することを目指す。
> (1) 人間の生涯にわたる発達と生活の営みを総合的に捉え、家族・家庭の意義、家族・家庭と社会との関わりについて理解を深め、家族・家庭、衣食住、消費や環境などについて、生活を主体的に営むために必要な理解を図るとともに、それらに係る技能を身に付けるようにする。
> (2) 家庭や地域及び社会における生活の中から問題を見いだして課題を設定し、解決策を構想し、実践を評価・改善し、考察したことを根拠に基づいて論理的に表現するなど、生涯を見通して生活の課題を解決する力を養う。
> (3) 様々な人々と協働し、よりよい社会の構築に向けて、地域社会に参画しようとするとともに、自分や家庭、地域の生活を主体的に創造しようとする実践的な態度を養う。

(2) 内容構成

このたびの改訂における内容構成の特徴は、以下のようである。

① 小・中・高の系統性（表3-5）

これまで、小中学校ではA～Dの4つの内容、高校では内容項目の併記によって提示されていたが、今回の改訂では、小・中・高で統一的に再構成された。

すなわち、「A家族・家庭生活（小・中）、人の一生と家族・家庭及び福祉（高）」、「B衣食住の生活（小・中）、衣食住の生活の自立と設計（高:家庭基礎）、衣食住の生活の科学と文化（高:家庭総合）」、「C消費生活・環境（小・中）、持続可能な消費生活・環境（高）」である。なお、高校では、「Dホームプロジェクトと学校家庭クラブ活動」が別内容として示されているが、③で後述するように、同様の学習内容は小・中にも含まれている。

② 育成する資質・能力

それぞれの内容項目は、原則としてアとイの2つの指導事項で構成されている。

アは「知識及び技能」、イは「思考力、判断力、表現力等」に係る事項である。ア・イは順序性を規定するものではなく、それぞれ単独で扱う必要もない。両者を関連させて取り扱った題材を構成するよう考慮したい。

③ 問題解決学習の重視

これまで、高校のホームプロジェクトおよび中学校で課題解決学習として設定されていた「生活の課題と実践」が、小学校にも新設された。家庭や地域と

◎表3-5　小中校　家庭科学習内容の構成

小学校	中学校	高等学校	
		家庭基礎	家庭総合
A　家族・家庭生活	A　家族・家庭生活	A　人の一生と家族・家庭及び福祉	A　人の一生と家族・家庭及び福祉
(1)自分の成長と家族・家庭生活 (2)家庭生活と仕事 (3)家族や地域の人々との関わり (4)家族・家庭生活についての課題と実践	(1)自分の成長と家族・家庭生活 (2)幼児の生活と家族 (3)家族・家庭や地域との関わり (4)家族・家庭生活についての課題と実践	(1)生涯の生活設計 (2)青年期の自立と家族・家庭 (3)子供の生活と保育 (4)高齢期の生活と福祉 (5)共生社会と福祉	(1)生涯の生活設計 (2)青年期の自立と家族・家庭及び社会 (3)子供との関わりと保育・福祉 (4)高齢者との関わりと福祉 (5)共生社会と福祉
B　衣食住の生活	B　衣食住の生活	B　衣食住の生活の自立と設計	B　衣食住の生活の科学と文化
(1)食事の役割 (2)調理の基礎 (3)栄養を考えた食事 (4)衣服の着用と手入れ (5)生活を豊かにするための布を用いた製作 (6)快適な住まい方	(1)食事の役割と中学生の栄養の特徴 (2)中学生に必要な栄養を満たす食事 (3)日常食の調理と地域の食文化 (4)衣服の選択と手入れ (5)生活を豊かにするための布を用いた製作 (6)住居の機能と安全な住まい方 (7)衣食住の生活についての課題と実践	(1)食生活と健康 (2)衣生活と健康 (3)住生活と住環境	(1)食生活の科学と文化 (2)衣生活の科学と文化 (3)住生活の科学と文化
C　消費生活・環境	C　消費生活・環境	C　持続可能な消費生活・環境	C　持続可能な消費生活・環境
(1)物や金銭の使い方と買物 (2)環境に配慮した生活	(1)金銭の管理と購入 (2)消費者の権利と責任 (3)消費生活・環境についての課題と実践	(1)生活における経済の計画 (2)消費行動と意思決定 (3)持続可能なライフスタイルと環境	(1)生活における経済の計画 (2)消費行動と意思決定 (3)持続可能なライフスタイルと環境
「高校家庭」NEW SUPPORT　特別号　p.3 東京書籍		D　ホームプロジェクトと学校家庭クラブ活動	D　ホームプロジェクトと学校家庭クラブ活動

出所)「高校家庭」NEW　SUPPORT　特別号　p.3 東京書籍

連携を図った「家族・家庭生活についての課題と実践」（A（4））である。日常生活の中から問題を見いだして課題を設定し、習得した知識・技能を活用して課題を解決する力および生活をよりよくしようと工夫する実践的な態度を養う。

中学校においては、ＡＢＣの最後の項目として「～についての課題と実践」が置かれた。改訂後は、複数の内容（例えば、Ｂ食生活とＣ消費生活・環境）に関わる課題に取り組むこととなり、生活を総合的に捉える方向性が強調された。

④　ガイダンスの設定

小・中・高それぞれ学習のスタート段階でガイダンスを設定する。

例えば小学校では、第4学年までの学習を踏まえ、2年間の学習の見通しをもたせるためのガイダンスとして、第5学年の最初に「Ａ家族・家庭生活」（1）アを履修させる。その際、生活の営みに係る見方・考え方について触れるとともに、それぞれの学習内容「Ａ家族・家庭生活」、「Ｂ衣食住の生活」、「Ｃ消費生活・環境」と関連させる。

中・高についても同様に、第1学年の最初にガイダンスとして扱う内容がＡに位置づけられた。

(3)　配慮事項

学習内容（Ａ～Ｃ及び高校Ｄ）に配当する授業時間数や履修学年については、児童・生徒や学校、地域の実態等に応じて適切に定めるようにする。なお、学習内容Ａ、Ｂ、Ｃ（Ｄ）は、（1）アのガイダンスを除いて指導の順序を示すものではない。学習目標を達成し資質・能力を習得するために、学習内容・項目の指導の順序を工夫し、指導事項ア、イとの関連を図って題材を構成する必要がある。年間を通して適切に題材を配列して、効果的に学習できるよう指導計画を作成することが重要である。その際、生活環境が多様化している状況を踏まえ、児童・生徒のプライバシーには十分に配慮する。

また、このたびの改訂では、インクルーシブ教育のシステムの構築がめざされた。そのため、障がいのある児童生徒、学習上の困難を抱えている児童生徒に対する配慮についても示された。家庭科では、実験・実習が含まれているた

め、特に安全面での配慮が重要である。

　調理実習などで食品を扱う際には、事前に児童生徒の食物アレルギーの有無を確認するとともに、食品の保管場所・時間・温度や手洗い等、衛生面にも十分に配慮しなければならない。なお、小学校においては、調理経験が少ないことを考慮して、生の魚や肉は扱わない。卵については、新鮮なものを選び、加熱調理するようにする。

　このたびの改訂でも、引き続き食育の推進が求められている。したがって、他教科等（生活、社会、保健体育、特別活動、道徳、総合的な学習の時間）や野外炊飯などを含む学校行事、学校給食などと関連させ、指導の充実を図るようにする。その際、栄養教諭や養護教諭と連携・協力して、効果的な学習が展開できるようにする。

　消費生活、環境、伝統文化、防災等のように、教科横断的に取り上げられる学習については、関係する教科等（生活、社会、理科、特別活動、道徳、総合的な学習の時間）及び文化祭や避難訓練などの学校行事や地域の行事・取り組みなどとも関連させて扱う。

【参考文献】
小学校学習指導要領解説　家庭編（2017）東洋館出版社
中学校学習指導要領（平成29年告示）解説　技術・家庭編（2018）開隆堂出版
高等学校学習指導要領解説　家庭編　文部科学省Ｗｅｂサイト
（http://www.mext.go.jp/component/a_menu/education/micro_detail/__icsFiles/afieldfile/2018/07/17/1407073_10.pdf）

海外の教育より——————————————————

＜重視される問題解決力＞

　このたびの学習指導要領の改訂は、国立教育政策研究所が実施した「教育課程に関する基礎的研究」（平成 21 年度～ 25 年度）の報告書 5（平成 24 年度プロジェクト研究調査研究報告書）で提案された「21 世紀型能力」（p.46）に基づくものである。「21 世紀型能力」が提案される中で、国際的動向についても検討された（表1参照）。

◎表1　諸外国の教育改革における資質・能力目標

OECD（DeSeCo）		EU	イギリス	オーストラリア	ニュージーランド	（アメリカほか）	
キーコンピテンシー		キーコンピテンシー	キースキルと思考スキル	汎用的な能力	キーコンピテンシー	21 世紀スキル	
相互作用的道具活用力	言語、記号の活用	第 1 言語 外国語	コミュニケーション	リテラシー	言語・記号・テキストを使用する能力		基礎的リテラシー
	知識や情報の活用	数学と科学技術のコンピテンス	数字の応用	ニューメラシー			
	技術の活用	デジタル・コンピテンス	情報テクノロジー	ICT 技術		情報リテラシーICT リテラシー	
反省性（考える力）（協働する力）（問題解決力）		学び方の学習	思考スキル（問題解決）（協働する）	批判的・創造的思考力	思考力	創造とイノベーション	認知スキル
						批判的思考と問題解決	
						学び方の学習	
						コミュニケーション	
						コラボレーション	
自律的活動力	大きな展望	進取の精神と起業精神		倫理的理解	自己管理力	キャリアと生活	社会スキル
	人生設計と個人的プロジェクト						
	権利・利害・限界や要求の表明	社会的・市民的コンピテンシー文化的な気づきと表現	問題解決協働する	個人的・社会的な能力異文化間理解	他者との関わり参加と貢献	個人的・社会的責任	
異質的集団での交流力	人間関係力						
	協働する力					シティズンシップ	
	問題解決力						

出典）育成すべき資質・能力を踏まえた教育目標・内容と評価の在り方に関する検討会（第6回）平成 25 年 6 月 27 日配付資料（国立教育政策研究所）

　表より、認知スキルとして「問題解決力」が複数の国や地域で取り上げられていることがわかる。また、OECD が実施している国際的な学習到達度調査 PISA

（Programme for International Student Assessment）でも、問題解決力は重視されており、2003年、2012年には「読解力」「科学的リテラシー」「数学的リテラシー」に加えて調査対象となった。2012年の結果を受けて、2015年には「協働的問題解決力」が調査の対象となっており、世界水準で問題解決力の育成が教育課題として認識されていることが理解できる。

＜日本の家庭科カリキュラムの特徴＞

　では、海外の家庭科教育と日本とでは、どのような共通点・相違点があるのだろう。

　荒井（2013）は、家庭科カリキュラムを次のようなタイプに分類している。①包括・総合型（アメリカ、韓国、台湾など）、②生活自立・消費者市民型（北欧諸国等）、③テクノロジー重視型（イギリス、香港など）、である。

　日本は、典型的な①タイプであり、中でも特徴的なのは小学校から高等学校まで、男女がともに学ぶ必修科目として位置づけられている点である。すべての児童・生徒が、生活や家族に関わる学習を学んでおり、衣食住に関わる科学や文化、福祉や消費・環境、生活設計など、包括的な内容が含まれていることは、他に見られない特徴と言える。

　しかしながら、学習環境という面では、欧米には遠く及ばない。例えば、スウェーデンの小中学校（必修）では、クラスサイズが日本の3分の1以下である。家庭科は、25名程度の通常クラスを半分に分け、10〜12名で実施している。調理実習は、一般的な家庭と同様のシステムキッチンを使い、2〜3名で実施している（写真参照）。

4章 家庭科教育における カリキュラム

章のねらい

　本章では、家庭科教育の授業づくりについて、特に、カリキュラムに焦点を当てて述べていく。カリキュラムを「学びの総体」として捉え、なぜカリキュラム・マネジメントが求められているのか整理する。また、家庭科の教科としての特性を踏まえたうえで、時間的・空間的なつながりを意識した系統性のあるカリキュラムをデザインする意義について述べる。

1．カリキュラム・マネジメントの意義

(1)　カリキュラム・マネジメントとは

①カリキュラムのとらえ方

　カリキュラムは、教科等の目標や内容を教育計画として提示した、学校教育における「教育課程」として理解するのが一般的である。佐藤[1]はカリキュラムを、計画のみならず、「子どもの学習経験の総体」、あるいは「子どもの学びの履歴」としての意味を持つとした。こうしたカリキュラムのとらえ方について、荒井[2]は「教師が授業を計画するだけでなく、それが子どもにとってどういう意味を持っていたのか省察し、全体を不断に見直していくうえで、また、教師が自身の取り組みを明確にかつダイナミックにイメージするうえで有効である」と評価している。

　また、国際的な学力論に対するパラダイム転換の下、子どもを学習の主体として位置づけた授業研究も重視されるようになってきた。学習者が自らの学びの意味を自覚し、"主体的に取り組もうとする態度（エンゲージメント）"をどのように育むのかも、教育課題として注目されている。このことは、「主体性・多様性・協働性、学びに向かう力、人間性など」が、「学校教育で育成すべき資質・能力の三つの柱を踏まえた日本版カリキュラム・デザインのための概念」

（1部、3章、p.48、図3-2参照）における柱の一つになっていることからも明らかである。

　本章においても、カリキュラムを「教育課程」を含むダイナミックで包括的な概念としてとらえ、子どもたちにとって、あるいは教師にとって、どのような意義を持つのかについて述べていく。

②カリキュラム・マネジメントが求められた背景
　上述の図3-2（日本版カリキュラム・デザインのための概念）では、アクティブ・ラーニングの視点や学習評価の充実とともに、中心的課題として【カリキュラム・マネジメントの充実】を挙げている。これについて、学習指導要領の「改訂の経緯」では次のように説明されている。

　　中央教育審議会答申においては、"よりよい学校教育を通じてよりよい社会を創る"という目標を学校と社会が共有し、連携・協働しながら新しい時代に求められる資質・能力を子どもたちに育む「社会に開かれた教育課程」の実現を目指し、学習指導要領等が、学校、家庭、地域の関係者が幅広く共有し活用できる「学びの地図」としての役割を果たすことができるよう、次の6点にわたってその枠組みを改善するとともに、各学校において「教育課程」を軸に学校教育の改善・充実の好循環を生み出す「カリキュラム・マネジメント」の実現を目指すことなどが求められた。

改善が求められた枠組みは、以下の6点に整理されている。
　　1)「何ができるようになるか」（育成を目指す資質・能力）
　　2)「何を学ぶか」（教科等を学ぶ意義と、教科等間・学校段階間のつながりを踏まえた教育課程の編成）
　　3)「どのように学ぶか」（各教科等の指導計画の作成と実施、学習・指導の改善・充実）
　　4)「子ども一人ひとりの発達をどのように支援するか」（子どもの発達を踏まえた指導）
　　5)「何が身に付いたか」（学習評価の充実）

　　　6）「実施するために何が必要か」（学習指導要領の理念を実現するため
　　　　に必要な方策）

　換言すれば、カリキュラム・マネジメント実現させることによって、学校と
社会（家庭・地域）が協働して子どもたちの"教育"に関わる仕組みが整えら
れることを意味していると言えよう。

③カリキュラム・マネジメントの主体

　では、カリキュラム・マネジメントの主体は誰なのか。「学校」という抽象
的な表現は、当事者意識を持ちにくいと考えられる。一般的には、学校長に代
表される管理職や、リーダーシップの発揮を期待される教務主任がイメージさ
れるかもしれないが、カリキュラム・マネジメントの主体は学校にいる「すべ
ての教師」である。

　教師は、自身が担当する教科等の学習を通して、子どもたちに身に付けさせ
たい資質・能力を育成しようとする。その際、単元や題材単位ではなく、カリ
キュラム全体を見通して、いつ、何を、どのように学ぶのが合理的なのか検討
しなければ、教育活動の質的向上には結び付きにくい。

　例えば、教科等の学習と学校や学年の教育目標との整合性を図ったり、学校
や地域の行事と関連させたりすることで、子どもにとっての学びのストーリー
が見えやすくなり、その意義を実感できる可能性が高まるであろう。

　すなわち、個々の教師がカリキュラム・マネジメントに取り組むことで、子
どもにとって、最適なカリキュラムを設定することができ、結果的によりよい
学習環境を提供することにもつながると言えよう。同時に、教師にとっては上
記5）「何が身に付いたか」（学習評価の充実）を明確にすることによって、自
身の授業を振り返る好機となり、日々の授業実践力の向上が期待できる。

(2)　カリキュラムをデザインする

①固定的なイメージからの脱却

　行政や学校のウェブサイト等で公開されている「シラバス」や「年間学習計
画」を一瞥すると、使用している教科書の目次が順序よく並べられているもの
が少なくない。また、これまでの教育経験がカリキュラムのイメージを固定化

させ、「既にある題材を予定調和的にこなす」といった現場の受動的な状況も、否定できないのではないだろうか。

　しかし、個々の教師が「子どもの学習経験の総体」、あるいは「子どもの学びの履歴」としてのカリキュラムをそれぞれの立場でデザインしなければ、カリキュラム・マネジメントの実現が困難であることは言うまでもない。これからの教師には、カリキュラムに対する固定的なイメージから脱却し、柔軟でダイナミックな構想力が求められているのである。

②目の前の子どもの事実から出発する

　教師が教科等のカリキュラムをデザインするにあたり、学校や学年の教育目標との整合性を図ったり、学校や地域の行事と関連させたりすることの意義は先に述べたとおりである。また、前々頁1）〜3）に整理した点が、包括的なカリキュラム・マネジメントを実現するための基盤になることも自明である。

　しかし、目の前の子どもの事実を無視して構想したとしたら、それは魅力的で有意義なカリキュラムにはなり得ない。あくまでも学びの主人公である子どもの事実に寄り添ってデザインしなければならない。抽象化された一般論で子どもの生活を切り取ったとしても、自分自身の課題にはなり難い。その学習が、今、目の前にいる一人ひとりの子どもにとってどのような意味をもつのか、クリティカル（批判的）に問い返しながら、必要に応じてカリキュラムを組み直す勇気も必要なのである。

③時間的・空間的なつながりを意識したカリキュラム・デザイン

　カリキュラムをデザインするうえで意識する必要があるのは、時間的・空間的なつながりである。

　第3章1部でも述べたように、このたびの学習指導要領の改訂では、改善事項の一つとして「初等中等教育の一貫した学びの充実」が挙げられた。小1プロブレムおよび中1ギャップの解消や、幼小連携・接続をめざしたスタートカリキュラムの工夫、冒頭でガイダンスを導入するなどの学校段階間のスムースな接続、時間的なつながりを意識した小中高の系統性、包括的な学びの可能性を意図した教科等の横断的な学習が重視されている。

1) 時間的なつながり

　小中高の系統性について、今少し敷衍しよう。このたびの改訂では、小中高の系統性がこれまで以上に重視され、育成をめざす資質・能力が系統的に提示されたり、内容構成（A・B・C　高校のみ＋D）が統一されたりした。言うまでもなく、小学校におけるゴールは中学校におけるスタートであり、中高の関係性も同様である。

　小学校の教師であれば、卒業後、中高の家庭科を通して何ができるようになり、何をどのように学び、成年になっていくのかを見通すことにより、小学校における学びの意義が鮮明になる。中学校の教師であれば、小学校での学習経験を踏まえたうえで、何を積み上げていくのか、くり返していくのか、子どもの発達に合わせてカリキュラムを構想する必要がある。三年間の学びを終えた生徒がどのように成長し、高等学校でのさらなる発展につなげていくのか意識することで、課題が明確になる。

　このように、カリキュラムをデザインするためには、時間軸で子どもの発達や成長を見通したうえで、接続する学校段階の学習内容を把握し、どのようにつなげることが子どもにとって有意義なのか検討したいところである。

　特に、2022年4月1日より施行される改正民法において、成年年齢が18歳に引き下げられた影響は大きい。高校3年生で順次成年年齢に達していく生徒にとって、生活的、精神的、経済的、社会的、性的な自立と共生社会の実現を目指す家庭科の学習意義がこれまで以上に重要度を増していると言えよう。その中で、6年～7年（必修のみ）、あるいは8年（選択科目を含む）といった時間的なつながりを小中高の教員が相互に意識し、それぞれのカリキュラム・デザインに反映させる必要がある。

2) 空間的なつながり

　次に、空間的なつながりや拡がりの観点で考えると、まずは学校の教育課程について、学校や学年の行事をはじめ、他教科や総合的な学習の時間、特別の教科となった道徳、特別活動等、カリキュラムの中で、いつ、何を、どのように学ぶのか、全体像を把握したい。とりわけ中学校においては、技術分野との連携は不可欠である。「A 材料と加工の技術」、「B 生物育成の技術」、「C エネルギー変換の技術」、「D 情報の技術」いずれをとっても、家庭生活と密接にか

かわっており、教科「技術・家庭」として共通の目標を掲げていることも忘れてはならない。

　また、教科等との横断的なカリキュラムをデザインすることも、有意義である。共通テーマでの学習やクロスカリキュラム、ティームティーチングやグループティーチングといった教師の協働によって、豊かな学びが生まれることは言うまでもない。例えば、小学校低学年の「生活」、小中学校の「社会」、高等学校の「公共」、中高の「保健」等、「家庭」との親和性が高い教科・科目は少なくない。

　さらに、学校を取り巻く地域社会といった物理的な空間へ学びを拡げていくことも重要である。グローバル化が進展した現代社会においては、モノだけでなくヒトも情報もグローバルになった。私たちの周りにある生活課題は、もはや個人・家族の自助努力のみで解決できるレベルではなくなっている。社会システムそのものが抱えている課題もある。環境問題など、世界水準で考え、地域で実践する（Think globally, act locally）ことが大前提の課題もある。

　個人・家族の生活の周辺環境に目を向け、子どもが暮らす地域社会で何が起きているのか、どこに解決すべき課題があるのか、地域社会の一員としての責任をどのように果たせばよいのか考えさせたい。

　地域社会と空間的につながることで、学習環境も豊かになる。学校から地域へ学習のフィールドを拡げれば、魅力的な題材との出合いがある。さまざまな経験を重ねた人との出会いは、子どもにとってのロールモデルであり、キャリアガイダンスとしての意味を持つ。連携のパートナーは決して少なくない。外部講師として招聘（しょうへい）できる専門性やキャリアをもった人や組織は、リアリティのある学習には不可欠な要素である。

　個人・家族の生活を支える仕組みを外側から捉えることで、課題解決の方向性が示唆されることもあるだろう。そうした場所や人と関わることが、多面的なものの見方や考え方の習得を助けることにもつながると言えよう。

2．家庭科のカリキュラム構想

(1)　家庭科の教科としての特性

　家庭科が持つ教科としての特性は、次の3点に集約されている[3]。

> 1）現代社会の重要な生活問題（福祉・高齢者・家族・ジェンダー・環境・消費）について学習題材として最も直接的に取り上げることができる。
>
> 2）生活問題を、抽象的にではなく、子ども自身の生活の問題と関わらせて、具体的に学ばせることができる。
>
> 3）人の誕生から死までを見通し、子どもが、自分はどう生きるかを現在から未来を展望して考えることができる。

　また、家庭科での学びの成果は、学習者それぞれの「生活」というフィールドにおいて「活用」され、「発揮」されることをめざしている。中には、学んだ直後に生きる力となって活用される知識や技能もあるだろう。中には、生涯にわたって日々実践し続けるうちに、経験が蓄積されて向上するものもあるだろう。あるいは、ある程度の潜伏期間を経て、より熟成された形で発揮されるものがあるかもしれない。

　いずれにしろ、「生活の場で実践し続ける」中で学びの成果が活用・発揮されるといった家庭科の教科特性は、子どもにとってのモチベーションを高める要素として重要といえよう。子どもが家庭科を「将来役に立つ教科」として評価していることも、それを裏付けている。

　さらに、学習方法そのものが持つ特性として、学習者自身の身体感覚を刺激する点を挙げておきたい。実践的・体験的な学習を得意とする家庭科では、身体的な感覚を通して、やってみること、感じること、そして考えることが求められる。こうした感覚を伴う学びは記憶に残りやすく、実際の生活場面と重なることで、想起されやすいと言えよう。だからこそ、子どもの身近な生活経験と関連させた題材選びや、生活実態を踏まえたカリキュラム構成が効果的なのである。

(2) 家庭科カリキュラムの捉え方

　では、家庭科カリキュラムをどのように捉えたらよいのか。ここではその一例として、日本家庭科教育学会北陸地区会が提唱している「北陸カリキュラムモデル」⁴⁾を紹介したい。

①カリキュラム開発の枠組み

　「北陸カリキュラムモデル」では、カリキュラムの構成要素として、まずa.「学習課題（目標）」、b.「つけたい学力（能力）」、c.「学習題材（内容）」を挙げ、それらを検討し、相互を関連づけている。さらに、学習の流れと深まりを学習者である子どもの立場から捉えたd.「学びの構造図」の設計を含め、a〜dを4つのカリキュラムの構成要素として位置づけている。

　これらの構成要素からなる枠組みを完成させ、授業プランを作成、実践し、そのプロセスを振り返る。カリキュラム開発の手順は、以下のように説明されている（pp.47-48、一部筆者補足）。

1) 青年期の発達課題を確認する。
2) 家庭科の教科特性を整理し、それらをもとに、青年期の発達課題に応した家庭科のa.「学習課題（目標）」を設定する。
3) 家庭科でb.「つけたい学力（能力）」とa.「学習課題（目標）」との関連を整理する。
4) 各a.「学習課題（目標）」は、家庭科の全学習領域を見通す視野や広がり（パースペクティブ）をもつものととらえる。そのうえで、a.「学習課題（目標）」と学習領域のマトリックスの交点に位置づくc.「学習題材（内容）」を具体的に検討する。
5) 学習者自らの主体的な学びを生み出す学習構造について検討し、d.「学びの構造図」を作成する。
6) c.「学習題材（内容）」として、今日的な題材や複数の領域にまたがるテーマを選び、その各々について、d.「学びの構造図」にのっとって授業を計画し実践する。
7) d.「学びの構造図」をもとに、授業実践のプロセスと児童・生徒の学びを振り返り、省察・評価する。

　図4-1は、上記1）〜7）の関係を示している。図の中央に位置づけられた「子どもの興味・関心／子どもにとっての意味／子どもの状況」は、4）〜7）の各段階で双方向に関連づけが図られている。また、4）、5）、6）は相互の関連性が深い要素であり、実際に展開されている授業においては常にフィードバックしながら進んでいくと想定される。さらに7）の省察・評価は、何を、どのように評価するのか、そのポイントによって省察のタイミングや内容が異なるため、さまざまな段階で実施されている。例えば、毎時間の授業後、題材のまとまりごと、各学期・学年の学習終了時点など、短期・中期・長期にわたり、必要に応じて適宜行なわれている。

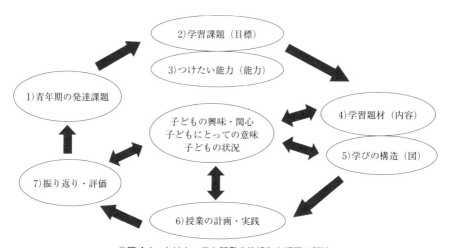

◎図 4-1　カリキュラム開発の枠組みと相互の関連

出所）荒井紀子編著『新版　生活主体を育む　探究する力をつける家庭科』ドメス出版（2013、p.48）に基づき作成

②青年期の発達課題と家庭科の学習課題（目標）

　「北陸カリキュラムモデル」では、先述1）青年期の発達課題を教育学や発達心理学等の諸理論に照らして、「自立性」、「他者との関係性」、「市民性」、「自尊・自己理解」の4点に整理している。

　「自立性」とは、ものごとを自分の力で考え、対応することを意味している。自分でできることと、できないことを峻別し、できることは自力で行ない、できないことは他者の支援を得ることを指す。

　「他者との関係性」とは、友人や家族、周囲の人々と意思を通わせ、人間関

係を築くことである。

「市民性」とは、社会の一員であることを自覚し、社会的問題に関心を持つことである。また、生活問題の改善や解決に主体的に関わることをさす。

「自尊・自己理解」とは、自己認識を深め、自信を持って自分らしさを大切にすることである。

「北陸カリキュラムモデル」では、以上の発達課題を踏まえ、さらに家庭科の教科としての特性を考慮して、a.「学習課題（目標）」として「生活を自立的に営む」、「平等な関係を築きともに生きる」、「生活の問題に主体的にかかわる」、「生活を楽しみ味わい創る」の4項目を挙げている。図4-2は、青年期の発達課題と家庭科の学習課題（目標）との関連性について示している。

4つの発達課題と家庭科の学習課題（目標）は、相互に関連しあっているが、太矢印で示された項目間の関連性は、特に強いと言えよう。

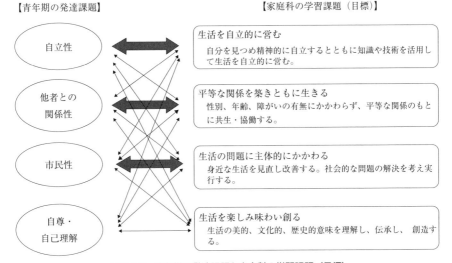

◎図4-2　青年期の発達課題と家庭科の学習課題（目標）
出所）荒井紀子編著『新版　生活主体を育む　探究する力をつける家庭科』ドメス出版（2013、p.52）に基づき作成

③学びの構造化

　教師が主導的立場で知識や技術を伝達する授業から、学習者が主体的に学ぶ授業への転換を図るため、「北陸カリキュラムモデル」では、d.「学びの構造

「図」の設計を提案している（図4-3）。これは、学習者サイドで授業の流れを構造化して図示したものであり、授業づくりのイメージを助ける働きを持つ。さらに、授業プランを子どもの動きとして可視化することで、想定していた学習課題（目標）の達成か可能か、無理のない施行の流れになっているのか、ダイナミックに確認することができる。

　授業を終えた後、子どもの学びの事実に基づいて、再度 d.「学びの構造図」を作成することは、授業の省察・評価に役立つ。授業プランの段階で想定していたものと比較し、学習の視野が拡がったのか、学習の深まりが十分だったのか、評価の指標ともにクリティカルに振り返ることで課題が明確になる。

　教師にとって、授業力の向上をめざす際の手がかりとして期待できるツールと言えよう。

　なお、構造図の縦軸に置かれている「学習の視野」は、「自分自身・日常の暮らし」といった生活の私的領域から、「地域・社会的問題」といった公的領域までの拡がりを意味している。その中間に「中間・近隣」を位置づけているが、ここには「学校」や「クラス」といったコミュニティが入る可能性もある。あるいは、学習サイズとしての「グループ」が入る場合もある。また、横軸に置かれている「学習の深まり」は、ジョン・デューイの省察的思考を基本原理

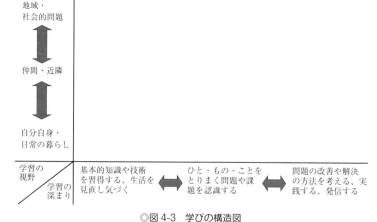

◎図4-3　学びの構造図
出所）荒井紀子編著『新版　生活主体を育む　探究する力をつける家庭科』
ドメス出版（2013、p.64）に基づき作成

とした問題解決のプロセスである。

　子どもにとっての学習がどのような軌跡をたどるのか可視化することは、教師主導の授業からの脱却をめざす第一歩となるだろう。

(3)　学習内容の系統性

　3章表3-5（p53を参照）は、改訂学習指導要領に示された小中高の学習内容の構成を整理したものである。

　C「（持続可能な）消費生活・環境」を例にして、学習項目を整理してみると、次のようになる。

1）金銭管理について

　「物や金銭の大切さ・計画的な使い方」（小）

　「計画的な金銭管理の必要性」（中）

　「生涯を見通した経済の管理や計画の重要性」（高）

2）売買契約・消費者被害について

　「買物の仕組み」（小）

　「売買契約の仕組み・消費者被害の背景・対応」（中）

　「消費生活の現状と課題・消費行動における意思決定や契約の重要性・消費者保護の仕組み」（高）

3）消費者の権利と責任について

　「消費者の役割」（小）

　「消費者の権利と責任・自立した消費者としての責任ある消費行動」（中）

　「消費者の権利と責任の自覚・適切な意思決定に基づく行動・責任ある消費」（高）

4）持続可能な社会の構築について

　「環境に配慮した生活」（小）

　「消費生活が環境や社会に及ぼす影響」（中）

　「持続可能な消費／ライフスタイル・社会参画・主体的行動」（高）

　こうして項目を羅列しただけでも、系統的な拡がりや深まりが見えてくる。A・Bについても同様のことが言える。ここから、抽象的に表現された学習項

目を子どもの実際の暮らしとどうつなげるか、地域の生活実態と乖離させない
リアリティが問われていると言えよう。それぞれの項目の関連性を意識したう
えで、目の前の子どもの事実を外すことなくカリキュラムをデザインしていく
ことが重要である。

　その際、既習事項を踏まえることが不可欠となる。これまでに何を、どのよ
うに学んできたのか、現在、他教科や総合的な学習で何を、どのように学んで
いるのか、学び終えた子どものゴールはどこに向かっているのか、その先にあ
る未来のイメージとともに、相互の関連性や発展性を整理したうえで、系統的
なカリキュラムを構想しなければならない。

(4)　年間指導計画の事例
　最後に、小学校の事例について紹介する。
①大阪教育大学附属平野小学校のカリキュラム
　附属平野小学校は、これまで「ひとりで考え、ひとと考え、最後までやりぬ
く子」を教育目標として掲げ、主体性・協調性・創造性の育成をめざしてきた。
文部科学省の研究指定（平成28年度〜平成31年度）を受け、新教科「未来そ
うぞう科」を提案している[5]。学校全体のカリキュラム・マネジメントを実践
することで、未来を「想像」し、「創造」するための主体的実践力・協働的実
践力・創造的実践力をどのように育むのか、探究している。
　なお、「未来そうぞう科」では、子ども像を以下のように捉えている。

> 　『どんな状況においても、ともによりよい未来をそうぞう（想像・想像）
> しようと、「主体的実践力」「協働的実践力」「創造的実践力」を発揮し、
> 自分、集団、社会・自然などに対して、多角的・多面的にアプローチし続
> けることができる子ども』

　「未来そうぞう科」は、生活科（1、2年生）および総合的な学習の時間（3
〜6年生）および特別活動（1〜6年生）を合計した時間数をすべての学年に
配当し、それぞれの教科等と関連させながら必要な資質・能力を身につけさせ
ようとしている。
　ここで求められる3つの資質・能力は、次のように説明されている。

●主体的実践力：対象に対して、主体的、自立的にアプローチすることが
　　　　　　　　できる力
●協働的実践力：多様な集団の中においても、積極的に関わり協働的にア
　　　　　　　　プローチすることができる力
●創造的実践力：よりよい未来をつくるために、アプローチし続ける中で、
　　　　　　　　新たに意味や価値を見出すことができる力

　研究主題である「未来を『そうぞう』する子ども」の姿は、家庭科では「今
ある生活を見つめ直すことから、よりよい未来を創りだそうとする子どもの育
成」としてめざされている。自分たちの生活をさまざまな角度から見つめ直す
ことで、社会とのつながりや課題に気づき、解決に向けて試行錯誤をくり返す
活動は、「未来そうぞう科」との親和性が高い。

②家庭科と「未来そうぞう科」との関連
　家庭科では、研究主題を「批判的思考力を高め、よりよい未来の生活を創造
しようとする子どもの育成」と設定し、めざす子ども像を「自分の生活を見つ
め、家族の一員であることを自覚し、自分や家族・社会にとってより良い生活
や未来を創造しようとする子ども」（2018 年度）としている。
　具体的には、「自分たちの生活を、多角的・多面的に見つめ直すことによって、
これまで気がつかなかった現状に対する課題や社会とのつながり、未来につな
がるような課題に気が付き、それをより良くするために試行錯誤しながら、自
分や家族にとって、また、社会の一員としてよりよい生活、その延長にある未
来を創りだそうとする視点を持つ子どもを育成していきたい（南千里教諭、教
科論より）」と説明されている。
　授業では、家庭科で重視している批判的思考力の育成を軸に、問題解決学習
を取り入れ、【①問題への着目】→【②めあての特定】→【③解決方法の検
討】→【④活動】→【⑤ふりかえり】→【⑥家庭での実践】という 6 つのプロ
セス[6]を展開している。
　「未来そうぞう科」でめざす力との関連性について敷衍すると、【①問題への
着目】、【②めあての特定】においては主体的実践力（自分の日常生活をふりか

えり、さまざまな角度から見つめ直し、問題を見出すことのできる力）が養われる。【③解決方法の検討】では、協働的実践力（他者と活動する中で、自分の考えを広げたり、深めたりする力）が深まり、【④活動】、【⑤ふりかえり】の中で創造的実践力（実践をふりかえって、評価・改善し、考えたことや獲得した方法を実生活で活用しようとする力）が養われ、それが【⑥家庭での実践】で発揮される⁶⁾。

　また、家庭科は社会・理科とともに教科横断的な学習をとおして「未来そうぞう科」にアプローチする視点を持つ主たる教科として位置づけられており、教科学習内容に包含されている『未来そうぞう』と関連した要素との連携も期待されている。新学習指導要領で提示された家庭科の見方・考え方は、未来そうぞう科の学びにも援用でき、相互の深化へと結びつくと考える。

　2018年度の研究教科論には、未来そうぞう科における3つの実践力と家庭科で培われる資質・能力との関連を以下のように述べている。

主体的実践力を発揮する姿	【批判的思考力】 ・自分の日常生活をふりかえり、様々な角度で見つめ直し、問題を見出すことのできる力。 ・これまでの学びを生かして、課題解決に向けて道筋をたてる姿。 ・自らの学びの結果や過程をふりかえって、次の学びにつなげる姿。
協働的実践力を発揮する姿	・他者と活動する中で、自分の考えを明らかにしたり、意見を共有したりすることを通して、自分の考えを広げたり、深めたりする姿。
創造的実践力を発揮する姿	・実践をふりかえって、評価・改善し、考えたことや獲得した方法を実生活で活用する姿。

　ここでの【批判的思考力】は、問題を自分事と捉え、「何のためにするのか？」「本当に価値があるのか？」などをじっくり考え、そこから積極的に課題を見出し、解決へとアプローチする力として説明される。実践者は、「この力を家庭科で育むことに特に重点をおいている。批判的思考力を高めることは、主体的実践力を高めることにつながる」と捉えている。

③家庭科年間指導計画
　5、6年生の年間指導計画は、次のとおりである。

家庭科年間指導計画

	4月	5月	6月	7月	9月	10月	11月	12月	1月	2月	3月
5年題材名	家庭科の学習が始まるよ！（ガイダンス）	わたしと家族の生活	はじめてみようクッキング・はじめてみようソーイング・	やってみよう家庭の仕事	やってみよう家庭の仕事・わくわくミシン	食べて元気に・わくわくミシン	食べて元気に・わくわくミシン	かたづけよう身の回り	じょうずに使おう物やお金・寒い季節を快適に	じょうずに使おう物やお金・寒い季節を快適に	家族とホッとタイム
6年題材名	わたしの生活時間	いためてつくろう朝食のおかず・じょうずに使おうお金と物	じょうずに使おうお金と物・楽しくソーイング	楽しくソーイング	暑い季節を快適に	暑い季節を快適に・くふうしようおいしい食事	くふうしようおいしい食事	くふうしよう食事・考えようこれからの生活	考えようこれからの生活（卒業制作にむけて）	考えようこれからの生活（卒業制作に取り組む中で）	成長したわたしたち（卒業制作を終えて）

　5年生では、家庭実践の機会として「家でゆで野菜サラダを作ってみよう」（夏休み）、「家でみそ汁を作ってみよう」（冬休み）という課題を提示し、「チャレンジカード」を作成・提出する。これらの活動は、先述の6つのプロセス【⑥家庭での実践】に位置づけられた、パフォーマンス課題となっている。

　5年生の1月～2月「じょうずに使おう物やお金・寒い季節を快適に」は、未来そうぞう科の「～居心地よくするために改革しよう～」と関連づけた題材である。未来そうぞう科では「居心地のよさ」家庭科では「快適さ」をキーワードに学習を進めている。

　同様に、6年生の10月～11月は両者で『防災教育』を取り上げた。未来そうぞう科「より良い未来をつくろう」では、主に「災害にあった人たちにどのような支援ができるのか」など外からの支援を中心に学習を進めている。家庭科では、同じ防災という観点ではあるが、それが「自分たちの生活の中で起こった時、何ができるのか」「自分たちはどのような備えができるのか」という、より題材を自分事とする視点で扱っている。

【参考・引用文献】
1)　佐藤学（1996）「カリキュラムの批判世識書店
2)　荒井紀子（2013）「新版　生活主体を育む　探究する力をつける家庭科」ドメス出版、p.46

3）　同上2）、p.51

4）　同上2）、pp.46-66

5）　大阪教育大学附属平野小学校（2018）「未来を『そうぞう』する子どもを育てる探究的な授業づくり」明治図書

6）　同上5）、p.88

5章 家庭科教育の充実をめざす教材開発

章のねらい

　本章では、家庭科教育の充実をめざす教材開発について取り上げる。第1節では、「教材開発とは何か」という問いに対して、教科指導の側面、教育指導の側面、授業実践の側面から教材を眺めたのち、教師にとっての教材開発について述べる。第2節では、家庭科が「子どものうちに何を形成する教科なのか」という教科の独自性についてこれまでの教科理論にふれたのち、2017-2018年改訂の学習指導要領における枠組みから見た家庭科の教材開発について論ずる。第3節では、社会資源注1)と結んだ地域教材開発について、小学校の授業実践例と中学校家庭科教員への質問紙調査の結果を基に詳解する。

1. 教材開発とは何か

(1) 教材とは何か

　教育課程企画特別部会の論点整理では、教師主導の知識教授型から生徒主導の探究型学習への転換が明確に示され、アクティブ・ラーニングの導入が推奨された（中央教育審議会、2015）。2017-2018年改訂の学習指導要領ではアクティブ・ラーニングという文言は「主体的・対話的で深い学び」という表現に変わったが、学習プロセスつまり「どう教えるのか」「どう学ぶのか」に注目が集まっている。

　しかし、図5-1に示すように、教科指導の構造は目標と内容と方法の三角形であり、3つは必要不可欠である。1980年代半ば、リー・ショーマンによって提

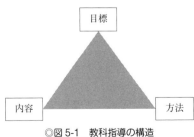

◎図5-1　教科指導の構造

起された PKC（pedagogical knowledge content）を、佐藤 [1] は「授業と学び
を想定して翻案された教科内容の知識」と翻訳し、「教師の専門性の中核を形
成するもの」であるとしている。さらに、「授業における子どもの学びにおい
て教師の知識が決定的な機能を果たしている」ことは自明であり、「カリキュ
ラムの内容は直接的に子どもの学びに移されるのではなく、教師の認識と知識
を媒介にして子どもの学びへと結実する。すなわち、教科教育の実践において
教師の教科内容の知識とその授業実践における活用は決定的に重要である」と
している。

　学習方法の転換だけではなく、佐藤の指摘にもあるように「子どものうちに
何を形成するのか」という目標達成に向け、「教科内容を、授業や学習に即し
てどう作りかえるのか」という教材研究、教材開発の重要性は、言うまでもな
い。

　一般的に、教材は教育内容を教えるための材料（teaching material）とされ
る。「教材とは何か」という問いに対し、教育学用語辞典 [2] では「教材・教具」
の見出しが用いられている。教材と教具についての定義はさまざまあり区別が
難しいことを背景に、定義の一つとして「教材は、教育目標を達成するために
編成された具体的な内容や文化的素材を指し、教具は、教育目標を効率よく達
成させるために用いられる教育用具を指す」が示されている。さらに、「教材・
教具は、教師の教授活動と学習者の学習活動を媒介とする教育の基本的構成要
素であり、教材の精選や構造化、教具の効率的利用法の研究は教師の重要な課
題である。」ともしている。

　これは、池野（2011）が教育学
における教育指導の構造を、教師
と子どもと教材の三角関係として
示し、教師と子どもの間にコミュ
ニケーションを、教師と教材の間
に文化を、子どもと教材の間に学
習を設定して説明していることに
重なる。図5-2 は、これを基に教
育指導の構造を図式化したもので

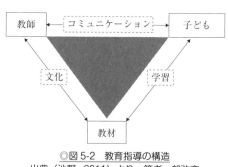

◎図5-2　教育指導の構造
出典（池野, 2011）より、筆者一部改変

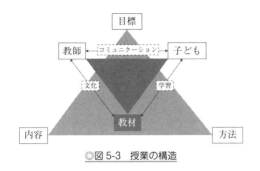

◎図5-3　授業の構造

ある。

　では、授業の構造はどのように表わすことができるであろうか。この図式化を試みたものを図5-3に示す。授業は教育指導の構造と教科指導の構造が重なる実践の場である。授業は、目標と内容と方法の三角形（図5-1）によって編み出された教材と創り手である教師、教師と子ども、子どもと教材、それぞれの関係性によって成り立つ三角形（図5-2）が組み合わさって行なわれていると考えることができる。

　しかし、さまざまな学習理論において、学習は学習者と対象と他者という3つの構成要素とその相互関係により描かれている。一般的に学校の授業は、集団に対して行なわれるものであり、自己と他者との相互関係を視野に入れる必要がある。「学びの三位一体論」を唱える佐藤[3] は、学習に変えて学びという語を用い、学びを「学習者と対象世界との関係、学習者と他者との関係、学習者と彼／彼女（自己）との関係という3つの関係を編み直すこと」と定義している。また、職場の効果的な研修を構築・実施するために、活動理論に基づいた学習論を展開したエンゲストローム（1994）は、図5-4のように、学習の3つの構成要素を「主体、学習者」「対象」「共同体」と捉え、それらを結び付ける媒介項として、「知識、道具」「ルール」「分業」を提示している。その学習プロセスは「探究的学習のサイクル」として定式され、図5-4中矢印で示した6つのステップ（①動機づけ②方向づけ③内化④外化⑤批評⑥統制）から構成されている[注2]。エンゲストロームは、「探究的学習のサイクル」のステップのどこかが弱かったり欠けていたりする場合、学習は表面的で断片的なものにとどまりやすいと述べている。エンゲストロームの「探究的学習サイクル」の中では、「知識・道具」がいわゆる教材と考えられるが、学習者の思考や行為の仕方もまた教材となりうる。学習者は、共同体（教師や他者など）の中で思考や行為の仕方（教材）を新たなものに作り替えながら、探究活動を行ない、さらに新たな行為や思考の仕方を獲得していくのである。

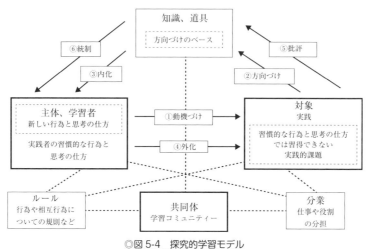

◎図 5-4　探究的学習モデル
（出典）Training for Change（1994, 邦訳 p.55）より、筆者一部改変

　ここまで、教材について教科指導の側面、教育指導の側面、授業実践の側面から眺めてきた。教師が教科指導の目標 - 内容 - 方法の三角形の中から編み出す教材は、いわゆる教材（teaching material）ではなく、学習者にとって思考の素材、探究の題材の側面を伴っていなければならないと言えよう。

(2)　教師にとって教材開発とは何か

　教師が編み出す教材が、学習者の思考の素材、探究の題材の側面を伴っているという捉え方は、デューイ（1859-1952）の教材の捉え方に他ならない。

　デューイの教育論は、わが国においては 1950 年代の経験主義教育批判にさらされた。いわゆる「はいまわる経験主義」といわれ、「社会的遺産を与えない」「教師の指導性・方向づけの後退」と非難された。

　しかし、山上（2010）によれば、デューイは子ども中心カリキュラムと教科中心カリキュラムの二元論克服をめざし、教えるべき教育内容（事実・手順・原則）と思考の素材や探究の題材を併用した＜教材＞（subject-matter）の開発をめざしていたという[注3]。表 5-1 は、山上が伝統的な教育における教材とデューイの＜教材＞との違いを整理したものを、筆者が教材の構成要素、指導過程・学習過程、評価、教師・教授者の役割のカテゴリーによって提示し直し

たものである。デューイの＜教材＞は、子どもの経験と教科内容双方を要素として構成され、従来の伝統的教育における教材を、子どもが探究を成就させるために知っておかなくてはならない素材として位置づけている。子どもは、研究テーマに向かって学習者から探究者となるのである。

　さらに、山上は、デューイの教材論を授業における教師の行為を対象とする＜教材＞開発論であるという。教師の教材開発は、教科内容を教えるための材料を開発するという視点のみでなく、子どもの経験から＜教材＞の素材を発見し、教科内容と絡めて＜教材＞をつくり、子どもの探究において新たな素材を提供したり、探究を方向付けたりする教師の行為であり、＜教材＞を組織化していく教師の知的活動であると位置づけている。＜教材＞を組織化していく教師の知的活動である教材開発は、学習者ばかりでなく、教師にとっても思考と探究の側面を伴っている。

　教材開発は、教師にとって教師の専門性を語ることのできる概念であるとともに、子どもにとって知的冒険が保証される探究活動足りうるための教師の思考と探究の活動なのである。

◎表5-1　デューイの＜教材＞と伝統的教育における教材との比較

		デューイの＜教材＞ (subject- matter)	伝統的教育における教材 (material matter)
教材の 構成要素	○	子どもの経験と教科内容双方を構成要素とする	○ 教科内容を構成要素とする
	・	研究のテーマ	・ ある教科内容を教えるための材料
	・	子どもの経験と教科を源泉とする	・ 教科を源泉とする
指導過程 学習過程	○	探究へどう導くかが問題となる	○ 何を教えるかが問題となる
	・	子どもとのかかわりにおいてつくられる、動的	・ 事前に決定される、静的
	・	子どもは、生の素材を操作し探究し、研究を完成させていく	・ 子どもは、レディーメイドのものが与えられ、受け取る
評価	○	意味の獲得が重視され、獲得する知識の量や正確さは、探究の道具として子どもに要求される	○ 獲得した知識の量、正確さが重視される
教師・ 教授者の 役割	○	教師は、協働的態度で接する	○ 教師は、威圧的な態度になりがち
	○	教師は、偶然の出来事に対応できる力量が重視される	○ 教師は、教えるテクニックが重視される

（出典）デューイの＜教材＞開発論とその思想（山上、2010、p.252）より、筆者一部改変

2. 家庭科の教科理論と教材開発

(1) 従来の家庭科の教科理論

　教材を開発するに当たっては、その教科が「子どものうちに何を形成する教科なのか」がベースとなる。その目標の達成に向け「教科内容を授業や学習に即してどうつくりかえるのか」「子どもの思考や経験の深まりにそった学習内容をどう構造化するのか」といった手順で教材開発は行なわれる。

　しかし、家庭科は「子どものうちに何を形成する教科なのか」、成立以降独自性を問われ続け、またさまざまな組織により個人により自覚的に問い続けられてきた歴史をもつ。他教科ではほぼ明確になっていたこの基本的な問題が、曖昧さを伴っていたからである。家庭科が教科として位置づくためには、その教育的価値が家庭教育や他教科との関連において、独自性をもつことが明らかにされなければならない。

　例えば、高木[4]は「この教科が教育政策的意図によって設置されてきたことにより、現行の家庭科が、教科として存在はしてはいるが、その成立根拠や独自性について教育学的には不明確である」と述べている。また、1977（昭和52）年改訂の小・中の学習指導要領を俯瞰して「教育内容は生活現象を無原則に羅列することになっており、家事処理の雑多な知識と技能・技術が持ちこまれている」と述べ、「家庭生活の何が子どもの人間的成長、発達にとって教育的価値を持つのか、それらは家庭科という教科でなければ教育できないのか（独自性）などの教育学的な検討が必要である」と指摘した。高木は、当時唱えられていた教科理論を文化価値から整理している。「科学」-自然科学、社会科学の両者を含む-に対応する教科、「技術」-主として生産技術-に対応する教科、「総合」[注4]-単一の文化価値に対応させるのではなく、生活を総合的に捉え実践的に問題解決ができる能力を育てる-教科として示した。表5-2は、高木によって整理された家庭科の教科理論と、この教科理論に基づいて吉原[5]によって示された教科内容の構想における基本的視点をまとめたものである。

①「科学」-自然科学、社会科学の両者を含む-に対応する教科

　「科学」に対応する教科理論では、「労働力の再生産」や「生命と生活の再生

産」についての科学的認識を育てることを目標とした。家庭科が「科学」に文化価値を置く教科であるとした村田[6]は、「家庭科は生活と諸科学（人文科学、社会科学、自然科学）が結合し、交差する領域で成立する教科」とした。ヴィゴッキーの「科学的概念は生活概念を通じて下へと成長し、生活概念は科学概念を通じて上へと成長する」とする学説にみられるように、「生活知」と「科学知」の統合説である。家庭科は、生活の科学的認識を育てようとする教科であるとの立場に立つ。

② 「技術」- 主として生産技術 - に対応する教科

　家庭科を技術教育的視点から再構成しようとしたものである。ここでいう技術とは、狭義の生産技術（技能）だけではなく、人間が合目的的に自然（材料）に働きかけて変化させ、新しいものを作り出す技術を含んでいる。家庭科は、技術やものづくりを通して、科学的認識や判断力や創造力の育成をめざす教科であるとの立場に立つ。

③ 「総合」- 単一の文化価値に対応させるのではなく、生活を総合的に捉え実践的に問題解決ができる能力を育てる - 教科

　家庭科は、家庭生活を中心とした生活を教育対象として、人と人、人と物、

◎表 5-2　教科理論と教科内容の基本的視点

文化価値	教科理論	教科内容の基本的視点	紹介されている提案者・研究者
「科学」	「科学」－自然科学、社会科学の両者を含む－に対応する教科	「人間自身の生産と再生産」 人間を自然的・社会的存在と見る視点から関連科学を総合化する	○中央教育課程研究委員会家庭科部会による「中央試案」 ○大学家庭科教育研究会、村田泰彦の仮説的教科論
「技術」	「技術」－主として生産技術－に対応する教科	「技術教育的視点」 技術概念と技術史を扱う	○産業教育研究連盟○坂本紀子、上村千枝、小松幸子
「総合」	単一の文化価値に対応させるのではなく、生活を構造的、総合的にとらえ、実践的に問題解決ができる能力	「家庭生活の総合的構造的把握」 生活史および、家庭生活を社会との関連で捉える	○日本家庭科教育学会を育てる一教科

『解説現代家庭科研究』（大学家庭科教育研究会、1981）の「第一章家庭科の教科理論」「第二章家庭科教育の内容」を基に、筆者作成

人と環境などの学習を通して、生活を構造的・総合的にとらえ、実践的に問題解決ができる能力を育成しようとする教科であるとの立場に立つ。

(2)　今日の家庭科の教科理論

　1 部 1 章にも述べられているように、1977 年日本家庭科教育学会は、家庭科の内容を家政学の内容に依拠して編成する見解を示している。その日本家庭科教育学会が 1979 年に提示した教科理論が、前項の③「総合」- 単一の文化価値に対応させるのではなく、生活を総合的に捉え実践的に問題解決ができる能力を育てる - 教科であった。

　その後、1989 年改訂の学習指導要領では、新しい学力観として関心・意欲・態度、つまり価値観の形成が重視されるようになった。中間[7] は、「プラグマティズム（実用主義）の立場に立つ家政学には、めざすべき方向性・価値があり、最近の趨勢として『生活の向上とともに、人類（個人・家族・地域）の福利（well-being）に貢献すること』がめざされている」とする。こうした家政学を背景にした家庭科は、生活の well-being という価値をめざす教科であり、家庭科を「生活の科学的認識」「生活技術」「生活の価値認識」に文化価値を置き、生活の科学的認識と生活技術を生活の価値認識によって方向づけ統合する教科であるとの見解を示している。

(3)　2017-2018 年改訂における家庭科の教育的価値（独自性）の可視化

　家庭科が成立して以降、家庭科は他教科との関連において独自性を問われ続け、自覚的に問い続けてきたことは前述のとおりである。図 5-5 は、池野（2016）が内海（1971）を引用したもので、西ドイツ時代の陶冶論に基づいたドレクスラーの「人間学的に基礎づけられた教科の見取図」である。池野は、教科教育が解明すべき難点として「各教科が総体としてどのような関係にあるのか」「各教科が人間形成や人間の成長・発達とどのような関係にあるのか」「現代の教育課題に教科総体や各教科はどのような役割を果たすのか」を挙げている。こうした課題意識から、図 5-5 を引き「現在の日本の教科群とは違っているが、教科総体のあり方を示したものである」としている。ドイツは、マイスターの国であり基礎学校・中等学校において「手芸」が位置づけられては

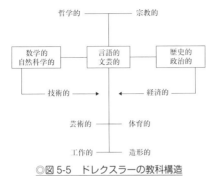

◎図 5-5　ドレクスラーの教科構造

いるが、家庭科が初等・中等教育において一貫して教えられてはいない。残念ながら、そこに「総合」に対応する教科としての家庭科に対するまなざしを見て取ることはできない。

　こうした家庭科を取り巻く現状を、荒井[8]は「従来の知識伝授型の教育が重視される中では、家庭科の特徴は生かしにくく、また近年の『生きる力』や『知識の活用』といった方向性の提起においても、その理念の具体化という面での態勢が整っていたとは言い難い」と分析している。しかし、荒井は「今回の改定（ママ）では、家庭科のもつ教科の特性を生かすという視点から見て、具体的に一歩進める方向性が示されたといえる」と述べる。それは、2017-2018年改訂が「各教科がバラバラで描いていた教科像を共通の概念枠組みで描」いたことにより、「各教科が独自性を保ちながら、児童・生徒の育ちという共通の目標に向かってどのようにかかわるかが見えやすくなった」からであると言う（下線部筆者加筆）。ドレクスラーの教科の見取り図（図5-5）のようなものが示されたわけではないが、各教科から「教科で育む資質・能力」「教科の見方・考え方」「資質・能力を培う学習方法」が示されたことで、成立以来、問われ続け・問い続けてきた家庭科の教育的価値（独自性）を、荒井は「他教科と同じ土俵の上で伝えやすくなった」と述べている。

　前述のように、教科指導の構成要素は目標 - 内容 - 方法である（図5-1）。中間[7]は、家庭科の特徴として①学習目標における創造性、②学習内容における総合性、③学習方法における実践性を挙げているが、これらは順に「教科で育む資質・能力」「教科の見方・考え方」「資質・能力を培う学習方法」に置き換えることができる。家庭科の教育的価値（独自性）を、高校家庭科（家庭基礎）を例に今回の学習指導要領の改訂の描き方に沿って確認する。

①「教科で育む資質・能力」＝学習目標における創造性

　高校家庭科（家庭基礎）は、2018年改訂の学習指導要領において、家庭や地域の生活を創造する資質・能力を育成する科目であると規定されている。

　教科目標は、「実践的・体験的な学習活動を通して、家族・家庭、衣食住、消費や環境等についての科学的な理解を図り、それらに係る技能を身に付けるとともに、生活の中から問題を見いだして課題を設定しそれを解決する力や、よりよい生活の実現に向けて、生活を工夫し創造しようとする態度等を育成する」ことである。そのために身に付けさせたい資質・能力が目標と関連付けられて「知識・技能」「思考力・判断力・表現力」「学びに向かう力・人間性」の3観点から示されている（表5-3）。

◎表5-3　家庭科で育てる資質・能力

資質・能力	家庭科で育てる資質・能力
知識・技能	家族・家庭及び福祉、衣食住、消費生活・環境などについて、生活を主体的に営むために必要な知識と技能
思考力・判断力・表現力	家庭や地域及び社会における生活から問題を見いだして課題を設定し、生涯を見通して課題を解決する力
学びに向かう力・人間性	様々な人と協働し、よりよい社会の構築に向けて地域社会に参画しようとする実践的な態度 自分や家庭、地域の生活を主体的に創造しようとする実践的な態度

②「教科の見方・考え方」＝学習内容における総合性
　生活の営みに係る見方・考え方として、「協力・協働」「健康・快適・安全」「生活文化の継承・創造」「持続可能な社会に構築」が示されている。この見方考え方は、総合的な生活を見つめる視点であり、家族や家庭、衣食住、消費や環境などに係わる生活事象の中から問題を捉えて課題を設定し、よりよい生活の実現に向けてどのように生活を工夫し創造していくのかという方向性を示す視点である。この「生活の営みに係る見方・考え方」は、「価値認識」の視点と換言することができ、教科内容を構成する原理原則、教科を学ぶ意義の中核をなすものと考えられる。したがって、これらの価値認識の視点から教材開発を進めれば、その学びは領域横断的につながる構造となろう。

③「資質・能力を培う学習方法」＝学習方法における実践性
　家庭科は、体験を通して実践力を身に付ける教科であることから、資質・能力を培う学習方法としては、実践的・体験的な学習、問題解決的な学習が挙げ

られる。特に、思考力・判断力・表現力を培う学習の手だてとして、問題解決的な学習や体験学習、調査学習などは有効な方法とされている。これらの学習方法は、今までも家庭科が特徴としてきたものであり、積み上げてきた成果を発揮して子どもたちの探究活動を成就させるための一層の工夫が求められよう。

荒井[8] は、2017-2018 年の学習指導要領の改訂を、子どもの育ちに向け各教科を同様の枠組みで整理するという画期的な改訂であるとする。しかし、教科の特徴と独自性をより明快に認識することの重要性を指摘するとともに、授業をする教師に対して、以下のような課題も提示している。

1）「問題解決的な学習」のさらなる充実のための授業開発を進めること
2）学習内容の総合性を意識し、学習内容と学習の視点を構造的に捉えて領域横断的な学習の具体例を蓄積すること
3）他教科との連携を図ること

筆者は、加えて、保護者や地域、企業などの多様な社会資源と協働し、現代社会の重要な生活課題を見つめ解決策を考えるような授業を開発することを挙げておく。

3．社会資源と結んだ地域教材開発と実践課題

ここでは、家庭科ならではの学習内容・視点・方法を生かし構想された授業実践の実際を見てみよう。まず、家庭科の本質をとらえた教材開発の例として地域教材に焦点を当て、背景学問、学習指導要領、授業実践から見つめる。次に、「生活文化の継承・創造」の視点で、地域のみそを素材とした小学校の授業実践を詳解し、地域教材開発の魅力に迫る。最後に、中学校家庭科における社会資源との協働の現状と課題について述べる。

(1) 地域の生活とつなぐ家庭科の教材開発
①家庭科における地域

地域を学習対象とする教科といえば、まず社会科が挙げられることだろう。大竹（2011）によれば、社会科と家庭科における地域の違いは、背景学問との

関係から次のように捉えることができる。

　家庭科では、地域の中で生活する主体に焦点を当て、その主体の活動によって生まれる生活の共同性に注目をして地域を捉える。例えば、生活に必要なさまざまな生活財やサービスは、住んでいる場所の自然条件によって異なる。また、そうした生活財やサービスの利用が可能かどうかのアクセス可能性によって生活のスタイルは異なってくる。さらに、そうした同一の生活スタイルを持つ人々によって、特徴ある生活文化が形成される。このようにして生まれた生活文化を持った人々が暮らしている地理的なまとまり（生活圏）を地域と捉えることができる。

　地理学における地域は、地形や気象などの自然的条件や文化・伝統、政治、経済などの人文的条件などによって性格づけられ区分された範囲のことと説明することができる。地域の中の個別の活動にあまり焦点を当てないところが、家庭科や家政学と異なるところである。

　社会学における地域は、政治や経済、生活で規定される人々の結び付きを中心とした共同体の概念がその中心にあり、生活の共同に視点があるところは家庭科や家政学と同一である。しかし、社会学では社会システムとしての地域に注目をし、家庭科や家政学では個々の生活主体やその活動に注目している点に相違がある。

②家庭科の学習指導要領における地域

　表5-4は、学習指導要領（2017-2018年改訂と2008-2009年改訂）における地域に関する記述を示したものである。

　小学校の2008年改訂の学習指導要領には、地域は取り上げられていない。強いてあげるとすれば、A家庭生活と家族における「近隣の人々とのかかわり」が地域にかかわるものと考えることができる。一方、2017年改訂の学習指導要領では、「近隣の人々とのかかわり」は「地域の人々との関わり」となり、「協力・協働」の視点から、家族だけでなく地域の人々とのよりよい関わりについて考え工夫することが求められている。

　中学校の2008年改訂の学習指導要領では、A家族・家庭と子どもの成長において、家庭生活と地域とのかかわりが取り上げられ、家庭生活が地域とかか

◎表5-4　学習指導要領における「地域」の記述（2017-2018改訂と2008-2009改訂の比較）

学校段階		2017-2018 年改訂	2008-2009 年改訂
小学校	目標	(3) 家庭生活を大切にする心情を育み、家族や**地域の人々との関わり**を考え、家族の一員として、生活をよりよくしようと工夫する実践的な態度を養う。	(3) 自分と家族などとのかかわりを考えて実践する喜びを味わい、家庭生活をよりよくしようとする実践的な態度を育てる
	内容	A　家族・家庭生活 (3) 家族や**地域の人々との関わり** 　ア（イ）　家庭生活は**地域の人々との関わり**で成り立っていることが分かり、**地域の人々との協力**が大切であることを理解すること。 　イ　家族や**地域の人々とのよりよい関わり**について考え、工夫すること。	A　家庭生活と家族 (3) 家族や近隣の人々とのかかわりについて、次の事項を指導する。 　イ　近隣の人々とのかかわりを考え、自分の家庭生活を工夫すること。
中学校	目標	(2) 家族・家庭や**地域における生活**の中から問題を見いだして課題を設定し、解決策を構想し、実践を評価・改善し、考察したことを論理的に表現するなど、これからの生活を展望して課題を解決する力を養う。 (3) 自分と家族、**家庭生活と地域との関わり**を考え、家族や**地域の人々と協働**し、よりよい生活の実現に向けて、生活を工夫し創造しようとする実践的な態度を養う。	衣食住などに関する実践的・体験的な学習活動を通して、生活の自立に必要な基礎的・基本的な知識及び技術を習得するとともに、家庭の機能について理解を深め、これからの生活を展望して、課題をもって生活をよりよくしようとする能力と態度を育てる。
	内容	A　家族・家庭生活 (1) 自分の成長と家族・家庭生活 　ア　自分の成長と家族や家庭生活との関わりが分かり、家族・家庭の基本的な機能について理解するとともに、家族や**地域の人々と協力・協働**して家庭生活を営む必要があることに気付くこと。 (3) 家族・家庭や**地域との関わり** 　ア（イ）　家庭生活は**地域との相互の関わり**で成り立っていることが分かり、**高齢者など地域の人々と協働**する必要があることや介護など高齢者との関わり方について理解すること。 　イ　家族関係をよりよくする方法及び**高齢者など地域の人々と関わり、協働**する方法について考え、工夫すること。 (4) 家族・家庭生活についての課題と実	A　家族・家庭と子どもの成長 (1) 自分の成長と家族について、次の事項を指導する。 　ア　自分の成長と家族や家庭生活とのかかわりについて考えること。 (2) 家庭と家族関係について、次の事項を指導する。 　ア　家族や家族の基本的な機能と、家庭生活と**地域とのかかわり**について理解すること。 （内容の取扱い　イ） 　高齢者などの**地域の人々とのかかわり**についても触れるように留意すること。 (3) 幼児の生活と家族について、次の事

		践 ア　家族、幼児の生活又は**地域の生活**の中から問題を見いだして課題を設定し、その解決に向けてよりよい生活を考え、計画を立てて実践できること。	項を指導する。 エ　家族又は幼児の生活に関心をもち、課題をもって家族関係又は幼児の生活について工夫し、計画を立てて実践できること。
		B　衣食住の生活 B 食生活と自立 (3) 日常食の調理と**地域の食文化** 　エ　**地域の食文化**について理解し、**地域の食材を用いた和食**の調理ができること。 （内容の取扱い　エ） 　**地域の伝統的な行事食や郷土料理**を扱うこともできること。	B　食生活と自立 (3) 日常食の調理と**地域の食文化**について、次の事項を指導する。 　イ　**地域の食材を生かすなどの調理**を通して、**地域の食文化**について理解すること。 （内容の取扱い　ウ） 　**地域の伝統的な行事食や郷土料理**を扱うこともできること。 ウ　食生活に関心をもち、課題をもって日常食又は**地域の食材を生かした調理**などの活動について工夫し、計画を立てて実践できること。
高等学校（家庭基礎）	目標	(2) 家庭や**地域及び社会における生活**の中から問題を見いだして課題を設定し、解決策を構想し、実践を評価・改善し、考察したことを根拠に基づいて論理的に表現するなど、生涯を見通して課題を解決する力を養う。 (3) 様々な人々と協働し、よりよい社会の構築に向けて、**地域社会に参画**しようとするとともに、自分や家庭、**地域の生活の充実向上**を図ろうとする実践的な態度を養う。	人の一生と家族・家庭及び福祉、衣食住、消費生活などに関する基礎的・基本的な知識と技術を習得させ、家庭や**地域の生活課題**を主体的に解決するとともに、生活の充実向上を図る能力と実践的な態度を育てる。
	内容	A　人の一生と家族・家庭及び福祉 (2) 青年期の自立と家族・家庭 　イ　家族や**地域のよりよい生活**を創造するために、自己の意思決定に基づき、責任をもって行動することや、男女が協力して、家族の一員としての役割を果たし家庭を築くことの重要性について考察すること。 (3) 子どもの生活と保育 　イ　子供を生み育てることの意義について考えるとともに、子供の健やかな発達のために親や家族及び**地域や社会の果たす役割**の重要性について考察すること。	(1) 人の一生と家族・家庭及び福祉 　ア　青年期の自立と家族・家庭 　生涯発達の視点で青年期の課題を理解させ、男女が協力して、家族の一員としての役割を果たし家庭を築くことの重要性について考えさせるとともに、家庭や**地域の生活**を創造するために自己の意思決定に基づき、責任をもって行動することが重要であることを認識させる。 　イ　子どもの発達と保育 　乳幼児の心身の発達と生活、親の役割と保育、子どもの育つ環境について理解させ、子どもを生み育てることの意義を考えさせるとともに、子どもの発達のために親や家族及び**地域や社会の果たす役割**について認

(4) 高齢期の生活と福祉 　イ　高齢者の自立生活を支えるために、家族や**地域及び社会の果たす役割**の重要性について考察すること。	識させる。 　ウ　高齢期の生活 　　高齢期の特徴と生活及び高齢社会の現状と課題について理解させ、高齢者の自立生活を支えるために家族や**地域及び社会の果たす役割**について認識させる。
(5) 共生社会と福祉 　イ　家庭や**地域及び社会の一員としての自覚**をもって共に支え合って生活することの重要性について考察すること。	エ　共生社会と福祉 　　生涯を通して家族・家庭の生活を支える福祉や社会的支援について理解させ、家庭や**地域及び社会の一員としての自覚**をもって共に支え合って生活することの重要性について認識させる。
B　衣食住の生活の自立と設計 (3) 住生活と住環境 　イ　住居の機能性や快適性、住居と**地域社会との関わり**について考察し、防災などの安全や環境に配慮した住生活や住環境を工夫すること。	(2) 生活の自立及び消費と環境 　ウ　住居と住環境 　　住居の機能、住居と**地域社会とのかかわり**などに必要な基礎的・基本的な知識などと技術を習得させ、安全で環境に配慮した住生活を営むことができるようにする。

わって営まれていることを学ぶようになっていた。加えて、内容の取扱いには高齢者などの地域に人々との関わりに触れるとされている。幼児の発達や幼児とのかかわり方の工夫が強く求められた学習指導要領の改訂であったが、拡大家族の減少により祖父母と同居していない児童生徒の割合が多くなっている現状から、地域の高齢者とかかわりことで異世代との触れ合う機会を設けようとするものであろう。一方、2017年改訂の学習指導要領では、「(2) 家族と家族関係」であった項目名が「(3) 家族・家庭と地域との関わり」に変更され、地域との関わりが明確に打ち出されている。さらに「協力・協働」の視点から、ア（イ）の事項では高齢者など地域の人々と協働する必要があることや介護など高齢者との関わり方についての理解が追加されている。イでは、高齢者など地域の人々と協働する方法について、問題解決的に学習することも求められている。

　また、B日常食の調理と地域の食文化の内容では、2008年改訂と2017年改訂で扱う項目や事項に大きな変更は見られない。2008年改訂でも、地域食材、地域の行事食や郷土料理など、地域に目を向けた内容が組み込まれていた。ただし、2017年度改訂では地域の食材を用いた和食の調理が新設されている。

　高等学校では、2009 年改訂、2018 年改訂共に、小学校や中学校に比べて地域や社会との関連を図った内容の取り扱いが多い。ただし 2018 年改訂の学習指導要領の目標（3）には、「協力・協働」の視点から、よりよい社会の構築に向けて地域社会に参画し、自分や家族の生活だけでなく地域の生活の充実向上を図ろうとする実践的な態度の養成が打ち出されている。問題解決的な学習を通して「思考力、判断力、表現力等」の育成を図ることが求められ、指導すべき事項の文末は「認識させる」（2009 年改訂）から「考察する」（2018 年改訂）という表現となっている。

　以上のように、2017-2018 年改訂の学習指導要領では、児童生徒の発達段階を踏まえた小・中・高等学校における内容の系統性と、空間軸と時間軸の視点から学習対象が明確に示されている。空間軸の視点では、家庭 - 地域 - 社会という空間的な広がりから、時間軸の視点では、これまでの生活 - 現在の生活 - これからの生活 - 生涯を見通した生活という時間的な広がりから学習対象を捉え、学校段階を踏まえて指導内容が整理されている。地域の教材開発にあたっても、内容の系統性と空間軸と時間軸の視点から学習対象を捉える必要がある。

③　地域を扱った授業の分類と特徴

　2008-2009 年改訂の学習指導要領に対応した家庭科の教科書にも、地域にかかわる記述は散見される。2017-2018 年改訂学習指導要領による教科書では、より多くの地域にかかわる記述を目にすることになろう。

　しかし、教科書に登場する地域は抽象化され一般化された地域である。現実の生活事象を教育対象とする家庭科は、現実の生活事象から＜教材＞となる素材を選び、現代の生活課題に対する自覚とそれを解決する実践的能力を身に付けることを目標としている。そのためには、一人ひとりの児童生徒の生活と結びついた地域の学びを展開しなければならない。児童生徒が生活する地域の人々の生活の実態や生活課題を反映させなければならない。ひとえに、教師の地域教材開発力にかかっているのである。

　では、地域をどのように取り上げていけばいいのであろうか。大竹（前掲）は、地域を扱った授業を分析して 5 つに分類している。表5-5 は、大竹の分類を基に、筆者がその特徴をまとめて作成したものである。いずれも、ただ単に

地域のもの・ひと・ことを学ぶのではなく、それらの背景にある生活や文化を探究していく学習の展開がめざされていることがわかる。

◎表5-5　地域を取り入れた授業実践の分類とその特徴

分　　　類	特　　　徴
①地域の産品を扱った授業	・単に特産品や伝統文化を扱う授業ではなく、これらが作り出されてきた背景にある地域の生活と結んで探究する
②学校の周辺地域での活動を取り入れた授業	・学校から地域に出て、さまざまな地域設備環境（高齢者施設や幼保こども園、商店やごみ処理施設など）を利用することで、地域の人々の生活活動を体験的に学ぶ
③地域の人材活用1（地域の人々との交流）	・②にかかわって、地域で生活する人々（高齢者や乳幼児）との交流活動を通して、地域の生活を理解する
④地域の人材活用2（指導者として活用	・地域人材の指導を通して、地域の人々が作っている産物や地域の生活を支えている人々の知識と技術を学ぶ ・様々な人々によって地域社会の生活が成り立っていることを理解する
⑤子どもたちの地域社会での生活実態を視野においた授業	・地域の特徴をもって展開される生活（地域で提供される消費財やサービスのあり様、それへの人々のかかわり方）に学ぶ

大竹（2011）の「地域を取り入れた授業実践の分類」を基に、筆者作成

(2)　地域に根差した教材開発と授業実践（小学校の例）

　題材名は、「羽生発！我が国の伝統的な日常食～ご飯とみそ汁～」」である。授業は、2015年に埼玉県羽生市立羽生北小学校の奥知子教諭によって、小学校5年生を対象に実施されている（奥、2016）。

① 　教材開発の視点

　教材開発は、小学校で家庭科を教えてきた授業者の「教科書に書かれている一般的な知識および技能が児童の実際の生活となかなか直接には結びついていない」という実感からスタートしている。授業者は、「児童にとって自分の生活にかかわりの深い地域の素材を教材化することで、児童が自分の生活を見つめ、そこから生活課題を見出し、自分ごととして家庭科の授業を進めることができるのではないかと考えた」と述べている。

　授業者は、4つの視点（a 地域に昔からあり、脈々と受け継がれているもの　b 地域と密接な関係のあるもの　cab について語れる人がいること　d 児童にとって身近なもの）によって、数多く存在する地域素材を見つめている。

　検討の結果、a：昔から地域で作られてきたみそであること、b：原材料である米や大豆が100％羽生産であること、c：羽生市内の工房で作られていること、みそを製造している地域の人がいること、d：日常食としてみそ汁に用いられ身近であること　などから「宝蔵寺みそ」を教材化するに至っている。

　前述のように、この教材開発当時の小学校学習指導要領（2008年改訂）に、地域は取り上げられていない。A家庭生活と家族の内容の（3）イ近隣の人々とのかかわりを考え、自分の家庭生活をくふうすることという指導事項が示されているに過ぎない。2017年改訂においても、A家族・家庭生活の内容に地域の人々との関わりを取り扱うとされたが、B衣食住の生活の内容には、地域との関わりに関する指導事項はない。しかし、指導計画の作成に関する記述として「（5）題材の構成に当たっては、児童や学校、地域の実態を的確に捉えるとともに、内容相互の関連を図り、指導の効果を高めるようにすること」とある。また、内容の取扱いに関して「（5）家庭や地域との連携を図り、児童が身に付けた知識及び技能などを日常生活に活用できるように配慮すること」との記述もある。授業者は、2017年改訂の学習指導要領の趣旨を見据えて「地域」を意識し、地域に根ざした食品である「宝蔵寺みそ」と、この産物そのものや地域の食文化について語れる地域人材を素材として教材開発を進めていたといえよう。

②　授業の構造と授業実践からの学び

　くり返し述べてきたように、本稿の教材開発はデューイの＜教材＞開発に依拠している。教材開発とは、子どもの経験から＜教材＞の素材を発見し、教科内容と絡めて思考や探究の題材に組織化していくことである。本授業の構造を見てみよう。

　表5-6は、授業者が授業構想にあたって重視した5つの視点を用いた授業計画に、子どもの探究の流れを示した学びの構造図（図5-6）とリンクさせて筆者が作成したものである。学びの構造図（4章図4-3p.68参照）でも触れられているように、縦軸に空間軸にあたる学習の視野が置かれ、横軸には学びの深まりが置かれている。

　まず、図5-6の構造図からも明らかなように、本題材は子どもの日常を超え

◎表5-6　地域素材「宝蔵寺みそ」を用いた授業の題材計画

学びの構造図	授業時間	学習活動	授業構想の視点	具体的な学習内容
❶	1	ゲストティーチャーA 昔の食べ物について	アウオ	羽生の様子や昔の食べ物について対話を交えながら話を聞く。麦食を試食する。
❷	2	日本の伝統的な日常食の理解 ごはんの作り方	ウオ	主食・汁物を理解する。炭水化物の働きを理解する。浸水時間の違う米粒を観察したり、水加減の違う2種類のごはんを食べ比べてそれらの違いを理解する。炊飯のポイントを理解する。
	3・4	炊飯実習		ガラス鍋で米を炊く。
❸	家庭実践Ⅰ	みそ汁についての聞き取り調査 （我が家のおいしいみそ汁自慢）	イ	みそ汁の作り方、実の種類、家で使っているみそなどについて聞いてくる。
❹	5	みそ汁の飲み比べ みそ汁の作り方 『宝蔵寺みそ』との出会い	ウオ	だしあり・だしなし・みその違いといった3種類のみそ汁を試飲し、その違いを理解する。 みそ汁作りのポイントを理解する。実は宝蔵寺みそを全員食べたことがあるという事実を知る。
	6	ゲストティーチャーB 宝蔵寺みそについて	アウオ	宝蔵寺みそと羽生の関係について話を聞く。みそ汁のみの取り合わせから脂質・たんぱく質・無機質・ビタミンの働きについて理解する。
❺	7・8	みそ汁実習		ゲストティーチャーのおすすめの実の取り合わせでみそ汁を作る。
❻	家庭実践Ⅱ	宝蔵寺みそスペシャルメニューの開発	イエ	授業で使った宝蔵寺みそを持ち帰り、家の人と試食をし、宝蔵寺みそを使ったメニューを考える。
❼	9	メニューの改善	エ	友達の意見を参考にし、よりよいみそ料理になるよう考える。
	10	メニュー表の作成	エ	完成したメニューをパーフェクトガイドとしてまとめる。

※黒丸数字（❶❷）：学びの構造図（図5-6）内の数字とリンク
※ア、イ、ウ、エ、オ：授業者の授業構想の視点
ア「地域」についての理解を深める工夫をする　イ家庭の実践を重視する　ウワクワクする出会いをつくる　エ児童が新しい文化の担い手になる取り組みを入れる　オ 体験を多く取り入れる
（出典）表1「教材を授業へ組み込み5つのポイント」を用いた授業計画（奥、2016、p.157）より、筆者一部改変

た地域に関わる課題を取り上げることによって、逆に身近な日常の食生活や地域の生活に対する認識が深まる構図となっていることがわかる。教材を構想するうえで重視した視点「ア『地域』についての理解を深める工夫をする」を加えたことで、これから行なうごはんとみそ汁の学びに「地域」というふくらみのある背景をもたせて子どもたちの興味・関心を喚起しているのである。

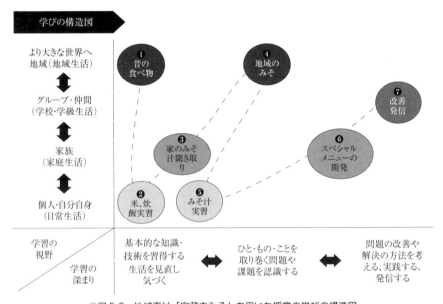

◎図5-6　地域素材「宝蔵寺みそ」を用いた授業の学びの構造図

　具体的には❶昔の食べ物（生活の場である羽生市の昔のようすや食べ物について、地域のゲストティーチャーから話を聞き、麦飯を食べる）から興味・関心をもたせ、❷米、炊飯実習（米や炊飯の仕方の理解、炊飯実習）へとつなげている。また、❹地域のみそ（みそ汁の飲み比べにおける宝蔵寺みそとの出会い、ゲストティーチャーから宝蔵寺みそと羽生との関係やみそ汁の実の取り合わせについて話を聞く）から、❺みそ汁実習へと向かわせている。

　また、❶昔の食べ物、❷米、炊飯実習や❹地域のみそには、授業者が重視した視点「ウワクワクした出会いをつくる」「⑤体験を多く取り入れる」が組み込まれている。前述の視点アや視点ウによって喚起された興味・関心が学びの

推進力となり、「麦飯を食べる」「浸水時間の違う米粒を観察する」「水加減の違うご飯を食べ比べる」「みそ汁の試飲」など五感を伴って学ぶことで、実感を伴った知識、科学的理解へと深まっていく。さらに、こうした知識に裏付けられた炊飯実習やみそ汁の実習により、子どもたちに身に付けさせたい基本的な知識・技術を習得させる場面設定ともなっている。

　次に、本題材はゲストティーチャーとの交流や指導を通して、地域の歴史・伝統や地域の人々の生き方・考え方を学ぶ学習の展開がなされているが、授業者はさらに視点「イ家庭の実践を重視する」「エ児童が新しい文化の担い手になる取り組みを入れる」を組み込み、保護者を巻き込んで❻宝蔵寺みそスペシャルメニューの開発に取り組ませている。これまでの授業展開により、みそは単なるみそではなく、地域の歴史や人の思いが込められた宝蔵寺みそとなり、これを用いたスペシャルメニューの開発という課題への取組となっている。調理経験の少ない小学5年の児童がメニューの開発に挑戦するのは、ハードルが高い。しかし、みその背景にある歴史や人と思いをつなぎ、家庭でのメニュー開発という形で保護者を巻き込み、❼開発したメニューはクラスメイトに紹介し、改善ののちパーフェクトガイドとして発信するという授業展開が、子どもたちの調理に対する知識の少なさや未熟な技能を補い、学習の深まりとなったのであろう。授業者の実践後の検証によれば、授業後に家でみそ汁を作った者の多くが「宝蔵寺みそ」に対して自分の地域のみそであるとの認識をもっていたという。また、授業で学んだことを誰か

に教えたいとする思いも見て取ることができたという。こうした振り返りがなされた子どもたちは、ただ単に「宝蔵寺みそスペシャルメニュー」の開発に取り組んだのではなく、家庭科の価値認識の視点である「生活文化の継承・創造」を獲得し、この方向性の中で「宝蔵寺みそスペシャルメニュー」の開発という課題解決にむけた取り組みを行なっていたと見ることができよう。

このように、授業者は、子どもたちが給食で食べているにもかかわらず、その存在を意識することなく見過ごしてきた身近な地域の素材である宝蔵寺みそを、教科内容と絡めながら、子どもの探究の題材に組織化する教材開発を行なっていたといえる。

なお、本実践における課題の設定自体は教師主導で行なわれている。授業時数の少ない家庭科において、家庭での実践も含めて構想された本授業の実践は決して容易ではない。さらに、児童の主体的な課題設定や探究活動を確保していくためには、小学校においても 2017 年改訂の学習指導要領から新設された課題と実践につなげることも一方策であろう。

本実践は小学校で行なわれたものであるが、社会的な視点をさらに組み込むことによって中学校や高等学校における授業としても十分に機能する。中学校に新設された地域の高齢者と関わり協働する内容を組み込んだり、高等学校では伝統的な行事食や郷土料理を取り上げて、伝統文化の創造に重きを置いた展開をしたりすることも考えられる。

(3)　社会資源との協働による授業づくりの現状と課題（中学校の例）

前項（2）地域に根差した教材開発と授業実践（小学校の例）の授業者は、地域の人材活用に関する課題として次のように述べている。「授業者は、あらかじめ、ゲストティーチャーに、授業のねらい、授業者の意図、お話してほしい内容を具体的に伝えてはいたが、実際に話をしていただくとその内容以上のことがらが含まれていた。授業のねらいから大きく外れることはなかったが、授業のねらいを達成するためにも、より綿密な打ち合わせが必要だと感じた」と。

前項のように、地域人材の活用や協働による授業展開によって、子どもたちの学びはグッと深まることが多い。しかし、そこに至るまでには、教師と地域

人材などの社会資源との綿密な打ち合わせ時間の確保をはじめとした多くの課題が存在する。

1970 年代後半以降、学校・家庭・地域の協力・連携・協働は、教育の課題としてとりあげられ、さまざまなレベルでの協力・連携・協働が実践され、新しいネットワークや新たな社会モデルが形成されてきた。中学校家庭科でも、持続可能な社会の構築の視点が盛り込まれた 2008 年改訂の学習指導要領には、内容を取り扱う際に配慮すべき事項として「家庭や地域社会との連携」が示されている。加賀（2014）は、社会資源とつなぐ家庭科の授業実践上の課題を明らかにすることを目的として、中学校家庭科教員に対する質問紙調査を実施している。

本調査結果からは、教員の経験年数に関係なく、8 割近くの教員が社会資源とつなぐ授業実践経験があることが明らかになった。この背景には、地域教材そのものがもつ魅力や価値に対する教員の意識の高まりがあった。地域教材は、生徒の授業への学習意欲を高めるだけでなく、教員の意欲をも喚起するものであると考えられる。しかし、社会資源とつなぐ授業の実践が増加する一方で、「人材や施設等の確保のための情報が不足している」「地域社会の組織と学校を結ぶ人材が不足している」「学校の都合（授業の時間）と人材や施設の都合が合わない」「予算の確保が難しい（謝金や交通費等）」「打ち合わせのための時間の確保が難しい」「家庭科の授業時間数が足りない」の項目に対して 9 割前後の教員が「そう思う」「ややそう思う」と答え、多くの実践上の課題があることが浮き彫りになっている（図 5-7）。

また、11 年以上の教員経験者は「学校の都合（授業の時間）と人材や施設の都合が合わない」「予算の確保が難しい」「打ち合わせのための時間の確保が難しい」を課題と捉えている者が多く、1 〜 10 年の教員経験者に比べ有意な差が認められている。これらの課題は、授業を構想する段階での課題というよりも、構想した授業を展開しようとするときに生じる課題である。このように家庭科教員の多くは、生徒に実社会や実生活とのつながりを実感しつつ学べる機会を与えようと教育的効果のある人材や施設を活用して授業を構想するものの、実践に至るまでにさまざまな苦労を重ね孤軍奮闘する姿が見て取れる。

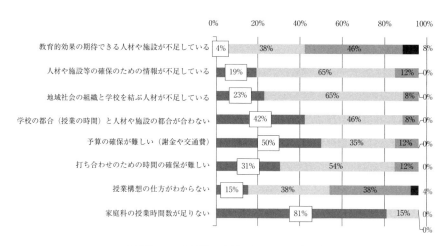

◎図 5-7　社会資源とつなぐ家庭科の授業実践上の課題

　2005 年に報告された平松・倉盛[9]の調査では、「3 割が『今後地域素材を授業の教材として利用しようと思わない』と答え … その理由は『準備時間がない』と『内容に時間がかかる』など時間的なことを理由に挙げているものが約 6 割であった。その他の意見としても『家庭科の授業では基礎・基本をおさえるだけで精一杯』『地域素材を使うアイデアが浮かばない』など現実に授業で使う際の問題点が浮き彫りになった」と報告している。実践が増えた現在でも、同じような課題があるといえる。

　これらの課題を克服して地域の素材を＜教材＞とする授業実践のためには、教員研修の機会の提供や、学校と地域の社会資源を結び様々な情報を提供してくれる人材の確保、予算的な措置などが必要であろう。そして、何よりも「協働」とは、「単独ではできない解決すべき共通の課題に対して、2 つ以上の人や組織が一緒に、新たなものを創りだすために活動すること」であるという認識が必要となる。こうした認識を共有した学校の教員と社会資源とが効果的に協働することで、学習内容と実社会や実生活とのつながりを実感させつつ、子どもたちのものの見方や考え方を広めたり深めたりすることができるのである。また、社会に生きる一員としての自覚を促し、よりよい社会づくりの担い手としての自覚や行動力につなげていくことも可能になるのである。

　さらに、教師が社会資源と一緒に地域の素材から＜教材＞を開発する協創の過程には楽しさを伴う。仲間意識や共感といった心理に支えられ、協働することによって互恵的な関係が築かれていくと考える。こうしたことも、子どもにとっての探究活動を保証するための教師による教材開発の一部と言えるのではないだろうか。大いに楽しみたいものである。

【注】

1）　学校と地域が協力・連携・協働して物事に取り組もうとするとき、学校が協力・連携・協働する相手に対して、「地域人材」「外部人材」「地域の教育資源」「社会資源」などの用語が用いられる。本稿では「社会資源」を用い、「教育を目的に使われる各種の施設、制度、機関、知識や技術などの物的資源や情報資源、互恵関係を築くことのできる人的資源を総称したもの」と定義する。

2）　6つのステップは、以下のように説明されている。①動機づけ：自分の既有知識や経験との間で生じるコンフリクトから学習対象に対する動機づけが生まれる。②方向づけ：①で生じたコンフリクトを解決するための学習活動を開始する。③内化：コンフリクトの解決のために必要な知識を習得する。④外化：③で習得した知識を実際に適用してコンフリクトの解決を試みる。⑤批評：外化を通じて明らかになったモデルの妥当性や有効性を批判的に評価する。⑥統制：今までの一連の自分自身の学習を振り返り、必要に応じて修正を行ないながら、次の学習プロセスへと向かう。

3）　山上は、デューイが論じたところの subject-matter を「探究の題材」という意味で＜教材＞と訳し、教材ではなく＜＞をつけた＜教材＞を用いている。

4）　高木は、三つ目の見解について「　」による提示をしていない。三つ目の見解は、単一の文化価値に対応させるのではなく、家庭生活を総合的、動態的な性格を有する有機的統一体ととらえ、これは他教科では学ぶことができない独自の領域とみなして構想するものであると説明している。よって、筆者が仮に「総合」に対応する教科としたものである。

【引用文献】

1）　佐藤学（2016）「教科教育研究への期待と提言」日本教科教育学会誌、第 38 巻第 4 号、pp.85-86.

2）　岩内良一・萩原元昭・深谷昌志・本吉修二（1997）『教育学用語辞典第三版第二刷』学文社、p75.

3）　佐藤学（1995）「学びの対話的実践へ」佐伯胖・藤田秀則・佐藤学（編）『学びへの誘い（シリーズ学びと文化①）』東京大学出版会、p72.

4）　高木葉子（1981）「第一章家庭科の教科理論」大学家庭科教育研究会（編）『解説現代家庭科研究』第 1 版第 2 刷、青木書店、p14.

5）　吉原崇恵（1981）「第二章家庭科教育の内容」大学家庭科教育研究会（編）『解説現代家庭科研究』第 1 版第 2 刷、青木書店、pp.77-78.

6）　村田泰彦（1986）『共学家庭科の理論』家政教育社、p59.

7）　中間美沙子（2011）「1.家庭科の独自性：1 章教科としての家庭科の役割」中間美沙子・多々納道子（編著）『中学校高等学校家庭科教育法』建帛社、pp.2-5.

8）　荒井紀子（2016）「学習指導要領改訂における教科の役割：家庭科の視点から」日本教科教育学会誌第 39 巻第 3 号、pp.85-90.

9）　平松倫子・倉盛三知代（2005）「中学校家庭科における地域教材についての家庭科教員の意識」和歌山大学教育学部紀要、教育科学（55）、p125.

【参考文献】

Engeström.Y. "Training for Change:New approach to instruction and learning in working life" Paris: International Labour Office、1994年／松下佳代・三輪建二監訳『変革を生む研修のデザイン－仕事を教える人への活動理論－』、東京：鳳書房.

池野範男（2011）「第3章授業研究による教科指導の改善」『日本の授業研究-Lesson Study in Japan-授業研究の方法と形態＜下巻＞』、東京：学文社.

池野範男（2016）「教育として、また、学問としての教科の必要性」日本教科教育学会誌第38巻第4号、pp.97-102.

内海巖（1971）『社会認識教育の理論と実践-社会科教育学原理-』葵書房、pp.59-62

大竹美登利（2011）「『地域』をどうとらえるか」大竹美登利・日景弥生編『子どもと地域をつなぐ学び-家庭科の可能性-』、東京：東京学芸大学出版会、pp.8-23.

奥知子（2016）地域の教材「宝蔵寺みそ」を用いた小学校家庭科の授業実践-ゲストティーチャーの活用を通して「地域」から学ぶ-. 日本家庭科教育学会誌第59巻第3号、pp.156-161.

加賀恵子（2014）「中学校家庭科の『地域の社会資源との協働』における課題－教師への実態調査結果から－」、日本家庭科教育学会2014年度例会発表要旨集、pp.38-39.

中央教育審議会（2015）「教育課程企画特別部会における論点整理」. pp.17-18.http://www.mext.go.jp/b_menu/shingi/chukyo/chukyo3/053/sonota/1361117.htm（2017.8.21確認）

山上裕子（2010）『デューイの＜教材＞開発論とその思想』、東京：風間書房.

6章 家庭科教育の充実を図る 指導方法の工夫

章のねらい

　本章では、家庭科の授業づくりについて、特に指導方法の工夫に焦点を当てて述べていく。「主体的・対話的で深い学び」に向かう授業をどのようにデザインし、子どもたちの資質・能力を育むことができるのか、また課題解決型学習、家庭科のアクティブ・ラーニングではどのような指導が求められるのか、学習意欲を高める評価も含めて指導方法の具体について論じる。

1.「主体的・対話的で深い学び」の実現

(1) 主体的・対話的で深い学びとは何か

　家庭科での学びが個々の日常生活に生かされ具体的な行動や実践力に結びつくためには、学習者の「なぜだろう」「もっと知りたい」という知的好奇心を刺激することが大切である。また好奇心の刺激だけでなく、心が揺さぶられる体験を組み込むなど、学ぶ意欲が向上する指導方法の工夫が求められる。そこで、指導方法の工夫の一つとして、改訂学習指導要領のキーワードにもなっている「主体的・対話的で深い学び」を実現するためにどのような指導が必要なのか、考えてみたい。

　「主体的・対話的で深い学び」は、1時間の授業の中ですべてが実現されることは少なく、題材のまとまり（一連の学習の流れ）の中で、どこでどのような場面を設定するかという視点で実現する。例えば主体的に学習に関わる場面をどこに設定するか、対話の場面をどこに設定するか、学びの深まりを作り出すために考える場面をどのように組み込むかなどを題材の流れの中で考えることである。

　そもそも「主体的・対話的で深い学び」とはどのような内容なのか、「主体

的」・「対話的」・「深い」学びについて「論点整理」（中央教育審議会）での記述を確認した[1]。記述内容から、「主体的・対話的で深い学び」は、「子どもたちの自主的、協働的に学ぶ態度を培う学習場面を授業計画に組み込み、習得・活用・探究という学習プロセスの中で課題解決できるという学びの過程」が期待されていることが読み取れる。「主体的・対話的で深い学び」を通じて、3つの資質・能力を育成するイメージを図6-1に示している。「深い学び」が実現できたかどうかは、学んだ結果やプロセスをどう評価するかという、評価の在り方にかかっている。評価については第3節で述べる。

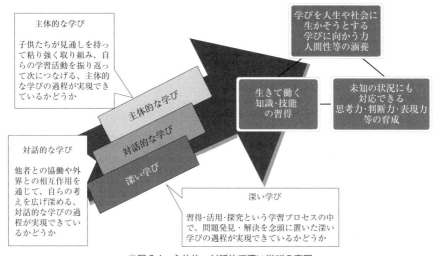

◎図6-1　主体的・対話的で深い学びの実現
新しい学習指導要領の考え方（文科省HP）を参照して筆者作成

中央教育審議会・家庭ワーキングの、家庭科での「主体的・対話的で深い学び」の捉え方は以下のとおりである[2]。

・　「主体的な学び」とは、児童生徒が学習に興味を持ち、現在及び生涯を見通した生活課題の解決に向けて、主体的・協働的に課題の発見や解決に取り組むとともに、学習の過程を振り返って、次の学習に主体的に取り組む態度を育む学びである。そのため、学習した内容を実際の生活で生かす場面を設定し、自分

の生活が家庭や地域社会と深く関わっていることを認識したり、自分が社会に参画し貢献できる存在であることに気付いたりする活動に取り組むことなどが考えられる。

・ 「対話的な学び」とは、他者との会話を通して考えを明確にしたり、他者との意見を共有して互いの考えを深めたり、他者と協働したりするなど、自らの考えを広げ深める学びである。そのため、例えば、グループ活動やペア学習、討議、ディベート、ロールプレイング等の学習活動を効果的に取り入れることが考えられる。

・ 「深い学び」とは、児童生徒が、生活の中から問題を見いだして課題を設定し、その解決に向けた解決策の検討、計画、実践、評価、改善という一連の学習過程の中で、生活に係る知識や技能を活用し、「生活の営みに係る見方・考え方」を働かせながら、課題の解決に向けて自分の考えを構想したり、表現したりするなど、学習内容の深い理解や生活を工夫し創造する資質・能力の育成につながる学びであると考えられる。このような問題解決的な学習を繰り返すことで、様々な生活事象に係る事実的知識が概念的知識として質的に高まったり、主体的に活用できる技能の習得・熟達（定着）が図られたりすると考えられる。そのため、学んだ知識を既有の知識や生活体験等と関連付けて考え、自分の生活に活用できる新たな知識として価値付ける活動などを取り入れる必要がある。

　以上の記述内容の「対話的」な学びに注目すると、対話的な学びとは、他者との協働や外界との相互作用を通して、自らの考えを広げ深める学びであり、グループ活動やペア学習、討議、ディベートなどの学習活動によって自らの考えを深める学びであることが確認できた。そこで次にこの「対話的」な学びの「対話」について考えてみたい。

(2) 対話の本質が組み込まれた学び

　会話とは、挨拶をはじめとする他者と何気なく話している「ことば」である。日常生活において、用を達するための話しのやり取り、これは会話に分類される。

　会話とは違い、複数の人が多面的な議論をすることで新しい提案や結論を出そうとすることを「討議」「討論」「ディスカッション」等という。討論の一種ではあるが、ディベートは、感情は排除され、あるテーマについてどちらが正しいか、勝ち負けを競う。正確な論拠とデータによる合理的な考え方を養うために、この手法を用いて授業を行なうことがある。つまり、ディベートは話す前と後で考えが変わったら負けということになる。

　一方、ディベートとダイアローグ（対話）の違いについて、劇作家の平田オリザは、「対話」は話す前と後で考えが変わっていないと意味がない、という[3]。

　対話は、そもそも相手に対する信頼と尊敬が前提にある。対話を通してさまざまな人とのコミュニケーションが広がり、相互に影響しあうことによって、自分と他者が成長していくのを自覚できることをめざしたい。このことが、自らの考えを広げ深めることにつながっている。この自分と他者の応答性が教育の原点であり、会話ではなく、命令や伝達でもない「対話」が今、教育現場に求められているのである。

　暉峻は著書『対話する社会へ』（2017）の中で、「対話」について次のように述べている[4]。

　「人と人との対話の中から得たものは、私たちの行為の核心になる。対話をすることとは、話し相手がそこにいる相手とのやり取りの中で、応答の言葉を組み込みながら、自分の周囲の社会という場と絶えずつながっていること。その中から新しい理解と発達が生まれる」

　対話こそが人間本来の言葉であり、行為や関係性など人間のすべての基礎となることを強調している。

　人間は言葉を持つ動物であるといわれるが、自分の感情や考えを正確に言葉にするのは誰にとってもやさしいことではない。しかし、真剣に聞いてくれる人がいて応答しあう中でこそ言葉は生まれる。傾聴や応答も対話的な学びの実

現に重要な意味を持つ。

　対話的な学びを実現するために、言葉や対話の意義を再認識して、学びの中に対話の本質が組み込まれているのか、学習者が自らの考えを広げて深められているのか、常に問いながら、学ぶ意欲が向上する学習計画を立てたい。

　社会が急激に変化する時代に生きる子どもたちには、知識や技能を習得させるだけではなく、他者とともに生活や社会の課題に向かう力が必要である。それらは、教えるもの、教えられるもの、両者が対話を通して、新しい知を見いだす等、立場を超えた学びから生まれる力ともいえる。自らの考えを広げ深める、対話的な学びは、児童生徒同士だけでなく、多様な人との「本質が組み込まれた対話」を通して実現できるのではないだろうか。

　対話型授業の必要性を早くから提唱している多田は、対話の基礎力を高めるために教師は①観察力・要約力を高める②多様な見方・考え方を身につけることが重要であり、教師のコメント力の向上等を指摘している[5]。

(3)　対話を通して家庭科で育成したい資質・能力

　「対話」を通して思考を深める家庭科の授業で育成したい能力を図6-2に示した。

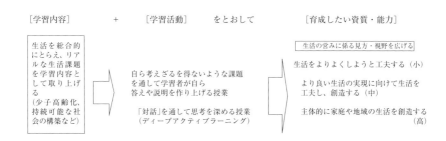

[学習内容]　　　　＋　　　[学習活動]　　　をとおして　　　　　[育成したい資質・能力]

生活を総合的にとらえ、リアルな生活課題を学習内容として取り上げる（少子高齢化、持続可能な社会の構築など）

自ら考えざるを得ないような課題を通して学習者が自ら答えや説明を作り上げる授業

「対話」を通して思考を深める授業（ディープアクティブラーニング）

生活の営みに係る見方・視野を広げる
生活をよりよくしようと工夫する（小）
より良い生活の実現に向けて生活を工夫し、創造する（中）
主体的に家庭や地域の生活を創造する（高）

家族・家庭と社会との関わりについての理解

生活自立に必要な基礎的・基本的な知識及び技術

家庭生活を大切にする心情

■　問いや課題を『自分ごと』として掘り下げ、見方や視野を広げる
■　習得した知識を断片的に覚えこむのではなく、つなげて自らの最適解を得る
■　学習の振り返りを充実させることにより、次の行動（実践）につなげる

◎図 6-2　家庭科で育成したい資質能力

　対話の本質を学習に組み込み、その対話を通して、①問いや課題を「自分ご
と」として掘り下げ、自らの考えを広げ深める（見方や視野を広げる）②習得
した基礎基本の知識をつなぎ、自分の最適解を導き出す③振り返りを充実させ、
行動（実践）に繋げる　ことが主体的に地域や家庭の生活を創造することにつ
ながると考える。

　「人と人との対話の中から得たものは、私たちの行為の核心になる」の言葉
通り、対話を通して思考を深める授業で、自らの考えや思いを広げ深め、地域
や家庭生活への理解と実践（創造）につなげていきたい。

2．生活の課題を解決する「課題解決型学習」

　本節では、日常生活の中から「課題」を見いだし、習得した知識および技能
を活用してよりよい生活をめざして「課題を解決する力」を育むために、どの
ような指導方法が適しているのか検討する。

　課題解決型学習とは、問題解決型学習（Project Based Learning=PBL）と
も呼ばれ、1900年代初頭にジョン・デューイが実践に取り入れた教育法であ
る[6]。自ら問題を発見し、解決する能力を養うことを目的としている。課題解
決型学習を通して、学習者の自発性や関心、能動性を引き出すことが指導者の
役割となる。問題解決へのアプローチ方法を身につける「アクティブ・ラーニ
ング」の導入によって、より一層「課題解決型学習」が注目されている。

　今回の学習指導要領の改訂では、子どもたちに生活の課題を解決する力を育
むため、中学校技術・家庭（家庭分野）における「生活の課題と実践」につな
がる内容として、小学校家庭科　内容「A家族・家庭生活」の（4）に「家族・
家庭生活についての課題と実践」が新設された[7]。

　「生活の営みに係る見方・考え方」を働かせながら、実生活と関連を図った
問題解決的な学習を効果的に取り入れ、生活の課題を解決する力を育む指導を
充実し、生活をよりよくしようと工夫する資質・能力を育成することが求めら
れている。「生活の課題を解決する力」は、「生活の営みに係る見方・考え方」
を働かせつつ、計画、実践、評価・改善という一連の学習過程の中で育成でき
ると考えられ、その育成に当たっては学習過程における指導を工夫することが

重要となる。

> 「生活の営みに係る見方・考え方」
> 　家族や家庭、衣食住、消費や環境等に係る生活事象を、協力・協働、健康・快適・安全、生活文化の継承・創造、持続可能な社会の構築等の視点で捉え、よりよい生活を営むために工夫すること。

　この「生活の営みに係る見方・考え方」に示される視点は、家庭科で扱う全ての内容に共通する視点であり、相互に関わり合うものである。学習者の発達段階を踏まえるとともに、取り上げる内容や題材構成等によって、どの視点を重視するのかを適切に定めることが大切である。

　ここでは、生活の課題を解決する学習過程を①「生活の課題発見」②「解決方法の検討と計画」③「課題解決に向けた実践活動」④「実践活動の評価・改善」と整理し、子どもたちに「生活の課題を解決する力」を育むための各段階の留意点を整理する（図6-3）。

① 生活の課題発見	② 解決方法の検討と計画		③ 課題解決に向けた実践活動	④ 実践活動の評価・改善		家庭・地域での実践
既習の知識・技能や生活経験を基に生活を見つめ、生活の中から問題を見出し、解決すべき課題を設定する	生活に関わる知識・技能を習得し、**解決方法を検討する**	解決の見通しをもち、**計画を立てる**	生活に関わる知識・技能を活用して、調理・製作等の実習や、調査、交流活動などを行なう	実践した結果を評価する	結果を発表し、**改善策を検討する**	改善策を実践する⇒うまく実践できたという成功体験をもたせ、生活習慣化させる

◎図6-3　課題解決型学習の流れ
教育課程部会　家庭、技術・家庭ワーキンググループ
資料10−1を参照して筆者作成

① 生活の課題発見
　指導者が課題を与えることなく、これから学ぶことを自分ごと化させ、子ど

もの学ぶ意欲を高め、教師が意図しているものを、子ども自身が課題として捉えられるような導入や発問の工夫が求められる。今まで意識していなかったことに気づかせたり、疑問を持たせたりするなど、子どもが課題を発見するための手立てを重視したい。時には、子どもたちが何となく感じている課題を題材に取り上げ、一連の学習をその解決のための学習と位置づけることも可能である。

② 解決方法の検討と計画

　ここでは、衣生活を例に考えてみる。小学校家庭では、衣服の着用と手入れについて、「洗濯の仕方を理解し、適切にできること」「日常着の快適な着方や手入れの仕方を考え、工夫すること」が学習のねらいとされている。そこで、なぜ洗濯をするのか、汚れを落とすためにはどのように洗うのがよいのか、環境に配慮した洗濯方法についてなど、実習や実験を通して理解できるようにすることが大切である。これまでの生活経験や家庭でのインタビュー、インターネットなどから情報を収集し、さまざまな角度から考えることができるようにする。

　「給食を食べたときに衣類についたしみをどのように取るのか」や「災害時に電気が使えない状況、あるいは避難所等で衣類を手洗いするときにどのように洗濯するか」など、具体的な場面設定を行ない、子どもが見通しをもって取り組めるように学習環境（空間や教材）を整備し、計画を立てさせることも有効である。

③ 課題解決に向けた実践活動

　次に計画に沿って調理や製作等の実習、実験、調査、交流活動などを実践する。その実践過程で気づいたことなどを記録したり、まとめたり、発表したりすることが大切である。上記の「環境に配慮した洗濯方法」では、単に洗濯活動にとどまらず、近年話題になっている、柔軟剤や洗剤の香りによる「香害」、化学物質過敏症、水質汚染等の環境問題や消費者問題等とも関連させて考えを深めることができる。

④ 実践活動の評価・改善

　自分の課題を解決することができたのか、できなかったのか、できなかった場合、どのようにするとよかったのか等について評価し、話し合ったり、個人

で振り返ったりして改善し、家庭・地域での実践につなげる。上記の衣生活学習では、家庭で自らの衣類を「環境に配慮して」洗濯ができる実践力が確実に身についたかどうかを評価したい。

　特に家庭での成功体験が、自信や自尊感情を育むことになり、生活習慣としての実践知の獲得に影響を与える。家庭での実践の評価は、教育現場外での評価となり容易ではないが、生活実践力の育成をめざす家庭科では、特に重視したい評価である。

　家庭科では、従前から問題解決的な学習を通して「思考力・判断力・表現力等」の育成に取り組んできている。問題解決的な学習を通して家庭科で育みたい力は何なのか、今一度よく考えて指導計画をたてたい。

3．学習意欲を高める評価

　本節では、深い学びが実現できたか、またその評価は学習意欲を高める評価になっているかなど評価の在り方を論じるにあたり、まずは、学習評価の基本的な考え方と評価方法について説明し、学習指導案の作成手順について述べる。

(1)　評価とは何か

　指導者が学習「評価」をする際には、学習によって子どもたちが得た知識や身につけた技術などが学習目標に達しているかどうか、評価形式を多様にして、複数のデータから子ども一人ひとりの発達をより良く評価・確認することが重要である。

　学習評価には、児童生徒の学習状況を検証し、結果の面から教育水準の維持向上を保障する機能がある。田中は、「評価とは、子どもを理解するための活動であり、子どもの健全な成長を望む教師から子どもへのメッセージである」と述べている[8]。学習評価が成績付けのためだけになったり、子どもの意欲を低下させたり、子どもの人格や人間性を否定するようなものになってはならないことを強調しておきたい。

　さらに「評価」は指導者の学習指導の改善にいかせるものでなければならない。

　評価は、①成績や指導の資料となる学習の評価、②教員自身の反省や授業改善のための評価、③成果として公に記録を残す教育の管理のための評価、④学習者の自己評価などの目的がある。特に④の評価については、評価そのものが学びになるような評価をデザインすることが重要になる。

　評価を家庭科の教育目標と目標を実現するための学習活動と一体化させるためには目標（ねらいやねがい）を明確にしなければならない。その目標を達成する際に、「達成目標」という１時間の授業の中で効果の出てくる目標（はっきりとした形で指導の成果が見られるもの）もあるが、何時間もの授業（題材）を通して少しずつ深め、伸ばしていくような目標もある。さらに長期的な視野で将来、いつどんな形で効果があらわれるかわからないが、学力の土台作りに欠かせない体験を与えていくようなねらいを持たせることもある。このような体験目標は、評価が極めて困難であるが、体験型の授業を重視する家庭科においては、このような目標を設定することも重要である。

　学習評価を考える際には、まず題材の学習「目標」を設定する。目標が設定されたあとに評価計画を位置づける。どのような学習活動をどのような順序で行なうのか、どの場面でどのような支援を行なうか、どの場面で何についてどのように評価するかを考える。この作業の中で、子どもたちの学習を支援するためのより効果的な方法を計画することができる。そして、実際の授業の中で評価を行なう。質問紙等による評価や作品・観察等による評価、研究課題や作文など書く技術や言語力にも関わる評価など、家庭科の評価の種類は多様である。具体的な評価の方法とタイミングについては次項で述べる。

　観点別学習状況の評価は、「基礎的・基本的な知識・技能」「知識・技能を活用して課題を解決するために必要な思考力・判断力・表現力等」「主体的に学習に取り組む態度」の学力の３要素を基に「知識・理解」「技能」「思考・判断・表現」「関心・意欲・態度」の４観点となっていたが、学力の３要素に沿って「知識・技能」「思考・判断・表現」「主体的に学習に取り組む態度」に整理された（図 6-4）[9]。

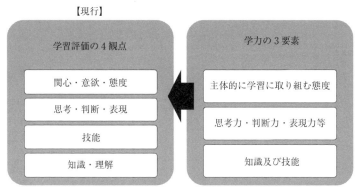

◎図 6-4　　学力の 3 つの要素と評価の観点

　また図 6-5 に示すように、指導と評価の一体化をめざし、学習評価を通じて、学習指導の在り方を見直すこと（PDCA サイクルの中に評価を組み込む）や個に応じた指導の充実を図ること、学校における教育活動を組織として改善することなどが重要である。

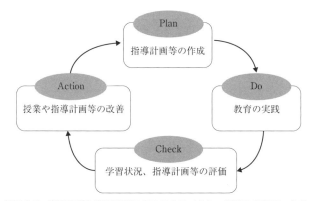

◎図 6-5　学習指導と学習評価のＰＤＣＡサイクル－指導と評価の一体化－

　評価キジュンには 2 通りある。「何を評価するか」という質的な評価目標が評価規準（ノリジュン）、量的あるいは尺度的な判定が評価基準（モトジュン）である。題材ごとにどの活動場面でどのような評価方法を使って評価するのか、具体的な評価項目や内容を明確にした「評価規準表」を作成するのがよ

い。

　評価することによって学習意欲を喚起するための留意点として、田中は次のことを指摘している[10]。

①　「学習目標が達成できたかどうか」を自己評価できるように、評価規準を具体的でわかりやすいものにする。

②　習得した知識や技能よりも、知識や技能を生活の中でどのように活用しようとしているかを評価する。

③　学習への取り組みの状況やどのように創意工夫をしようとしているかを評価する。

④　一人ひとりの長所を認め、学習によってその良さがどのように成長したかを評価する。

(2)　評価の方法

　評価には、客観性、厳密性が求められる。つまり教育現場で行なわれる学習評価には、教育そのものの有効適正化に役立つ「教育性」が必要であるといえる。児童生徒の学習意欲を高めるために、どの場面で何についてどのように評価すればよいのだろうか。

　以下、評価の内容と方法について①学習指導過程の順と②「関心・意欲・態度」の評価に焦点を当てて述べておきたい。

①　学習指導過程の順からみた評価

　診断的評価とは、学習の前に行なう、学習者の状況を把握するための評価である。学習レディネスの確認にもなり、診断的評価を行なうことで学習者にあった学習目標を立てることができる。関心や生活経験などを問うことが多い。

　次に形成的評価とは、教育活動の途上でその活動成果を把握し、どの程度教育目標が達成できているかを知るために行なう評価である。評価の中核になる。その結果によっては、補充学習や深化学習を行なう。最後に、学習の成果を総合的・全体的に把握するために行なう評価を総括的評価という。授業者はこの評価によって、授業設計の良否が判断できる。学習者は自分の学力を総合的に判断する資料となり、苦手なところを補い、長所を伸ばす動機となる。

　授業の流れと評価のタイミング及び評価内容を示したのが図6-6である。

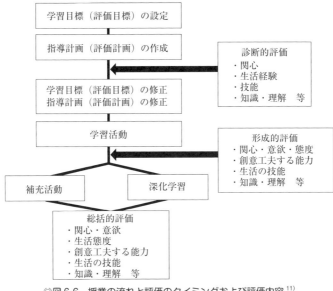

◎図6-6　授業の流れと評価のタイミングおよび評価内容[11]
「図2－3　評価計画を組み入れた学習指導計画」を参照して筆者作成

② 「関心・意欲・態度」の評価

　「関心・意欲・態度」や「主体的に学習に取り組む態度」は、数値化しづらい。何をどのように評価すればよいのだろうか。「関心・意欲・態度」を追求しないと「知識・理解」や「技能」をいくら身につけてもそれらを使いこなすことは難しい。

　この「関心・意欲・態度」の観点は、生活を見つめなおし、課題を見つけ、生活の充実・向上・改善を図るために知識・技能を活用して「家庭生活をよりよくしようと自分なりに工夫しようとしているか」「課題解決のためにどのように取り組んだか」などを評価することになる。

　ペーパーテストで生活を創意工夫する能力を評価するためには、問題の作成の際に工夫が求められる。問題場面テストでは、授業で触れていない問題場面を提示し、文章や絵で解答を求める。問題を正確に読み取れるかという文章読解力で成績に差がでることもあるので注意が必要となる。

　ペーパーテストでは評価しにくい子どもの学習意欲や文章表現力等を評価す

るために開発された評価方法として、ポートフォリオ評価がある。ポートフォリオとは、本来、紙バサミを意味している。ポートフォリオ（ファイル）に収められた資料に基づき学習者の成長のプロセスを評価する。クリアポケットファイルやスクラップブックに学習記録全般を収集して子どもの活動や学習過程を評価する。子どもは自らの学習成果を振り返ることができ、教師は子どもが課題を追求しているか、日常生活で実践しようとしているか、などを判断することができる。

　一方、パフォーマンス評価とは、ある特定の文脈のもとでさまざまな知識・技能などを用いながら行なわれる学習者自身の作品や実演（パフォーマンス）を直接的に評価する評価方法である。ある状況を設定し、その中で行なわれる学習活動を直接的に評価する。より現実的で真実味のある場面を設定してそこで生み出される学習者の振る舞いを手掛かりに知識・技能の総合的な活用力を評価する。

　アクティブ・ラーニングの導入で注目されている「パフォーマンス課題」とは、さまざまな知識やスキルを総合して使いこなすことを求めるような複雑な課題である。目標とする子どもの姿を明確にし、その目標が達成できているか、課題を追究しているか、日常生活において実践しようとしているか、などを確認するための評価方法を決定する。その評価指標となるものを「ルーブリック」といい、ルーブリックは、学習活動の達成度を評価するために、評定尺度とその内容を記述する指標から成り立つ。どのような力をどの場面で評価するのかをあらかじめ定め、どの程度できれば目標に達成したとみなすのか、その到達レベルを設定する。ルーブリックは学習者と共有することが大切である。

　評価基準表はそれぞれのレベルに対応するパフォーマンスの特徴を示した記述語（評価基準）からなる。

項目　　尺度	Ⅳ	Ⅲ	Ⅱ	Ⅰ
項目	‥できる ‥している	‥できる ‥している	‥できる ‥している	‥できない ‥していない

　以下は、衣生活に関するパフォーマンス課題と家庭科の授業開きポートフォ

リオ型ワークシートの一例である。

■パフォーマンス課題

　洗濯の仕方について、洗濯には、洗濯物の状態や汚れの点検、洗う、すすぐ、絞る、干す等の手順があり、それぞれの作業の必要性がわかり、適切にできるようにする。

　　⇒この能力を育むためのパフォーマンス課題を考えてみよう。

> 　11月24日から30日まで、自分の着た服、1週間分を自分で洗濯することになりました。あなたは、何をどんな方法で洗濯するか、計画を立て実際に洗濯してみよう。

　上記は靴下や体育着、給食のエプロン、三角巾等の手洗いを通して、水だけの場合と道具を使った場合の汚れの落ち方、乾きやすい干し方等について比較検討し、結果を発表するという学習の後に行なう「自分の着た服をどのように洗濯、管理するのか考えさせる」パフォーマンス課題である。

　学習者がどのように洗濯、管理したか、知識・技能の総合的な活用力を評価する。

ルーブリック

尺度 項目	Ⅳ	Ⅲ	Ⅱ	Ⅰ
自分の着た服の洗濯・管理	適切な方法で計画を立て実践している	方法の検討結果を述べ、実践している	自分なりの考えで実践している	実践していない

■1枚ポートフォリオ評価（OPPA）

　OPPAとは、一枚の紙に振り返りをまとめていく方法で、まず学習前の知識や興味を書く（診断的評価）。次に各授業の終わりに学んだことを書く（形成的評価）。最後に学習内容を踏まえた記述や感想を書く（総括的評価）。一枚の紙に学習過程やリフレクションを「見える化」し、学びの履歴を残していくことができる。

　OPPAは、One Page Portfolio Assessmentの略で堀哲夫氏が2002年に開発

した、学習者が一枚のシートの中に学習前・中・後の学習履歴として記録し、それを自己評価させる方法をいう[12]。OPPシートは、「題材タイトル」「学習を貫く本質的な問い」「学習履歴」「自己評価」の4つの要素から構成されている。

　以下は、筆者が考案した5年生最初の題材（授業）で活用できるワークシートである。このワークシートに続けて、OPPAで家庭科学習を進めていくこともできよう。

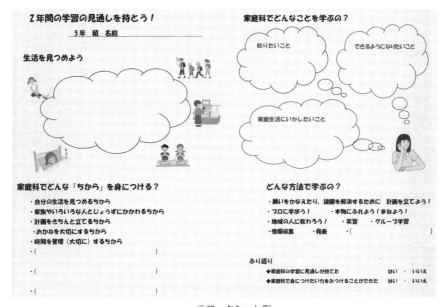

◎ワークシート例

　「何を知っているか」から、「何ができるか」へ評価基準の改善が示され、ポートフォリオ評価やパフォーマンス評価が注目されている。成績評価のための学習にならないよう、学習者の学習意欲が高まる学習計画をしっかりと立て、学習に活かせる評価（評価と学びの往還）を意識したい。

（3）　学習指導案の作成手順
　次に学習指導案の作成手順と方法について述べる。

　まず、授業を行なう際には、学習目標を明確にする必要がある。その目標を達成するために教材や指導方法を考えることになる。学習指導案とは、1単位時間（小学校は45分、中・高等学校は50分が多い）の授業展開を示した計画案である。学習指導案とは、授業設計を行ない、授業を振り返るための大切な資料であるが、授業を参観する人への説明文ということもできる。授業のねらいやこの授業の前後はどのような授業が計画されているのか、など参観者が授業の背景を知る手掛かりとなる。

　学習指導案の形式は一定ではないが、一般的に学習指導案にかかれている項目は、以下の通りである。

1）　学習指導案の項目

　1．指導日時　指導場所

　2．指導学級

　3．題材名（単元名や主題名とすることもある）

　4．題材設定の理由

　　　　児童観、指導観、教材観等に分けて記述することもある。

　　　　簡潔に記述する。

　5．学習目標

　　　　学習者を主語に記述する（〜できる、〜理解する）。

　　　　3つの評価の観点を含むような目標を設定することが望ましい。

　　　　単元の評価基準を示す場合もある。

　6．指導計画（計○時間・全○時間）

　　　　題材全体の指導計画を示す　本時はどの時間か明示する

　7．本時の学習指導

　　（1）本時の題材名

　　（2）本時の目標

　　　　省略されることもあるが、本時の目標を1〜2つ記述する。

　　（3）本時の展開（指導過程または展開過程）

　　　　　時系列に学習する内容を書く。指導時間、学習内容と、指導上の留意点（教師の行う意図的な行動）、評価について明記されているものが多いが、教師の発問等を書く場合もある。指導上

　　　　の留意点は、どのようなねらいでどのような指導を行なうのか、
　　　　そのポイントを記述する。
　8.その他
　　　　板書計画　準備物　配布資料　ワークシート　座席図　など

◎学習指導案例

第 5 学年　家庭科　学習指導案
実習生（指導者）　　○○○○　印

1．日　　時　　平成○年 4 月 15 日（月）2 校時（9：35 ～ 10：20）
2．場　　所　　家庭科室
3．学年・組　　5 年 1 組（男子 15 名女子 19 名　計 34 名）
4．題材名　　　家庭科の 2 年間の学習を見通そう
5．題材設定の理由
6．学習目標
7．指導計画（全 4 時間）本時 1 ／ 4
　　　　　　第一次（1）　家庭科で何を学ぶ？（本時）
　　　　　　第二次（3）
8．本時の学習指導
（1）目標
（2）本時の展開

	学習活動（指導形態）	指導上の留意点・支援　　評価
導入（○分） みつめる・つかむ	めあては、本時の目標を達成するための学習課題を児童・生徒向けの言葉で提示する	
展開（○分） 追求する・生かす		
まとめ（○分） ふりかえる		

9．板書計画や準備物など

２）学習指導案作成の留意点

　授業は、時間の流れに沿って大きく「導入」「展開」「まとめ」の３つに分かれる。この時間の流れの順で授業展開を考えると、内容を盛り込みすぎて、時間内にまとめにたどり着かないことがある。

　指導案を作成する際には、この授業の主題は何か、まず授業後の子どもの姿（学び）を想定する。授業のまとめの子どもの学びを考えて、その学びを引き出すめあてを考える。授業のめあてが明確になったところで展開を、次に展開につながる導入を考えるという授業の流れとは逆順に考えると、ねらいが明確な授業（子ども達にもねらいが伝わりやすい授業）に近づく。

　教育実習の研究授業等では、時間配分の失敗から、まとめに入る前にチャイムが鳴ることもある。本来、指導案を作成する際に、子どもの反応や発表、作業の時間を予想し、必要な時間を確保することが大切であるが、実習生の場合は子どもの活動時間や発言を事前に予測することは特に難しく、指導案どおりに進行できない場合もある。

　実際の授業では、「展開」の一部を変更すること等、臨機応変に対応することも求められる。いずれにしても「まとめ」の時間は必ず確保できるようにしたい。

　指導案を作成する際には、子どもが考えを整理したり、まとめたりするプリントが準備されているか、評価はどの「タイミング」で「何」で行なうのか、教材教具の内容と提示のタイミングは適切か、目標を達成して時間を持て余している子どもや、逆に目標が達成できていない子どもへの手立てをどのようにするのか等も考えておきたい。特別な教育的支援を必要とする児童生徒への配慮事項も指導上の留意点に記入するとよい。また、学習指導案を作成する段階で、教材や教具を記述しておくことで、計画的に準備をしたり、授業当日に必要なものを確実にそろえたりすることができる。さらに、黒板などを効果的に使用するために板書計画を立てておくことも有効である。

４．家庭科のアクティブ・ラーニング

　アクティブ・ラーニングとは、一般的に教え込みではなく、「課題の発見・

解決に向けて主体的・協働的に学ぶ」学習方法である。家庭科では、これまでにも問題解決型学習など、授業に主体的・協働的な学習方法を取り込んできている[13]。

『論点整理』（2015）では、アクティブ・ラーニングについて以下のように記述されている[14]。

「・・・このように次期改訂が目指す育成すべき資質・能力を育むためには、学びの量とともに、質や深まりが重要であり、子供たちが「どのように学ぶか」についても光を当てる必要があるとの認識のもと、「課題の発見・解決に向けた主体的・協働的な学び（いわゆる「アクティブ・ラーニング」）について、これまでの議論等も踏まえつつ検討を重ねてきた。・・・」

ここで、よく例に出されるラーニングピラミッド（アメリカ国立訓練研究所の「平均学習定着率調査」による記憶の残り方）[15] を参照して、どのように学ぶかという「方法」による学習定着率の違いを図6-7にまとめた。

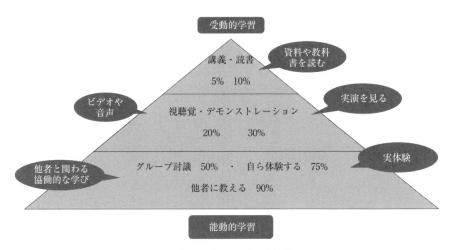

◎図6-7　学習方法による学習定着率の違い

図に示すとおり、ピラミッドの下の学習方法ほど、能動的な学習といわれている。従来から行なわれている資料や教科書を用いた講義型授業は、受動的な学習とされ、10％ほどしか定着しない。視聴覚教材の活用、実演などの学習でも30％の定着率である。

　人に教えたり、自ら実践したり、議論する等能動的な活動を授業に取り入れると学習定着率が高いことを示している。グループ討論や、他者に教えたりすることは協働的な学びでもある。今回の改訂では、この主体的・協働的な学びを授業に組み込むことが求められている。家庭科ではどのようなアクティブ・ラーニングが展開できるのか、以下にその例を挙げておく。

---

① 調理実習　実習を通してどんな力を育成するかを明確にしてペア学習（教えあう、評価しあう）などの工夫で学習定着率の高い学びになる。また、実習後にグループで振り返りを行うことで、次の実習にいかせる学びにつなげたい。

② 実験・調査　調理実習以外にも実験や調査、観察等子ども達が手を動かしたり身体を動かしたりして課題に取り組みながら解決していく学習を多く取り入れる。単に実験・調査をするだけでなく、学習のめあてを明確にし、その実験や調査の本質を理解しながら取り組むことが大切である。
例：音・明るさ・温度調べなどは、防音の大切さや適切な明るさを知ることの意義を知らせたい。

③ 製作実習　実物の見本づくりや失敗例、段階見本等の準備が必要である。やりかたを教えるだけでなく、子ども達が考え、納得しながら実習を進めることが大切である。成績評価のために製作し、実習が終われば作品を廃棄するようなことにならないよう、愛着をもって自らの生活で活用できるもの、または誰かのために思いをこめて自ら考えながら製作できるような作品作りに取り組ませたい。

④ その他　ゲームやすごろく、カルタ、ダイヤモンドランキング、オークション、フォトランゲージ等多様な学びがある。

　家庭科でアクティブ・ラーニング授業を計画する際には、学習者の以下の個人差等を意識しながら授業計画を立て、個に応じた授業の充実を図りたい。

> ●子どもの生活背景や状況の違いを充分に理解し、一人ひとりの子どもの生
> 活実態を把握し、さまざまな「個人差」に寄り添う努力をする（ばらつきの
> ある能力をそれぞれに伸ばすことのできる授業）
> 《進度の差をどのように解消するかを常に意識する》
> ●広い視野で生活を捉え、学習者が「自分」の大事にしたい価値を優先した生
> 活を自ら創意工夫し実践できることを重視する（個人差を意識した授業）

　家庭科のさまざまな学習場面で、アクティブ・ラーニングが可能である。

　アクティブ・ラーニングは、社会の中で子ども達が主体的に行動したり、考えたりする力を育むだけでなく、学習の過程で傾聴し、他者の考えを受容し、他者を尊重する姿勢を身につけることができる。学習定着率の向上だけでなく、学習過程も大切にし、これらの資質や能力を育みたい。

5．他の教科・総合的な学習の時間・道徳・食育などとの連携

　家庭科で扱う学習内容は、教科横断的なものが多く、他の教科との関連を意識しながら授業をデザインする必要がある。そこで他の教科や総合的な学習の時間、道徳、食育などとの関連についても触れておきたい。

　小学校学習指導要領の第1章総則第1の2において、「学校における道徳教育は、特別の教科である道徳（以下「道徳科」という）を要として学校の教育活動全体を通じて行なうものであり、道徳科はもとより、各教科、外国語活動、総合的な学習の時間および特別活動のそれぞれの特質に応じて、児童の発達段階を考慮して、適切な指導を行なわなければならない」と規定されている[16]。例えば、生命を尊重し、家族の一員として家族関係をより良くする方法を考える家庭科の学習は、「家族愛、家庭生活の充実」の「父母、祖父母を敬愛し、家族の幸せを求めて、進んで役に立つことをすること」や「生命の尊さ」の「生命が多くの生命のつながりの中にあるかけがえのないものであることを理解し、生命を尊重すること」という道徳科の内容項目と関連している。

　同様に第1章総則第1の3では、「・・・学校における食育の推進並びに体

力の向上に関する指導、安全に関する指導及び健康の保持増進に関する指導については、体育科の時間はもとより、家庭科、特別活動などにおいてもそれぞれの特質に応じて適切に行なうよう努めることとする。またそれらの指導を通して、家庭や地域社会との連携を図りながら、日常生活において適切な体育・健康に関する実践を促し、生涯を通じて健康・安全で活力ある生活を送るための基礎が培われるよう配慮しなければならない」と教育課程編成の方針が示されている[17]。つまり、総則に「食育」という言葉が入り、それを担う教科として「家庭科」が明示されているのである。

　さらに現行学習指導要領のA～D領域の学習内容が他教科とどのように関連しているか、図6-8にまとめた。言語活動や算数的活動を通して日常生活の課題解決に向けての調べ学習や発表の際に必要な力が育成できる。A～Dの全ての領域に関連するものは中央に配置している。

　A「家庭生活と家族」については、道徳や1,2年の生活、3,4年の社会、体育（保健）と関連し、B「日常の食事と調理の基礎」については、2年の算数、3,4年の体育（保健）、4,5年の理科や5年の社会と関連している。「食に関する指導」もAとBの領域にまたがって関連している。C「快適な衣服と住まい」については、1,2年の生活、3,4年の体育（保健）、4,5年の理科と関連し、D「身近な消費生活と環境」については、1,2年と5,6年の道徳と、3,4,5年の社会に関連している。

　これら以外にも運動会や臨海・林間学校、遠足などの学校行事と家庭科の授業、学習内容を連携させることもできる。給食や清掃の時間も家庭科と関連させることができる。子どもたちの学びが深まるような時間配分、学習のタイミングなどにも配慮することが大切である。

　中・高等学校の家庭科の学習についても同様に「健康教育」や「安全教育」、「市民教育」、「環境教育」、「消費者教育」、「人権教育」等教科横断的に学校教育全体に求められている教育内容と深いかかわりを持っている。

　例えば、高等学校学習指導要領第2章普通教育に関する各教科　第9節家庭　第3款各科目にわたる指導計画の作成と内容の取り扱いにおいても、1（4）「中学校技術・家庭科、公民科及び保健体育科などとの関連を図るとともに、教科の目標に即した調和の取れた指導が行なわれるよう留意すること」が示さ

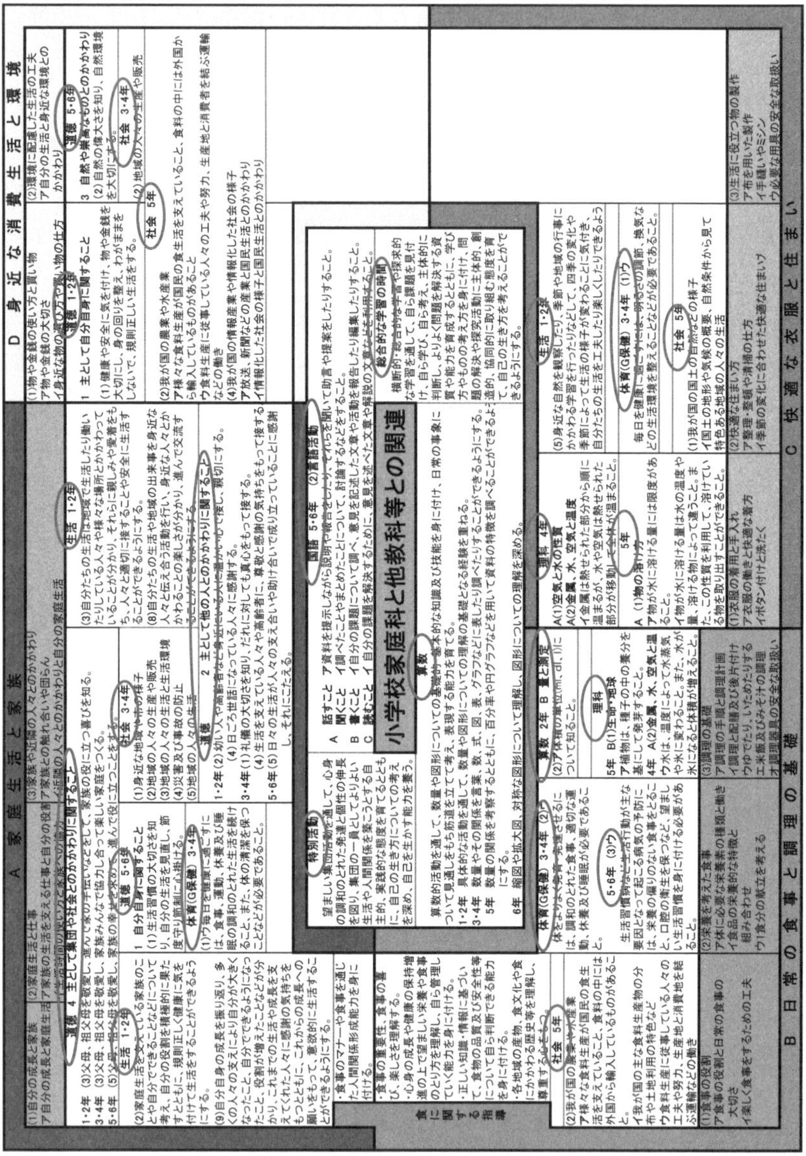

A 家庭生活と家族
B 日常の食事と調理の基礎
C 快適な衣服と住まい
D 身近な消費生活と環境

小学校家庭科と他教科等との関連

国語 5・6年
社会 5年
算数 2年 4年
理科 4年 5年
体育（保健）3・4年 5年
総合的な学習の時間
特別活動

◎図 6-8 小学校家庭科と他教科等との関連

れている¹⁸⁾。

　中央教育審議会・家庭ワーキングにおける審議の取りまとめでは、関連する教科・科目等との連携についての配慮事項として以下のことが求められている¹⁹⁾。

・他教科等で行なう実践的・体験的な学習とどのように関連を図ることができるのか、指導の時期等について検討する必要がある。
・食育の推進については、小学校においては、低学年・中学年における生活科や体育科、特別活動や道徳、総合的な学習の時間等における学習や、高学年の他教科等の学習を踏まえ、それぞれの特質に応じた連携の在り方について検討する必要がある。また、中学校においては、小学校における学習を踏まえ、他教科等との連携を図る必要がある。また給食の時間における食に関する指導と関連を図る必要がある。
・消費生活、環境、伝統文化、防災等、教科横断的に取り上げられる教育に関して、特別活動、総合的な学習の時間等、関係する教科等とそれぞれの特質に応じた連携の在り方について検討する必要がある。なお、校外でも学習活動における児童生徒および乳幼児・高齢者等の安全を確保するための指導体制の充実についても検討する必要がある。

　以上のことから、家庭科は「生きる力」を育てることに直結し、学校教育の中で生きる力を育てる中核を担う教科であるということもできる。教科横断的に取り上げられる消費者教育や環境教育、防災教育に関しても他の教科等との連携を図り、充実させることが求められている。

　また、家庭科の授業を行なう際には、教科のみならず、教科以外の学校教育全体の教育活動（運動会、修学旅行、林間学校などの行事も含む）とも連携させながら、生涯を通じて健康・安全で活力ある生活を送るための基礎を培い子どもたちの豊かな人間性を育んでいきたい。

6. 授業デザイン力を磨く

　本章では、家庭科の授業づくりについて、「主体的・対話的な学び」や課題

解決型学習に焦点をあてて、指導方法の工夫を述べてきた。カリキュラムマネジメントのヒントになる他教科等との連携についても触れた。意欲を高める評価を組み込み、子ども達に求められる資質・能力を育む授業をつくるためには、子ども達の関心に沿う生活課題を授業の題材に扱う教員のセンスや授業デザイン力が問われる。

エントウィスルは、学習の深さとして「意味を追求すること（概念を自分で理解すること）」を挙げ、概念を既有の知識や経験に関連づける、共通するパターンや根底にある原理を探す、必要なら暗記学習を用いる、ことなどによって、その結果「自分の理解のレベルを認識する」「学習内容により積極的な関心を持つようになる」ことが深いアプローチであると述べている[20]。

本節では、子どもたちの経験を授業につなげ、子どもたちが上記のような深い学びを獲得した事例を紹介し、まとめとしたい。

2018年は6月18日の大阪北部地震をはじめ、9月6日に発生した北海道胆振東部地震、全国各地に大きな被害をもたらした台風21号や集中豪雨による大水害、土砂災害、猛暑等多くの自然災害が発生した。このような災害を体験した子どもたちの解決すべき課題を「災害に備える」とし、大地震や台風等の自然災害が起こった際に、自分や自分の家族と助け合い、協力して生活するための「わが家の防災グッズ・防災対策」について考える授業が大阪府公立小学校家庭科教育研究会（北河内大会）で公開された。「わが家にズームイン！（防災編）〜家庭防災会議で話し合おう！わが家の防災対策〜」である[21]。

本題材では、学校での学習に加え、家庭での実践として「家庭防災会議」（家族が共に防災について考える機会）を設定。災害時に何に困ったか、災害後に家族がどのような対策をとったか、などの具体を整理し、子どもたちが自分の考えだけでなく、家族の一員として自分の家の防災について振り返り、家族と一緒に防災対策について考えることがねらいとなっている。

自分の家族のための「わが家の防災リスト」を作成し、常に目につくところに貼り、防災意識を高めておくこともねらいとしている。自分の考えや思いを家族に伝え、保護者の協力を得て学習を進めることでA「家族・家庭生活」の授業として位置付けた。本授業は、災害を体験し不安を抱える子どもたちに自分の身を守る力（日常の生活におけるリスク管理）を身につけてほしいとい

う授業者の願いの下に構想された。

「日常生活の中から問題を見出し、よりよい生活を考え、計画を立てて実践できる力」が身についたのではないかと思われる。

児童生徒の関心に沿う生活課題をすばやく題材として授業に取り込むセンスや授業デザイン力は家庭科の授業づくりに重要な意味を持つ。授業デザイン力が発揮された「主体的・対話的で深い学び」や課題解決型学習を柱とする家庭科の授業実践が広がっていくことを期待したい。

【引用文献】

1）文部科学省　中央教育審議会教育課程企画特別部会「論点整理」（2015）p 20
2）文部科学省　中央教育審議会　家庭ワーキング取りまとめ（2016）
　　http://www.mext.go.jp/b_menu/shingi/chukyo/chukyo3/065/sonota/__icsFiles/afieldfile/2016/09/12/1377053_01.pdf
3）朝日新聞朝刊　2018年2月20日　「折々のことば」鷲田清一
4）暉峻淑子（2017）『対話する社会へ』岩波新書　p121
5）多田孝志（2009）『共に創る対話力　グローバル時代の対話的指導の考え方と方法』教育出版　p72
6）ジョン・デューイ（1910）『われわれはいかに考えるか』
7）文部科学省（2018）小学校学習指導要領
8）加地芳子・大塚眞理子（2011）『初等家庭科教育法』ミネルヴァ書房
9）文部科学省（2016）学習評価に関する資料　総則・評価特別部会資料6－2 http://www.mext.go.jp/b_menu/shingi/chukyo/chukyo3/061/siryo/__icsFiles/afieldfile/2016/02/01/1366444_6_2.pdf
10）加地芳子・大塚眞理子（2011）『初等家庭科教育法』ミネルヴァ書房　p47
11）同上
12）堀哲夫（2013）『教育評価の本質を問う　OPPA 一枚ポートフォリオ』東洋館出版社
13）勝田映子（2016）『スペシャリスト直伝！小学校家庭科授業成功の極意』明治図書
14）中央教育審議会教育課程企画特別部会「論点整理」（2015）
15）エドガー・デール「学習指導における聴視覚的方法」（1946）
16）文部科学省（2018）小学校学習指導要領
17）同上
18）文部科学省（2018）高等学校学習指導要領　第2章第9節家庭
19）文部科学省（2016）中央教育審議会　家庭ワーキング取りまとめ
　　http://www.mext.go.jp/b_menu/shingi/chukyo/chukyo3/065/sonota/__icsFiles/afieldfile/2016/09/12/1377053_01.pdf
20）松下佳代（2015）『ディープ・アクティブラーニング』勁草書房　p12
21）家庭科のあゆみ　№50（2019）pp.6-20　大阪府公立小学校家庭科教育研究会

コラム2　家庭科で多様性や柔軟性を育む────────

　変化の時代に求められる資質は、『タフであると同時に柔軟である』こと。『タフ』とは、自分を見失わず、少々のことがあってもなんとか生き延びていけるということであり、『柔軟』とは対応力であり、こだわり過ぎないことや切り替える勇気を必要とする、と南野忠晴氏は述べています。

　さらに子どもたちの多様な生活背景から生まれる多様な感性や個々人の多様な考え方を教室という空間で肯定的に共有できれば、各自の中の選択肢は確実に増える、それは個人の柔軟性を鍛えると共に、社会が多様であることを肯定的にとらえる力ともなる、とこれからのグローバルな多文化共生時代に不可欠な「多様性」を受け入れる力や「柔軟性」を家庭科でこそ育むことができると強調されています。

　南野氏は、英語教員から家庭科教員に転身し、一躍注目を浴びました。定年を待たずに三重の田舎に移住し、昭和17年築の古民家でカフェを経営するなど、固定的な枠組みに縛られることなく、自分らしく生きることの豊かさを体現されています。教え子に伝えたかった多様性や柔軟性の具体をご自身の生活実践を通して発信されているかのようにみえます。また人や地域とどのようにつながって生活を創っていくのか、心身ともに癒される空間をどのように創れるのか、新しい生活空間、新しい地域で試されているようにも思えます。

古民家2階のギャラリー　　　手作りのレモンケーキ　　　カフェでコーヒーを入れる南野氏

　学び、教えるだけでなく、社会とのつながり方、人とのつながり方、物とのつながり方を発信することができる、これも家庭科ならではの魅力かもしれませんね。
　家庭科教員自身の生活実践、生活との向き合い方は、一つの教材になります。あなたは、自らの生活実践を通して、子どもたちにどんなことを伝えたいですか？そして、これからの時代を生きる子どもたちにどのような力を育みたいですか？

7章　問題解決型の授業実践

章のねらい

> 　家庭科では、従来から問題解決型の学習が重視されてきた。本章では、問題解決型の授業実践3例を紹介する。事例1は、消費者教育における批判的リテラシーの育成、事例2は思考ツールの活用、事例3は実践とのつながりを重視した金銭教育の試みである。獲得した知識・技術をいかに活用して実践力を発揮できる場を設定するのか。問題解決型の授業展開の鍵は、ここにある。

1.　事例のコンセプト

　事例1は、大阪教育大学附属平野小学校における問題解決型の学びである。消費者教育で重視される批判的リテラシーに焦点を当てている。問題解決のプロセスを丁寧におさえ、問題への着目から課題を特定し、解決方法を検討して実践し、振り返る流れを組み込んだものである。児童にとって身近な【ピザの宅配】で起こったトラブルについて、協働的な学びを通して考えていくことで、「自分事」として学習内容を内面化した。

　事例2は、公立中学校における実践である。問題解決型の授業を展開するうえで、複数の「思考ツール」を活用している。「思考ツール」は、問題解決のプロセスで、「何が問題なのか」問題に気づき、「解決すべき課題は何なのか」課題を特定する段階で生徒の思考を可視化する際、効果的に作用している。「思考ツール」によって、思考の流れを明確にすることが深い学びに結びつく可能性が示唆された実践である。

　事例3は、大阪教育大学附属平野中学校における領域・人・実生活における実践とのつながりを重視した「金銭教育」の試みである。消費生活アドバイザーをゲスト講師として迎え、大学教員とともに協働的な授業を実施した。レディネス調査を踏まえて生徒の実態を把握し、モデル家族が抱える経済的課題

の解決に向けてジグソー学習を展開した。

　いずれの事例も学習指導要領の改訂を踏まえ、これまで以上に重視されている「C 消費生活・環境」をテーマにした、意欲的な実践である。

　なお、問題解決型の学習を展開するうえでのポイントは、以下のように整理できる。

（1）問題への気づき：問題への気づかせ方は、多様である。新聞記事やインターネット情報から社会的な問題に接近させたり、他教科等の学習との関連から、既に問題があることを踏まえたりしてスタートすることもあるだろう。具体的なデータや写真の提示や動画の視聴は、問題状況を自分ごとにするのに役立つ。

（2）現状の把握と状況の分析：気づいた問題をどう解釈するかは、その後の学習の展開に大きく影響する。さらに情報を集めて現状を把握し、何が起きているのか状況を整理・分析することで、どこにどのような問題があるのか、問題の特定につなげる。ポイントは、多様な情報を多角的に収集すること、その情報の信頼性についてクリティカルに評価することである。そのためには、協働的な学びが不可欠となる。

（3）解決方法の選択と決定：解決すべき問題が特定されたら、合理的な解決方法を選択し、吟味して意思決定する。その際、メリット・デメリットを検討した結果を一覧表に整理したり、思考ツールを活用したりすることで、比較しやすくなる。条件設定や環境によって、どのような解決方法の選択が合理的なのかは異なっている。その時の状況で優先順位が変化することを前提に、臨機応変に対応させたい。

（4）振り返りと評価：主体的・対話的で深い学びを実現するためには、振り返りが最も重要であるといっても過言ではない。問題解決型の学習では、意思決定後の実践も有意義であるが、結果を振り返り、次の問題解決に向けて評価する時間の保障が不可欠である。そうした場面を、いかに意識的に設定するかが鍵となる。

2．実践紹介

(1) 小学校消費者教育における問題解決学習
～自分事と捉えられる題材設定を通して～

大阪教育大学附属平野小学校　南　千里

①題材構想における視点

　経済産業省が 2017 年 4 月に発表した「平成 29 年度我が国におけるデータ駆動型社会に係る基盤整備（電子商取引に関する市場調査）」[1] によると、日本国内の消費者向け EC 市場は 16 兆 5054 億円に拡大し、前年に比べると 9.1％増加している。また、経年推移をたどっても過去 7 年、増加傾向にあり、今後も増え続けると思われる。

　購買形態の変化に代表されるように、現代の消費生活は複雑さを増し、さまざまな手口で消費者をだます悪徳商法や携帯電話等の使用トラブル、ネット販売でのトラブルなどが後を絶たない。そのような現状の中で、これからの消費社会を担う児童は、消費問題に関する基本的な知識を習得し、消費者として主体的に行動できるようになることが不可欠となる。そこで、児童に身近な例を用いて問題を解決していく場を設定していきたいと考えた。児童にとって消費者問題は遠い事柄ではなく、明日巻き込まれてもおかしくない事柄であり、今の自分の知識だけで解決できるのか、防ぐことができるのかという当事者としての問題意識をもってもらいたいと思う。児童一人ひとりが、責任ある消費者として、主体的に考え判断できる力を養っていければと考え、この題材を設定した。

1）児童の実態

　児童は、これまで「修学旅行に持っていくおかしを選ぼう」という題材の中で、商品を選ぶ条件を整理したり、「お小遣いが必要かどうか話し合おう」「修学旅行のお小遣いの計画を立てよう」という題材の中では、金銭の重要性を話し合ったり、実際に使う活動を通して、必要な知識を身につけてきた。しかし、

トラブルを回避するという学習は経験がなく、「いざとなったらお父さんやお母さんに頼ればいい」「警察に行けばなんとかなる」と安易に人任せにしようという考えを持つ児童が多い。また、自身が巻き込まれた経験がないので「トラブルに巻き込まれるのは、油断していた一部の人だけ」「自分たちには関係のないこと」と考える児童も少なからず存在する。

2）豊かな消費者となるために〜批判的思考力を培う問題解決学習〜

　批判的思考力を培う授業実践は家庭科だけでなく、社会科や総合的な学習の時間などさまざまな学習活動の中で行なわれている。批判的思考力を培うために有効な手立てとして、問題解決学習が考えられる。荒井氏は批判的思考力を培うためには以下のようなプロセスが必要であると述べている（図7-1）。

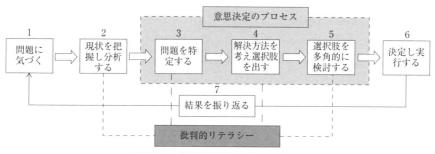

◎図7-1　批判的思考力を培うプロセス

　これを小学校の授業の中で実践する学びのプロセスに置き換えると 問題への着目 ➡ 課題の特定 ➡ 解決方法の検討 ➡ 活動 ➡ ふりかえり となる。これにさらにふりかえったことをもう一度家庭や学校で行なえる課題を設定することで、さらに学びが深まり、批判的思考力が高まるのではと考える。これを「生活に生きる活動」として題材の終末や長期休業期間に設定することとした。

　このプロセスは、まず「何が問題なのか。」「なぜそれが問題なのか。」を子ども自身が考え、「課題」を持つ。次に「現状はどうなっているか」「その課題の背景や原因は何か」「解決や改善の方法はあるのか」「方法の中でどれを選んだらいいのか」等を考え、自分なりの最適解を選択し、やってみる。その後、そこまでの自分の学びをふりかえることにより、選択した解決方法や活動が、

自分の現実の社会や家族との生活に本当に適したものかあらためて検討する。そして、最後にこのふりかえりを生かして家族や自分の生活に活きる活動を行なう。そこで、新たに生まれた疑問を次の学習に向かう原動力とする。最終的には、どのような問題に直面した時でも、このサイクルを自律的に形成し、課題を解決しようする姿をめざしたい。

　また、このサイクルを効果的にはたらかせ、思考を深めるためには、友だちとの意見や考えの交流が不可欠である。同じ題材であっても「健康・安全」という見方から捉えるのか「消費」という見方から捉えるのかによって課題が変わってくる。友だちと意見を交わす中で、多様な考えに触れ、思考を深めていってもらいたいと考えている。クラス全体で、グループで、あるいは、家族やゲストティーチャーと学び合える場を設定していく。

②実践

１）授業の概要

①題材名：未来を生きる○○な消費者になろう〜トラブルが起こってしまったら〜

②題材について

　児童に「これまでどんなトラブルに巻き込まれたことがある？」「お家の人が困っていた経験は？」と問うとさまざまな問題が挙げられた。つきつめて話し合っていくと、「実物を見ることができなかった」ということが問題を引き起こしているようであった。そこで、３者間、４者間となってしまうネット販売ではなく、児童にとっては身近でネット販売に近い状況の問題がおこる「デリバリー販売」を題材として取り上げたいと思う。お寿司やピザ、どんぶりなどを家に注文した経験はどの児童も持っている。どの児童も想像することのできる状況を題材とすることで、「自分事」として消費問題を考えていくことができるのではないかと思う。

　消費者の立場は、そのまま自分の立場であり、児童にとっても考えやすい。しかし、販売者の立場となってはどうであろうか。昨年末には、「予約していたお客が連絡もなく、店を訪れなかった」という問題が相次いで起こり、社会問題となっていた。「良い消費者」というのはともすれば「お買い得にものが買える消費者」と思いがちである。しかし、真に「良い消費者」は販売者に

とっても、信頼できる消費者であり、そのような関係が築けることが今後の消費生活を続けるにあたっても非常に重要になるのではないかと思われる。そこで、この題材では、販売者としての課題も考えることとしたい。その中で、どちらにとっても「賢い消費生活」とは何かというところまで学習が深まることを期待したい。

③題材の目標

・自分の生活を振り返り、消費者トラブルついて関心をもって課題に取り組もうとしている。（学びに向かう力・人間性）

・課題を解決するために主体的に考え、工夫している。（思考力・判断力・表現力）

・課題を解決するための具体的な方法を考えることができる。（知識・技能）

・自立した消費者として、安全な消費生活を送るために必要な知識を理解している。（知識・技能）

時数	学習内容・子どもの意識の流れ	教師の働きかけ	評価基準	時数	学習内容・子どもの意識の流れ	教師の働きかけ	評価基準
買い物の経験をふりかえろう①	これまでの家庭科の学習をふりかえろう ・生活にかかわるこだね。 ・エコクッキングをしたね。 ・快適なくらし方や衣服の話もしたよ。 買い物の学習や実際の買い物も経験したよ。 買い物をして困ったことや失敗したことはないかな。 ・私もそう思ってたのどちがっていた。 ・別の日にいいたらもっと安かった。 ・商品を落としてしまった。 ・商品が壊れていた。	◎これまでの学習経験を想起できるような資料を提示する。	これまでの学びを生かして自分の経験をふりかえろうとしている。（学びに向かう力・人間性）	どんな消費者になりたいか考えよう。③	・どうしたら防げるのかな。 ・お店の人はどう思っているのかな。別の立場で考えてみよう。 もしトラブルに巻き込まれたら！？販売編 ・自分だったら「小さくても書いていたのに」と思うよ。 ・返金や返品が多いとお店がつぶれてしまうよ ・お客様には強くは言えないし、お店の人も困るんだろうな。 ・自分ならわかりやすく書くよ。 トラブルをうまく回避するにはトラブルにあった時に適切な対処ができる方法はないかな。 ・商品を手に取って見られない場合はどうしたらいいかな。 ・トラブルが続きたらまずは家の人や先生に相談するよ。警察に知らせないといけないこともあるね。 ・消費者センターというところもあるらしい。 ・お客様相談室を書いてあったり、お問い合わせ先が書かれているものもあるね。そこに電話をしてきてみてもいいね。 自分はこれからどんな消費者になりたいかな。 ○○に入る言葉を考えてみよう。 ・賢く買い物できる消費者になりたいな。 ・お店にとってもいい消費者になりたいな。 ・今回は考えなかったけど、環境のことも大切だね。 ・学んだことを家の人にも伝えたいな。	◎場を設定する。 ◎児童が疑問に思った事をすぐに調べられるような環境を設定する。	トラブルの解決方法を具体的に考えている。（思考力・判断力・表現力） 友だちに自分の意見を伝え、友だちの考えを自分の考えと比べて聞いている。（思考力・判断力・表現力） トラブルの解決や判断に必要な知識を理解している。（知識・技能） 学んだことをもとにどのような消費者になりたいか考えている。（思考力・表現力・判断力）
どんな消費者になりたいか考えよう。③	消費者トラブルについて考えよう。 広告に書かれていることを読み取ろう！ ・広告を見ているといろいろなことがわかるね。 ・商品を見ているとほしくなるね。 ・でも、広告だけではわからないこともあるね。 ・何が書かれているか、まとめてみよう。 もしトラブルに巻き込まれたら！？ピザを頼んでみたけれど、、、消費者編 ・思った物と違う！広告と違うのはひどいな。 ・こういうことはよくあるよね。 ・小さい字だけど、説明がある、あきらめるよ。 ・交換してもいいたい、自分なら交換するな。 ・返金しているよ。 ・買ってみたら思っていた物と違ったり、、、 ・どうしたら防げるのかな。 ・お店の人はどう思っているのかな。別の立場で考えてみよう。 もしトラブルに巻き込まれたら！？販売者編 ・自分だったら「小さくても書いていたのに」 ・返金や返品が多いとお店がつぶれてしまうよ	◎トラブル事例にあげているピザに関する広告を準備しておく。 ◎考えたことの根拠をかけるようなワークシートを準備する。 ◎自分の考えを友だちに伝えたり、聞き合ったりできるような	広告に書かれた情報を正確に読み取れる。（知識・技能） 消費者トラブルを自分事と捉え関心をもって考えよう（学びに向かう力・人間性）				

④指導計画（全4時間）

指導計画では、題材を「自分事」と捉えられるように、まずは、自分の体験から想起できるような導入を行なうこととした。

2）授業の実際（第3時：もしトラブルに巻き込まれたら～消費者編～）

①本時の目標

・課題を自分事ととらえ、関心を持って取り組んでいる。（学びに向かう人間性）

・どこが問題なのか自分なりに整理し、根拠を持って説明している。（思考力・判断力・表現力）

②本時の展開

学習の流れ・児童の思考の流れ	教師の支援	評価
消費者トラブルについて考えよう！ ピザの広告に書かれていることを読み取ろう！ ・どれもおいしそうだね。写真があると食べたくなるよ。 ・サイズや味、入っているものも書いてあるよ。 ・値段もしっかり書かれているね。 ・小さい字でいろいろ書いてあるけど、あんまりしっかり読んだことないよ。 もしトラブルに巻き込まれたら〜消費者編〜 ・ピザを頼んだけど思っていたものと違っていたらどうしたらいいのかな。 ・こういうこと実際にあったよ。 ・お店が悪いのかな。自分たちが悪いのかな。 お客さんの立場になって考えてみよう。みんなで意見を出し合おう。 ・もう一度電話をかけてみるよ。 ・自分だったらあきらめるな。確かめなかった自分が悪いよ。 ・実物を見られないから仕方がないよ。 ・どうしたらこういうトラブルが起こらないようにできるかな。考えてみよう。 ・見られない商品を選ぶときはどうしたらいいのかな。 ・みんなはどういう理由でお店を選んでいるんだろう。 ・信頼できるお店がいいな。 ・値段が安ければ、少し違っても我慢するよ。 商品を売る人（販売者）はどう思ってるのかな。もしも、こんなトラブルがおこったら、、、、 ・販売する人にも困った問題が起こっているんだね。 ・次は販売する人の立場になって考えてみよう。	◎前時を振り返り、本時のめあてを確認する。 ◎児童が「自分事」ととらえられそうな課題と課題につながる資料を提示する。 ◎自分の考えと友だちの意見を聞いて考えたことが比較でき、思考の流れがわかるようなワークシートを準備する。 ◎話し合った結果から、自分が実物を見られない商品を購入するときには何を大切にするのか考えられるようなワークシートを準備する。 ◎次時の予告として新たに視点の変わる課題を提示しておく。	○課題を自分事ととらえ、関心を持って取り組んでいる。 （学びに向かう人間性） ○何が問題なのか自分なりに理して、根拠を持って説明している。 （創意工夫） ●

3）実践の結果と考察

　ピザの宅配というどの児童にも関わりのある身近な題材だったため、児童は非常に意欲的に「自分事」として学習に取り組んでいた。授業後にとったアンケートでも、「トラブルについて考えることは楽しかった」「この学習はこれか

ら役に立つと思う」という項目に92%
の児童が「とてもそう思う」「そう思
う」と答えていた。

◎図7-2　主体的に学ぶ姿　一人で考える
（自分の意見を持つ）

　どこまで許せるのかという許容範囲が
人によって違うため多様な意見が出るこ
とにつながったといえる。授業の展開と
しては、ピザの広告が出たことで、考え
る際にあやふやだったイメージがはっき
りした。それにより、子どもたちは自分
事として題材を捉え、自分の考えを互いに伝えようとする姿が見られた。

　今後、中学校では「売買契約について」や「3者間契約」などが扱われると
考えられる。小学校段階で、対面販売よりも少し複雑な題材での学習を積み重
ねていくことで中学校での学習に段差を感じることが少なくなると考える。

　また、視点をかえることにより、自分たちの側から見ると「良い」「得だ」
ということも売り手側から見ると、必ずしもそうではないということを感じる
ことができたように思う。以下は児童のワークシートの記述である。

> お店やさんにいいお客さんと思ってもらえるように、買い物をしたい

> はたらいたことがないので、わからないけれど、お店の人もわざとまち
> がったということはないと思うので、言い方ややり方はいやな気持ちにな
> らないようにしたいと思います。

　「良い消費者」を考えるうえで、視点を
転換することは有効だと思われる。

　課題としては、条件制御をどのようにし
ていくかという部分がある。写真のピザへ
の違和感（ピザが実物より小さいか大きい
かと感じること）は感じ方であり、人それ
ぞれではないか、ということを考えると

◎図7-3　協働的に学ぶ姿

「（苦情を）言う」「言わない」という条件に関しては、クラスの中で統一すべきではなかったかと感じた。それにより、問題がさらに焦点化され、思考が深まったのではないかと思われる。また、多様な考えを容認するあまり「ネットの口コミで気に入らなかったことを書けばいい」という意見が出た。これに対して、子どもたち同士でもなかなか考えや意見が出なかった。自分ばかりを責めるような受け止め方や自分は悪くないという受け止め方ではなく、客観的に起こった事象を見る目を養う必要があるなと感じた。また、ネットとの関わり方も大きく関連してくるため、家庭科だけではなくすべての教科、活動の中で横断的に養っていく必要がある。

　社会が複雑化するに伴い、消費活動の形態も複雑化する中で、「商品や売り手の顔を見て買うことのできない状況」を、小学生の段階で考える経験ができたことは大きかったと感じている。子どもたちからも「今まで何かあったら家の人に頼っていたから、もう少し自分で考えようと思った」といった感想や「ネットや電話で買い物をするというのは便利だけど怖いこともあると思った」といった感想が見られた。終末に「家の人に学んだことを伝えよう」という課題を設定した。この課題を行なった後の子どもの感想と保護者からの感想が以下のものである。

> （一部抜粋）お母さんとといっしょに広告を見てみると、小さな字でいろいろ書いてあることがわかりました。お客様相談室というのがあるというのも見つけました。これからもしっかり見ていきたいです。

　また、授業後にとったアンケート（表7-1）では、91％以上の児童が「この学習をして良かった。」と感じており、85％以上の児童が「この学習はこれからの生活に役立つと思う」と回答している。「役立つと思わない」「わからない」と回答した児童に聞いてみると、「やってみていないので、わからないから」「実際には、何もできないかもしれないと思う」「ほかの状況だとまた違うから」という答えが得られた。このような不安を感じる児童に対して、さらに

> （保護者より一部抜粋）今回は子どもと買い物やお金の使い方について考える良い機会となりました。今後、通信販売などを利用する時には、子どもたちと一緒に考もできるなと感じています。

どのようにアプローチをしていく
かということも課題の一つである。

　また、今回の題材では、環境に
関わる問題までは追求できなかっ
た。今後はさらに、環境に関わる
視点も条件の中に入れた授業展開
を考えていけたらと思う。

◎表7-1　授業後実施アンケート

この学習をしてよかったと思いますか。

	人数	割合
思う	31 人	91.2%
思わない	0 人	0%
わからない	3 人	8.8%

この学習はこれからの生活に役に立つと思いますか。

	人数	割合
思う	29 人	85.3%
思わない	2 人	5.9%
わからない	3 人	8.8%

　社会が複雑化するに伴い、消費
活動の形態も複雑化する中で、
「商品や売り手の顔を見て買うこ
とのできない状況」を小学生の段階で考える経験の意義は大きいと感じている。
子どもたちからも「今まで何かあったら家の人に頼っていたから、もう少し自
分で考えようと思った」や「ネットや電話で買い物をするというのは便利だけ
ど怖いこともあると思う」といった感想が授業翌日の日記に見られた。今後は
さらに、他教科との横断的学習の中での消費者教育の持ち方や他校種との縦の
つながりを意識したカリキュラムマネジメントが必要と考える。

【参考文献】

経済産業省「平成29年度我が国におけるデータ駆動型社会に係る基盤整備（電子商取引に関する市場調査）」
2017.4

【引用文献】

「パワーアップ家庭科！〜学び、つながり、発信する〜」荒井紀子編著 大修館書店 p.18

(2)　〜生徒の思考の可視化をめざした「思考ツール」の活用を通して〜

兵庫教育大学連合大学院（博士課程）　村田晋太朗

①はじめに

　問題解決型の授業では、「問題に気づく」段階から「実行する」「結果を振り
返る」段階までのすべての過程において、深く多面的に検討することが重要で
あるとされている（荒井ら、2009）。だが、各プロセスでどのような思考が必

要であり、その思考をどのように可視化するかは非常に難しい。

　そこで、本実践報告では、筆者が過去に実施した中学校家庭分野消費生活領域の実践において、思考の可視化を目的とした「思考ツール」の活用事例を紹介する。

②思考ツールとは

　思考ツールとは、思考スキルを育成するために、その具体的な学習活動として用意されるものである（田村ら、2013）。例えば、分類するという目標を設定し、生徒に「分類しよう」と端的に指示しただけでは、どのように分類すればいいかが不明瞭なまま、授業は進んで行く。そこで、図7-4の「ベン図」を用いて、ある事柄を「共通点（重なっていない部分）」と「相違点（重なっている部分）」に分類し、分類するとはどのような思考スキルかも学習できるとされている。泰山ら（2014）は、教科共通の19の思考スキルを特定している（例えば、多面的にみる、関連づける、評価する、構造化する、など）ので参考にしてほしい。

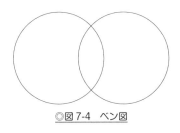

◎図7-4　ベン図

　この章でトピックとなっている「問題解決」は、先述した思考スキルを複合させて行なう思考活動である。例えば、「②現状を把握し分析する」という段階では、集めた情報を整理し、分析することで、「③問題の特定」につながるとされているとされている。つまり、「情報を整理する」「分析する」という複雑な思考スキルが要求される。各プロセスを深く多面的に検討するためには、必要な思考スキルを設定し、その思考を可視化するために思考ツールを活用することが一つの方策であると考える。

　そこで本報告では、消費生活を題材にして、基本的な思考スキルを育成する段階と、思考スキルを複合的に駆使して行なう問題解決をする段階の2段階の

実践事例を紹介する。授業の中でどのような思考スキルを目標に設定し、可視化のためにどのような思考ツールを活用したか、またそこで生徒の様子を具体的に示したい。

③実践の概要

　実践は、吹田市立Ａ中学校第1学年3クラスを対象に、平成29年4月から9月にかけて行なった（題材の途中で、消費生活ではない内容を教えなければならず、長期間の実施となっている）。

　実施したＡ中学校は、平成27年度より研究主任を中心として授業力向上をめざした校内研修の一環で「思考ツール」の理解と活用について取り組んできた。筆者が着任した平成29年度には、授業で思考ツールを導入し思考スキルの育成をめざす教員も増え、生徒も各教科・特別活動・道徳・総合的な学習の時間・クラブ活動などさまざまな場面で思考ツールを活用し、思考スキルを発揮する機会を多く持っていた。実施した第1学年においても、入学した4月から日常のさまざまな場面で思考ツールを活用し、思考スキルの基礎を育成していた（第1学年の生徒は、入学直後に決めるクラス目標を考える際にも、思考ツールを活用していた）。

◎表7-2　題材計画

時間	学習内容	活用したツール
1	• 商品について	
2	• 販売方法について	マトリックス（表）
3	• 支払い方法について	マトリックス（表）
4	• コストパフォーマンスで商品を選んでみよう	フィッシュボーン図
5	• 家計の管理をしよう 　（夏季休業中の課題を含む）	マトリックス（表）
6・7	• 買い物の法律的な意味を知ろう • 契約について • 消費者の権利と責任	
8・9	• トラブルの解決方法について 　➢ 中学生が陥りやすいトラブル 　➢ 悪質商法 　➢ クーリング・オフ	
10・11	• 最終課題（問題解決型の授業）	ステップチャート

　題材の流れとしては、１時間目から９時間目までは、基本的な知識習得をめざした授業であり、10時間目から11時間目までは、問題解決をめざしたまとめの課題に取り組む授業である（表7-2）。各授業内で使用した思考ツールについても表に示した。

④習得段階で活用した思考ツール
１）マトリックス（２時間目）
　２時間目の授業では、「販売方法の特徴を知る（知識・理解）」ことがねらいである。具体的には、店舗販売と無店舗販売の特徴をまとめることを学習の課題に設定した。教科書には、店舗販売と無店舗販売の特徴が列挙されているが、その情報を「長所」と「短所」に分けて、特徴を２つの側面（多面的）から整理することを求めた。また、無店舗販売は近年利用者が増加している「通信販売（ネットショッピングも含む）」と「訪問販売」に分けて整理させた。つまり、販売方法（３種類）と特徴（長・短所）の２次元で情報を整理した様子を可視化したいと考え、「マトリックス（表）」を使用した（図7-5）。

　例えば、東京書籍の教科書には、店舗販売の特徴に「商品を直接見て購入できる」とある。これは、店舗販売の長所となる。また、無店舗販売の特徴には「通信販売は、実物を見ることができない」とあり、通信販売の短所に当てはまる。このように、教科書の情報を整理し、完成したマトリックスをみながら「他には特徴はないだろうか」、「情報を整理したマトリックスを見て、何か気付くことはないか」などと検討することで学習がより深まっていった。マトリックスを使用することで、思考や混沌とした情報を整理することができ、よ

		販売方法		
		店舗販売	無店舗販売	
			通信販売	訪問販売
特徴	長所			
	短所			

◎図7-5　店舗販売・無店舗販売の特徴を整理するマトリックス

り発展的な学習にもつながるように感じた。

2）フィッシュボーン図（4時間目）

　4時間目では、「商品を適切に選択することができる」ことを目標に設定した。授業の中では、品質・価格・アフターサービス・環境への配慮などの視点で商品を選ぶことを伝えたうえで、最近よく耳にする「コスパ（コスト・パフォーマンス）」の視点で商品を選ぶことを課題にした。

　コスパとは、コスト（費用）に対するパフォーマンス（満足度）を表す用語である。授業では、1枚1000円でお店まで取りに行くピザと1枚2000円で宅配してくれるピザの二択にし、どちらのピザがコスパが高いと思うか、またその理由を多面的に説明することを課題にした。そこで活用したのが「フィッシュボーン図」である。この図の特徴は、主張したいことを魚の頭の部分に記入し、その理由を魚の骨の括弧に書き、具体的な説明を骨の部分に記入することができる。最大で4つの側面から理由を説明することができる。

　結果として、記入例1（図7-6）と2（図7-7）を示した。記入例1の生徒は、1枚2000円の宅配がコスパが高いと主張している。その理由として、おいしさ・時間・見た目・楽さの4点を挙げている。特に、「楽さ」の説明として、「小さい子どもがいればその子を連れて行かなければいけないから来てくれた方が楽」と記述しており、子育て期の保護者が注文していることを想定していた。事前に解説した商品選択の視点よりも広い視点で選択されていたため、授業の中で全体に共有した。記入例2の生徒は、1枚1000円でお店まで取りに行く方がコスパが高いとした。その理由として、お化粧をしないといけない・健康的・見て確かめられる・環境にやさしい、の4点を挙げていた。見て確かめられる（直接見て商品を買うことができる）というのは、販売方法の学習が活用されていると言える。「環境にやさしい」の説明としては、「自転車だから二酸化炭素を排出しない」と書かれており、事前に学習した商品選択の視点が活用されている。生徒の記述を見ると、価格や品質などの視点は多く見られたが、環境への配慮の視点を記述した例は少なかった。

　以上のように、教師側は生徒の思考が可視化することができ、授業の中でも活用することができた。また、生徒自身も自分の思考を書きながら整理することができ、なおかつ他者への説明にも役立っていた。

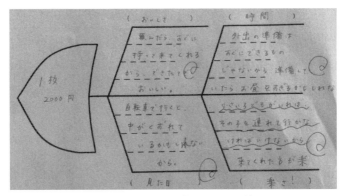

◎図 7-6　フィッシュボーン図の記入例 1

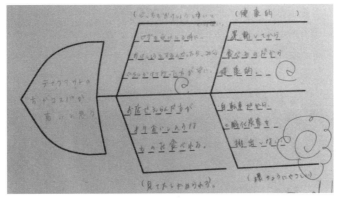

◎図 7-7　フィッシュボーン図の記入例 2

⑤問題解決型の授業で使用した思考ツール（10・11 時間目）

　本題材のまとめとして、次のような課題に取り組んだ（表 7-3）。文章にあるようなトラブルに実際にあった場合、どのように問題解決するかを求める課題である。この課題では、思考ツールを教師側で用意せずに、生徒自身が必要な思考スキルを意識しながら自力で解決することを求めた。以下では、問題解決のプロセスに沿って、実践を報告する。

◎表7-3　課題の内容

> 雑誌の通信販売の広告に、前から欲しいと思っていたマリンブルーのシャツが載っていたので、親に頼んで買ってもらうこととなり、申し込みハガキで申し込んだ。しかし、届いたシャツは、思っていたより濃いブルーだった。同じ色のシャツを持っているので、業者に電話で返品したいと申し出たところ、「広告にはブルーと書いてあり、マリンブルーとは書いていない。広告通りの品物を届けたのだから返品には応じられない」と断られた。
> ①　この状況は、消費者・業者のどちらに問題がありますか？また、それはなぜですか？ 問題を特定する
> ②　あなたはどうしますか？ 解決方法を考え、多面的に検討する
> ③　このような通信販売におけるトラブルに合わないために、あなたは消費者としてどうすればいいですか？ 解決方法を考え、多面的に検討する

　まず、今回のようなトラブル事例を扱う場合、問題解決のプロセス（図7-1）の「①問題に気づく」段階は盛り込むことができない。なぜならトラブルはすでに発生しており、生徒は困った状況に置かれているためである。だが、与えられた文脈を自分ごととして捉えるため、事前に通信販売を利用して困った経験などを共有して学習をスタートさせた。

　問題解決の開始は「②現状を把握し分析する」「③問題を特定する」段階からである。これらの段階を「この状況は、消費者・業者のどちらに問題がありますか。また、それはなぜですか？」という問いに置き換え、考えさせた。この問いは、課題文から「状況を整理し」、どちらに問題があるかを「判断する」ことをねらいとした。授業では、すべての生徒が文章で説明をした。記述例として、「しっかり広告をみていなかった消費者に問題がある」や「読みにくい広告を作成した業者に問題がある」などと問題を特定していた。

　次に、「④解決方法を考え選択肢を抽出する」「⑤選択肢を多角的に検討する」「⑥決定する」段階を加味して、「あなたはどうしますか？」という問いに回答させた。ここでも自由記述式で回答を求めたが、ある生徒から「ステップチャートで回答していいですか？」と質問を受けた。ステップチャートとは、意見や主張を順序立てるときに使用するツールである（田村ら、2013）。解決方法は手続きであるため、ステップチャートで書く方がうまくまとまりそうであるとのことであった。そのような生徒が何人かいたため、文章以外の方法で回答することを許可した。まだ書くことが具体的にイメージできていない段階で、「〜〜のツールを使用するとうまく表現できそうだ」という思考が働いたと言える。これは、いわゆる「メタ認知」を働かせていると言える。回答をし

ている自分をメタな視点から想像することで導き出した解決策であるだろう。このようにさまざまな思考ツールに触れることで、自ら思考をデザインすることができる生徒も出てきた。第1学年の9月ごろの実施であったため、思考ツールに触れるようになって半年での成果であった。

　記入例として、図7-8や図7-9を紹介する。図7-8・7-9ともに、一方向のステップではなく、分岐してさまざまな解決方法を考えていた。また、「はい」「いいえ」のように、条件によって解決方法が異なることも表現していた（技術分野「計測・制御」の題材でフローチャートについては学習済みであったため、その影響も考えられる）。それぞれのステップが論理的に記述されていることを評価できるが、特筆すべきは、各所に「消費者の8つの権利と5つの責任」について盛り込まれている点にある。生徒たちは、7時間目に「消費者の権利と責任」について学習していた。消費者はさまざまな権利を保障されているが、現代に起きる多様なトラブルを予防するために責任を持たなければいけないことを理解している。その知識をまとめの課題で活用している姿が見受けられた。特に教師の側から「消費者の権利と責任」の側面から検討することを促してはなかったため、自然発生的であり、このように回答した生徒の思考力の高さを感じた。また、ステップチャートを活用することで、各パーツ（一つひとつのプロセス）における意味づけを行っているとも言え、説得力も増し、

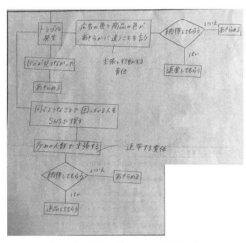

◎図7-8　ステップチャートの記入例1

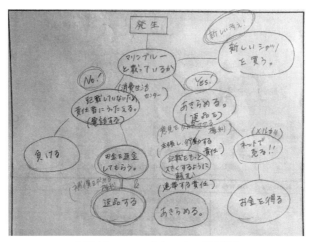

◎図7-9　ステップチャートの記入例2

ツール活用の効果についても確認できた。

　表7-3のような架空の課題を課すことが多い消費生活領域では、実際に「実行する」ことは困難である。そこで、本実践では、「このような通信販売におけるトラブルに合わないために、あなたは消費者としてどうすればいいですか？」と、よりよい消費者としての今後の態度や行動について考えさせる問いを立てた。ここでも、問②と同様に自由記述での回答を求めたが、「ステップチャート」を用いた生徒が数人いたため紹介する（図7-10）。この生徒は、「マリンブルーのシャツが欲しい」と思った場合、3つの方法があることをわかりやすく図示している。生徒の思考そのものが整理されていることが伺える。加えて、「無店舗販売ではなくて店舗販売で買うようにする」という方法の横に「批判的意識を持つ責任」と記述されている。これは、消費者の5つの責任を活用して、消費者のあるべき姿を具体的に説明している。学習した知識を用いて説明している点においても質の高い回答と言えるだろう。

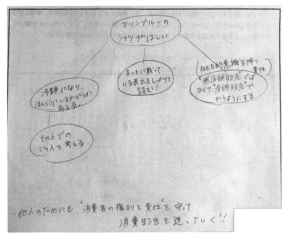

◎図7-10　ステップチャートの記入例3

⑥まとめ

　中学校家庭分野消費生活領域の題材における思考の可視化をめざした思考
ツールの活用事例について紹介してきた。前半部分は基本的な知識の理解をめ
ざした実践を、後半部分は問題解決をめざした実践を紹介した。

　筆者が思考ツールを活用した実践を通しての気づきとして、次の2点を挙げ
る。1点目は、目標（ねらい）にこれまで以上に注力する必要があることだ。
思考ツールを使用するということは、もちろんターゲットとなる思考スキルが
ある。教科書や指導書には、「～について考える」と抽象的に記述されている
ことが多いが、思考スキルに着目することで「～について多面的に捉える」や
「～について共通点と相違点に分類することができる」のように、より具体的
な目標を設定することが可能である。2点目は、思考ツールの活用方法である。
やはり、思考ツールの導入初期段階は、丁寧にターゲットとなる思考スキルや
ツールの使用方法を踏まえて授業を進める必要がある。前半部分の実践のよう
にある程度スキルやツールを網羅したうえで、④⑤で紹介した課題に取り組ま
せることで思考スキルは生きて働き、思考の可視化も達成できやすくなる。生
徒がどの段階にいるのかを教師が見極めて、適切に課題設定をする必要がある
と考える。図7-7から図7-10で紹介した「ステップチャート」は、生徒自らが

思考スキルを柔軟に活用した例であり、こちらが意図・予測したわけではなかった（筆者の力量不足である）。しかし、着実に思考スキルが育っているいい例であったと推察できる。

　今後も、題材の内容を教師がしっかりと理解することを前提として、そこで育てたい思考スキルについて吟味し、具体的な目標（ねらい）を設計していきたいと考える。

【参考・引用文献】

- 荒井紀子・鈴木真由子・綿引伴子編著（2009）新しい問題解決学習 Plan Do See からの批判的リテラシーの学びへ、教育図書
- 泰山裕・小島亜華里・黒上晴夫（2014）体系的な情報教育に向けた教科共通の思考スキルの検討―学習指導要領とその解説の分析から―、日本教育工学会論文誌、37（4）、pp。375-386
- 田村学・黒上晴夫編著（2013）考えるってこういうことか！「思考ツール」の授業、小学館

（3）　領域・人・実生活における実践とのつながりを重視した「金銭教育」の試み

弘前大学教育学部　加賀恵子

①題材構想における視点

　現行の家庭科における金銭教育は、小学校で物や金銭の使い方と買い物の学習、中学校で主として自分の消費に関する金銭管理と計画的な消費、高校で生涯を見通した長期的な経済計画や家計収支が扱われてきた。小・中・高の系統性という点からは、中学校から高校へのジャンプアップが大きいという指摘があった。こうした課題やキャッシュレス化の進行への対応などから、次期学習指導要領（平成29年公示）では中学校家庭科「消費生活・環境」の内容に「金銭の管理」が新設された。家庭の収入と支出や金銭管理についての内容が盛り込まれ、自分だけでなく家族の生活に必要な物資・サービスについての金銭の管理を扱うことになり、小・中・高の系統性が図られた。平成元年改訂の学習指導要領に消費者

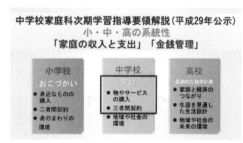

◎図7-11　家庭科における「消費生活と環境」の系統性
（学習指導要領を基に筆者作成）

教育が明確に位置づけられて以降、現場ではさまざまな実践を蓄積してきているが、新設された「金銭の管理」の内容をどのように扱っていくのか、指導計画の作成はこれからの課題である。

　そこで、中学校家庭科に新設された「金銭の管理」の内容に関して、教材のつながり、人のつながり、実生活における実践とのつながりを重視したカリキュラムデザインを試みた。

１）教材のつながり

　金融経済教育推進会議は、中学生の発達段階と金融教育とのかかわりについて「こづかいの管理や買い物の経験も増えるとともに、家計や生活設計について理解し、経済や金融と生活のかかわりについて基礎的な理解ができる段階にある。また、勤労や職業の意義、将来の生活についてもある程度具体的に構想することができると考えられる」としている[1]。が、実態はどうであろうか？授業に先立ち、中学生の特性を踏まえた指導計画を作成するため、レディネス調査を行なった[2]。その結果、1か月に管理するお金で最も多かった回答は「決まっていない」であり、約30％の者は必要になった時に保護者からもらうというスタイルであった（表7-4）。中学校入学以前に、買い物やこづかい、お年玉といった生活の中での体験を通して、徐々にお金の価値を獲得し、適切な商品の選択や収支の管理ができることがスタンダードとされているが、収支を意識して計画的に支出を行なうための学びの場が与えられていない者が少なからず存在することが明らかになった。

◎表 7-4　1か月に管理するお金

	人数（人）	割合（%）
1 万円以上	15	12.6%
5 千円以上 1 万円未満	9	7.6%
3 千円以上 5 千円未満	26	21.8%
1 千円以上 3 千円未満	27	22.7%
1 千円未満	5	4.2%
決まっていない	37	31.1%
合　　計	119	100.0%

また、消費生活に関する知識の認知度が低く、しくみを伴った理解になっていないこともわかった。さらに、図7-12に示すように買い物の金額をメモするなどの金銭管理に関しての意識は高いが行動が伴わず乖離があり、家で生活費の話に加わっている者は少なかった。このように、子どもたちには、家庭の収入と支出を意識して計画的に支出を行なうための学びの機会が与えられていない実態が浮き彫りとなった。

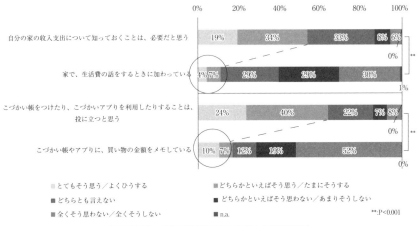

◎図7-12　金銭管理に関する意識と行動の関係

　家庭における金銭管理に対する学びの機会がない状況で、家庭の収入と支出について理解することは容易ではない。そこで、金銭の管理行動ができる力を育成するために「家庭や家庭生活」の内容との関連を図った授業展開が有効ではないかと考えた。家族・家庭の基本的な機能として、収入を得るなどの経済的な機能の理解や家族と協力・協働して家庭生活を営む必要性について扱うとされていることから、関連を図った授業展開の可能性があると考えた。

２）人のつながり・かかわり

　「考え」「確かめ」「発動する」注1) ためには、他者の存在は欠かせない。ところが、生徒は個々に求められれば自分の意見を述べることができるものの、グループ活動の中で相互の共通点や相違点を導き出し、相手を尊重しながら一つの結論を導くことにあまり慣れていない現状があった。そこで、生徒に身近な課題に対して、さまざまな視点や立場から物事を見つめつつグループで話し合って解決策を決定するという場面を設定することにした。ペアワーク、グループワーク（ジグソー学習など）の手立てが、身近な学級生活や家庭生活に活きる経験となることに期待した。

　また、指導する側も、中学校教員、消費生

活アドバイザー、大学教員の三者がつながり・かかわって、授業案やPPT・ワークシートの作成等について打ち合わせを行ない、授業を協創した。[注2]

３）実生活おける実践とのつながり（問題解決的な学習）

　本題材「Aさん家族が抱える問題の解決策を提案しよう」では、生徒の身近な事例を取り上げて一般性をもったものの見方の習得をめざしたケース・スタディーを導入した。パフォーマンス課題を用いた問題解決的な学習が、生徒の現実感を伴ったものに近づければ、より一層その学びは深まるものと考えた。

②実践

１）授業の概要

1)-1 題材名：Aさん家族が抱える課題の解決策を提案しよう

1)-2 題材について

　「子ども消費者」という言葉が示す通り、少子高齢社会となった日本の子どもの消費は、父母や両祖父母に支えられ総じて豊かなものになったといわれる。労働の対価を得ていない中学生であっても、I・Cカード、スマホ・携帯、ネット通販等、さまざまな経済活動の中で暮らしを営んでいる。さらに、キャッシュレス化の進行に伴い、消費者被害にあう事例も増加している。しかし、中学生の多くは、お小遣いでの金銭管理の経験はあっても、家庭生活をしていくうえで一定の費用が必要となることを実感を伴って理解することは難しい現状にある。そこで本題材では、「家族・家庭生活」の学習との関連を図り、Aさん家族を事例に取り上げ、家庭における金銭の流れを理解させるとともに、消費生活を営むうえで必要な知識と技能を身につけさせ、持続可能な社会の構築に寄与できる生活認識や実践力をもった生活者の育成をめざして授業を展開する。

1)-3 題材目標

・家族の互いの立場や役割がわかり、家族関係をよりよくするための方法について考え、説明することができる。　　　　　　　　　　　　（知識・技能）

・計画的な金銭管理の必要性や購入方法と支払方法の特徴、売買契約の仕組みや消費者被害の背景と対応について理解することができる。（知識・技能）

・物資やサービスの選択に必要な知識や理解をもとに、家庭生活や社会をより

よくするための改善の方法や豊かにするための工夫について、説明すること
ができる。　　　　　　　　　　　　　　　　　　（思考・判断・表現）

・家庭生活や消費生活をよりよくするための提案を、環境、持続可能な社会の
　構築などの関係から評価・改善し、実生活の中で実践しようとする。

　　　　　　　　　　　　　　　　　　　（主体的に学習に取り組む態度）

1)-4 指導計画

　表7-5は、前節で述べた3つの視点から構想した題材を、日常の具体的な場
面、学習形態・学習方法、つけたい力の関係から示したものである。

◎表7-5　題材計画「Aさん家族が抱える課題の解決策を提案しよう」（7時間扱い）

次 (時数)	日常の具体的な場面	学習形態 学習方法	つけたい力		
			知識	技能	活用
1次 (1)	○USJの年間パスポートの購入 ・友達と遊びに行く約束をしちゃったんだけど・・	個 グループ	・家族の生活に必要な物資・サービスについての金銭の流れの把握 ・必需的な支出と選択的な支出		
2次 (2)	○弟のサッカーのトレーニングシューズの購入 ・どの商品を、どこで、どんな支払い方法で・・・	個 ペア (外部講師の活用)	・無店舗販売の利点と問題点 ・支払時期（前払い・即時払い・後払い）による特徴 ・売買契約の仕組み ・三者間契約の利点と問題点 ・消費者被害の背景とその対応	・物資・サービスの選択に必要な情報を収集し整理する	
3次	○家族会議「貯まった111,000円で何をしよう？」 ・家族員それぞれの立場で考えた解決策を持ち寄って話し合い、結論を導こう	個 グループ (ジグソー学習)	・各家庭の状況に応じて、物資・サービスの必要性を判断し、優先順位を考慮して調整することの重要性	・他者や環境、持続可能な社会の構築などとの関係から評価する	・物資・サービスの選択に必要な情報を収集し整理する

(3)	＜母＞正月の温泉旅行 ＜父＞通勤用の自転車の購入 ＜Ａさん＞４KTVの購入 ＜祖母＞貯金	・家庭の機能（精神的な機能、生活を営む機能、経済的な機能、生活文化を継承する機能など）・協力・協働して家庭生活を営む必要性	
4次 (1)	○Ａさん家族が抱える課題の解決策について、他者や環境、持続可能な社会の構築などとの関係から評価・改善し、自分の生活に活かそう	個	・他者や環境、持続可能な社会の構築などとの関係から評価・改善し、自分の生活に活かそうとする

└┈┈┘：Ａ「家族・家庭生活」の内容

２）授業の実際（第３次：家族会議「貯まった 111,000 円で何をしよう」）

2)-1 本時の目標（本時３／３）

　計画的な金銭管理の必要性や購入方法と支払方法の特徴、売買契約の仕組みや消費者被害の背景と対応についての知識や理解をもとに、Ａさん家族が抱える課題の解決のための自分なりの改善の方法や家族関係をよりよくするための方法を考え、説明することができる。　　　　　　　　　（思考・判断・表現）

2)-2 本時の指導観〔「考え」「確かめ」「発動する」との関連〕

　第３次は、４人グループ（ジグソーグループ）をＡさんの家族と見立て、父・母・Ａさん・祖母の役割を割り振るジグソー学習を展開する。本時は、「考え」：個人で解決策を考えたのち、「確かめ」：役割毎に集まって（エキスパートグループ）それぞれの考えを出し練りあった解決策を、「発動する」：ジグソーグループ内で発表しあう時間である。また、本時のジグソーグループ内で一つの解決策を導く過程においても、生徒の中にはそれぞれに「考え」「確かめ」「発動する」場面が交差することに期待した。

2)-3 第3次の流れ

時間	学習項目	学習活動
1時間目	・課題の確認	・Aさん家族の抱える課題を知る。 ・Aさん家族の家計に余裕ができる理由を考える。 ・ダイヤモンドランキングによって、根拠を明確にして自分なりの優先順位を考える。
2時間目	・ジグソーグループ内の役割決め（母・父・Aさん・祖母）と話し合い③	・主張する事柄がもつ価値や具体的なメリット・デメリットを考えて、表に記入する。（個） ・個人の意見を説明し合いながら、グループとしての主張を図に表す。（マッピングコミュニケーション）

・自分の主張する事柄のメリットを一つずつ付箋
紙に書き出す。

個人の活動
ひとり作戦会議10分
マッピングコミュニケーションの図を見ながら、
ジグソーグループ（家族会議）での主張
（具体的なメリット）を、付箋紙に書く！
（たくさん！）

・話し合いをもとに、自分の主張する事
柄のメリットを確認

(3)	2)-4 本時の展開参照)		

2)-4 本時の展開

過程	学習項目	学習活動	指導上の留意点及び評価
導入（5分）	・学習課題の確認 ・学習活動の確認	・学習課題を確認する。 ・「家族会議」の手順を確認する。 ①自分の意見を、付箋紙を貼りながら発表する。 ②発表を批判的に聞き、気づいた点や取り入れたい点について、付箋紙にメモして提案する。 ③価値や意味の近いものをまとめ家族の意見を見える化する。 ⑤家族として「何を優先する」のかを話し合い、解決策を文章にまとめる。	・Aさん家族の家計の様子と家族の希望について共有化を図る。 ・必ずしもエキスパートグループでの結論通りである必要はなく、自分なりの考えを述べるよう助言する。 ・他者の意見を「つないで聴いて、つないで話す」ことを意識させる。 ・KJ法の手順を示した用紙を各グループに配布する。
展開Ⅰ（25分）	・ジグソーグループにおける話し合い	・発自分の解決策を発表する。 ・他他の家族員の発表を批判的に聞き、気付いた視点や取り入れたい点についてメモする。 ・確他の家族員の提案について、疑問に感じた点を質問する。 ・考一つの家族（ジグソーグループ）として話し合い、導かれたよりよい解決策をまとめる。	＜評価＞ ・今までのワークシートを見返しながら、理由を明確にして説明している。 ・生活の中の体験を交えながら、必要性を吟味して説明している。 ・他の家族員の視点を取り入れ、優先順位を調整して説明している。
展開Ⅱ（10分）	・ジグソーグループによる解決策の提案	・発グループごとに解決策を提案する。 ・他他のグループの発表を批判的に聞き、新たに気づいた視点や取り入れたい点をメモする。 ・確他のグループの提案について、	・反対意見や批判的な意見ではなく、理解が不十分な点についての意味の確認にとどめさせる。

		疑問に感じた点があれば質問をする。	
まとめ（10分）	・本時のまとめ	・一連のグループ学習を振り返り、感じたことや考えたことをワークシートに記入する。 ・振り返りを発表する。 ・アドバイザーの話を聞く。	・他者とのかかわりが、よりよい解決策の提案に貢献していたことなどを、具体的に記述するよう促す。 ・環境や持続可能な社会の構築の視点が薄い場合には、補足する。
	・次時の確認	・課題の解決方法の具体的な費用や支払い方法について考えることを知る。	・話し合いが、家族関係をよりよくするための方法につながっていることにふれる。

3）授業後の生徒の姿と考察

　本題材は、実践的な生活とのつながりを重視することで主体的な学びを、生徒同士のかかわりを重視することで対話的な学びを、消費生活と家族を結び学習プロセスを重視した深い学びを展開することで、中学校の金銭教育にアプローチを試みたものである。

　本時は「つないで聴いて、つないで話す」をキーワードに、前時にエキスパートグループで確認した提案内容が内包するさまざまな価値をジグソーグループ内で発表し合い、ＫＪ法を用いて一つの結論を導くことをねらいとした。図7-13に示すように、授業後の調査では、「自分なりにアイディアを出すことができた」「グループによる話し合い活動に意欲的に参加することができた」に対し、「そう思う」「どちらかと言えばそう思う」と肯定的に答えた者が８割程度いた。また、「自分のお金の使い方を振り返ることができた」「家計の収入と支出の関係や自分や家族の金銭管理について想像しやすくなった」に対し肯定だった者も70％程度いた。さらに、自由記述には「友達と解決策を考える中で、自分にはない新たな視点が獲得できた」という記述が多く、「自分の見方や考え方が広がった」という成長の実感を伴っていたと見て取ることができた。「Ａ家族や家庭生活」の内容との関連を図り、「日常の具体的な場面」をＡさん家族の諸問題として設定したカリキュラムデザインの一定程度の成果が見られたと考えられる。

　しかし、さまざまな視点から話し合いがなされ一つの結論を導くことができたグループもあったが、話し合いが進まず結局１人の意見に同調する形で結論

に結び付けるグループも見られた。また、質問紙調査の「学んだことを自分の
日常の買い物や家族の生活に生かすことができた」に対し肯定的に答えた者は、
5割を超えた程度であり、生活の場面への活用に対しても課題が残った。

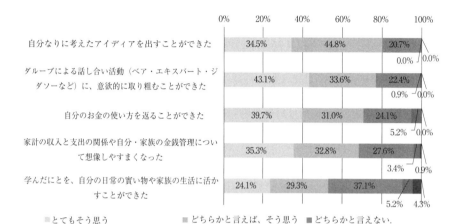

◎図7-13 「授業への取り組み」と「生活場面への活用」に対する振り返り

これらのことから、今後の課題として以下の2点をあげたい。

1点目は、学習課題の設定である。前述のように家庭の収入と支出を意識し
て計画的に支出を行なうための学びの機会が与えられていない生徒には、「Ａ
さん家族が抱える問題の解決策を提案しよう」という学習課題は、あくまでの
Ａさん家族で起こっていることであったのかもしれない。家族員や家族の背景
をよりイメージしやすくするような手だてや、より切実感の持てるような生活
場面を意識した課題の設定が重要である。

2点目は、人間関係作りである。活動での話し合いは他者の意見から自分の
新たな視点を発見するなど対話的で深い学びには有効である。一教科の取り組
みにとどまらず、学校生活のさまざまな場面で学びの礎となる人間関係づくり
の取組が重要である。

2022年、18歳成年が施行される。多くの子どもたちにとって、高校卒業後、
実社会の中で経済活動体験から学ぶことのできる助走期間であった2年間がな
くなる[3]。適切な金銭管理は、社会の中で生きていく力の素地である。中学校

家庭科の「消費生活と環境」に新設された「金銭の管理」に対する学習の重要性を改めて認識し、系統性を意識して指導にあたる必要がある。

【注】

1) 「考え」「確かめ」「発動する」は、平成29年度大阪教育大学附属平野中学校の研究のキーワードである。学習指導要領の改訂に際し、学び方として打ち出された「主体的で」「対話的な」「深い学び」に対応している。
2) ※本授業は、平成29年に元大阪教育大学附属平野中学校講師の磯村さおり、関西消費者協会の消費生活アドバイザーの松原由加、元大阪教育大学教員（現 弘前大学）の加賀恵子の協働により構想・実践したものである。

【引用・参考文献】

1) 金融経済教育推進会議；「金融リテラシー・マップ『最低限身に付けるべき金融リテラシ』の項目別・年齢階層別スタンダード（2015年6月改訂版）」)、2016（http://www.shiruporuto.jp/public/document/container/program/mokuhyo/, 2017.9.23確認
2) 加賀恵子, 磯村さおり, 松原由加.（2017）. 中学校家庭科における金銭教育の検討 - 中学消費生活についての実態調査から -. 大阪教育大学家政学研究会, 生活文化研究 ,Vol.55,1-14.
3) 中村新造（2018）. 基調講演「成年年齢引き下げの課題と学校消費者教育への期待」：第38回日本消費者教育学会フォーラム資料集、28.

8章 生活を総合的・科学的に捉え、視覚化・言語化した授業実践

章のねらい

　本章では、生活を総合的・科学的に捉え、視覚化・言語化した授業実践を3例紹介する。事例1は、「食の選択能力と節電を通して現状を見極める力の育成」をめざした小学校の家庭科学習、事例2は、「生活を科学的に捉えた」問題解決的な小学校の住生活学習、事例3は、高等学校の「言語活動を促す」消費生活の課題解決学習である。

1．事例のコンセプト

　家庭科の学習指導要領にABCの3つの学習内容が明示されていることから、食生活、衣生活、住生活など領域を限定した授業が多く見られる。題材として何を取り上げるかによって領域がある程度、限定されてしまうことは仕方がないのだが、例えば「C消費と環境」にかかわる消費者教育や環境教育の視点は全ての領域に盛り込み、授業を構想することができる。学習指導要領にもAからCを組み合わせた授業を工夫することが明記されている。

　「家庭での実践につなげる授業の工夫」では、家族の一員として自分や家族の食の安全を考えさせること、具体的には表示をみて選択することの重要性を7時間の一連の学習活動で伝えている。その学習にはABCの内容が含まれている。子どもたちが目を奪われがちな宣伝広告を切り口に、品質表示との違いなどの気づき、情報を正しく受け取ることの気づきが得られる授業である。また、「見える化」「数値化」の工夫により生活を総合的・科学的に捉える視点も含まれた実践である。

　「冬の快適な生活を工夫しよう」では、問題解決的な学習を通して、生活を科学的に捉え、体感した暖かさをデジタル温度計で数値化し、視覚でも確認している。子どもたちに新しい視点を与え、認識に揺さぶりをかける活動を子ど

もたちに仕掛けている。「日当たりのよい場所は暖かい」は真実？ そこに思い込みは潜んでいない？ なぜ「暖かい」と言える？ 暖かいと感じるのは、どの程度の気温のこと？ その感じ方は皆同じ？

「生活知」と「科学知」をすりあわせて問題解決に迫る学習を、科学的な測定と体で感じる活動を組み合わせ、言語活動の充実につなげた実践を紹介している。

「言語活動を促す課題設定の工夫」は、「消費生活と生活における経済の計画」全9時間の高等学校の授業の一部で、生徒が自分の意見を持って他者と交流することを促すために「家計の悩み相談」「クレジットカード入会キャンペーンの謎」「悪質業者になりきるロールプレイ」等、第三者の存在を意識した課題を設定した3つの授業を紹介した。

これらの学習を通して生徒は「家計の収支バランスを適正化するための工夫」「クレジットカードの活用と適切な距離の取り方」「悪質商法の被害を防ぐための心構え」などのスキルを身につけた。

他者との意見交流を通して言語活動を充実させた授業実践である。

2．実践紹介

(1) 家庭での実践につなげる授業の工夫
―数値化、視覚化して実感を伴わせる―

奈良学園大学人間教育学部　西江なお子

①家庭科教育の目標と課題

学校教育の中心的課題の一つとして「生きる力」の育成があげられる。この力を身につけるためには、一人ひとりの人間が自立し、社会性を身につけることが必要であり、この力をつけるために家庭科がもつ役割はきわめて重要である。家庭科の学習過程において、今まで「知っているつもり」だった事柄が、「実は知らなかった」という気づきとなり、これが学ぶ意欲をさらに高めさせていく。これこそ家庭科がめざす家族の一員として生活をよりよくしようとする実践的な態度の育成である。

　しかし、学習内容に興味を持ちその学びを家庭で活かし実践する児童が多い半面、家庭の事情や取り組みに面倒さを感じる児童もおり、授業のみの実践で終わってしまうことも少なくない。家庭科の学習内容は、ともすると就学前から見聞きすることも多く、児童にとって目新しい内容ばかりではない。しかし、「面倒くさい」や「前から知っている」といった児童の関心の低さを一掃し、家庭科の学びが児童の豊かな人生を切り開く一端になるよう、授業を行なっていくことが重要である。

　ではいかにして児童の興味関心を高め、家族の一員として継続した実践力へと導いていくのか以下に授業の実際を紹介する。

②家庭での実践へとつなげる手立て　～「見える化」を通して～

　児童に自らやってみたいという意欲を持たせるには、さまざまな方法が考えられるが、ここでは二つ取り上げる。一つは学習内容に必然性を伴わせること、二つは必要な教材の見極めである。どんなに興味深い授業であっても、実生活で活かされなければ、実践力向上にはつながりにくい。学習内容自体に必然性があり、学ぶことによって自分の生活が豊かになることが実感できれば持続可能になり得る。加えて、教員は題材に必要な教材を見極めることも必要である。どのような教材を使い何を学ばせたいのか、どのような力をつけさせたいのかを教師が明らかにし授業を進めていく必要がある。「知っているつもりだったが実は知らなかった」自分に向き合わせ、家庭科を学ぶ喜びを湧き立たせていくことが授業づくりにおいて非常に重要である。

　そこで、授業作りの手立てとして数値化したり機器を使用したりして、「見えないものを見える化する」授業を紹介する。「見える化」は、児童の内面を動かし、学習意欲及び実践力の向上につながる大きなきっかけとなると考える。以下その授業例を紹介する。

③授業実践より

実践Ⅰ　食の選択能力の育成

1）授業のねらい

　健康志向ブームにより体や美容に良いと宣伝されたり、体に良さそうなパッケージの商品が売りに出されたりすると、消費者が一気に買いに走る現象が起きている。店に似たような商品が数多く並ぶなか、商品の正しい情報を見抜き、

安全で安心な商品を選択する力は、食品の安全がとり立たされている昨今、児童にとって必要不可欠な力である。児童は品質表示について知ってはいるものの、商品を実際に手に取ったとき、それを意識的に見て商品選択の一つの指標としていないことが多い。本題材では、品質表示を見る意義を体験活動から児童に意味づけし、家庭生活で実践することにより、自己認識力を高めていきたいと考える。児童は、お金を持って商品を自分の意思だけで購入できる年齢ではないが、家族が商品購入に悩んだとき、また、買い物を頼まれたときなど、冷静に商品を見比べ、正しい情報を得て商品を購入したり、家族にアドバイスできる力を養いたい。

2）授業の実際の流れ

　本単元は、数種類の給食のデザートから一点を選び、選んだデザートを全校児童に広告という形で知らせ、投票してもらうという展開である。より多くの投票数を獲得するためにポスターを作るが、そこに記されている事柄が商品に記載されている広告からのものなのか、品質表示の内容からのものなのかを検討することで、自身の商品選択の視点に気づくことにつながると考えた。商品選択に大きく関わるものの一つが広告であるならば、その広告は果たしてどのような力を持ち、消費者はそれをどう読み解けばよいのかを考え、広告のみならず、品質表示にも目を向けて購入することが大切であるという認識をもてるよう授業を展開していく。品質表示は5年生でも少し取り上げ、商品に記載されているということは知っており、日ごろ商品を手にしたとき目にしているものと思われる。しかし、アンケートを行なった結果、それを商品選択の指標としている児童は非常に少なく、意識的に活用している児童は少数であった。そこで下級生に商品を知らせるポスターを作る過程において、商品についている広告だけが商品選択の指標ではなく、品質表示にはより多くの情報が記載され、それを意識的に見ることは消費者にとって意味のあることであることに気づかせた。また、商品自体についている広告は、消費者によって受け取り方に違いがあることを知ることにより、こればかりに頼った消費のあり方を改善していく必要性を見出させた。

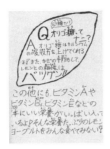 

矢印の左が、それぞれ「見える化」の授業を受ける前に児童が書いた商品をPRするポスター。右が、事実を客観的に伝えることの大切さを授業で学んだ後に書いたポスター。二つのポスターを繋いで一枚にし、下級生に商品を紹介した。同じ商品についての広告だが、下級生を対象としたわかりやすく具体的な内容となった。

3）指導計画（全7時間）

児童の活動	指導上の留意点
広告を考え、売り手側の心理に迫る・・・2時間	
○どのような広告にすれば、自分たちが選んだ商品を投票してもらえるかを考える。 このような宣伝の仕方をしたら、きっと食べたくなるね。	○自分たちが選択した商品が給食で取り上げられることに期待を持たせる。 ○児童がどのような視点で広告作りをしているのかを把握する。
広告から受け取る商品の印象は人それぞれであることを知るとともに、商品の本質を見て選択しようとする意識を持ち、広告を改定する。・・2時間（本時2／7）	

○商品広告のもつ働きを知り、自分がどのような視点で商品選択をしていたのかに気付く。また、よりよい広告作りの工夫を考え、改定をする。	○宣伝広告と品質表示の違いを知らせ、それぞれの意味に気づかせる。
・商品を選ぶときは、広告だけでなく品質表示も見ることが大事なんだね。 ・広告に、この言葉があると商品のことがもっとわかるね。	

アンケートの集計をとる。・・・1時間

○文章記述を一読し、他学年が何をよりどころに商品を選択したのか知り、自分たちの作った広告について振り返る。	○児童にさまざまな品質表示を持ってこさせ、記載内容について話し合いをさせる。

品質表示を身近なものとしてとらえる。・・・1時間

○品質表示を身近なものとして感じられるよう記載内容を調べたり、読み取ったりする。	○品質表示の読み取り方を知らせることで、表示を身近なものに感じさせ、実生活でもそれを見て購入しようとする意識を持たせる。
・品質表示の内容は難しいと思っていたけれど、見方を知ると、意外と簡単に読み取れるね。 ・これから、品質表示を見て買うようにしよう。	

家族の一員として、自分にできることは何かを考えよう・・・1時間

○授業で知り得たことが、どのような場面で実際に活用できるのかを話し合う。	○商品選択の際の重要な要素に気づいたうえで、それを家族にどのように伝えるか、どのような場面で使えるかを話し合い、実践に生かせるように支援する。
家族で買い物に行ったときは、品質表示をみるとよいことを伝えよう。	

4）結果・考察

　教師が「表示を見ることは大切です」と言わずとも、児童自ら表示に関心を持ち、調べ、正しい情報を得ようと学習を進めた。「見える化」を通したこの一連の学習活動は、自分や家族の食の安全を守る消費者としての重要な視点に気づくきっかけとなり、小学生でも十分に内容を理解でき、自らの消費生活につなげる学習となった。

実践Ⅱ 現状を見極める力の育成　～節電を通して～

①授業のねらい

　本授業を実践したのは 2012（平成 24）年、東日本大震災にみまわれた翌年である。新聞や報道で「節電」という言葉を目にしない日はないほど、日本中が節電に取り組んでいた時期である。もちろん以前から電気の無駄を省くよう呼びかけられていたが、この時ほど大きく叫ばれた時はなかった。そこで、家庭科の授業で電気について考え今の自分にできることを見出し、継続して節電に取り組む実践力を育成することを目標に授業を行なった。

②授業づくりから授業の実際の流れ

　大きな流れは以下のとおりである。

> ①教材選択→②意識化させる→③具体化する→④客観的思考で課題に迫る→⑤学びを活かす

実践Ⅰ と同様、児童に意識化させそれを見える化することにより、具体化を図り、実感を伴った理解へと導き課題に迫った。

③見える化を伴った授業の展開（本時案）

学習活動と内容	指導上の留意点	評価
1. 節電について意見を交流する。 誰もいない部屋は、電気を消しているよ。	1. 節電について見聞きしたことを話し合わせ、節電に関心を持たせる。	1. 節電について自分の知っていることや考えを友だちに伝えることができる。
2. 家庭で使用している家電について話し合い、どれくらいの電力を使っているか予想する。 ・テレビやパソコン、ＩＨなどいろんなものを使っているよ。	2. 冷蔵庫の 1 時間の電力量を提示し、その数値を目安に家庭での身近な家電の電力を予想する活動を通して、電力に着目させ、家電を動かすには電力が必要なことに気付かせる。	2. 身近な家電製品がどれくらいの電力を要するのかを理由と共に予想し、発表することができる。
3. 電気の作られ方を知り自分たちで発電する。	3. 発電所とそこで生まれる電気の仕組みについて触れ、発電に関心を持たせるとともに、自転	3. 発電所の仕組みから、発電の仕組みがわかるとともに、自転

・電気を作るって、大変なんだね。 ・コンセントに差し込めばいつでも使えるから、電気についてあまり考えたことはなかったよ。	車発電機を用いて実際に発電させ、電気を作り出す苦労と電気の重要性を実感させる。	車発電機の発電から、電気の必要性を感じ、自分の感想を述べることができる。
4. 家電の消費電力量を知り、節電について話し合う。 ・どの家電がたくさんの電力を必要とするのかな。 ・どれも家で使っているものばかりで、やっぱり節電が大切だな。	4. さまざまな家電製品を準備し、それぞれにかかる電力量を見える形で提示することを通して、節電する必要性を感じさせる。	4. さまざまな家電製品に要する電力量を知ることにより、節電への意識を発表することができる。
5. 本時の授業を振り返り、今の自分にできることを考える。 ・家族に節電について話してみよう。	5. 本時の授業を通して、6年生の今の自分にできることは何か、また、それを実現するにはどうすればよいか考えさせる。	5. 今の自分に出来る節電への取り組みを考え、ワークシートに書いたり、発表したりすることができる。

④実践者としてのあるべき姿

　児童の家庭科での学びが家族の一員としての自覚を芽生えさせ、家庭での実践へとつながっていくことが、家庭科での大きな目標である。そのためにはまず「自分のため、家族のためにやってみたい」と思える授業づくりを行なう必要があり、そのための一つの手段として「見える化」の授業実践を紹介した。数値、画像、体感など様々な方法を用いて実感を伴った理解へと導いていく授業づくりは、教師にとってもまさに大きな発見であり驚きの連続である。教材に向き合い授業研究する最中は、児童がどのような歓声をあげ喜び、どのような表情で結果に向き合うのか、そして何よりどのようにして内面を揺さぶられ行動に起こすのか、考えただけでもわくわくする瞬間である。何を教材として選択し、それをどう児童に提示するかも大切であるが、それと同様、教師の探求心こそ、児童の感性を揺さぶるものだと考える。

(2)　冬の快適な生活を工夫しよう
－感じて、調べて、暮らしに活かす問題解決的な住居学習－

帝京大学教育学部　勝田　映子

①なぜ住教育では体で感じる活動と問題解決的な学習が重要なのか

　家庭科は、「身近な生活の課題を解決する能力」を育てる教科である。しかし、ともすると「やり方」の伝授に終わり、問題解決的に進められていない授業も多い。特に住教育の題材では、その傾向が強い。住環境は多様で子どもには解決不能な問題が多いと思われているからだ。そこで授業は、次のように始まることが多い。教師は問う。冬の気候は寒く、空気が乾燥していて日が早く落ちる。では冬暖かく生活するにはどうしたらよいか、と。しかしこの発問では、子どもの意欲は高まらない。子ども達はすでに日当たりのよい場所は暖かく、重ね着をするとよいことなどは知っている。だからこそ、気づかなかった新しい視点を与え、子どもの認識を揺さぶる活動をしかけなくてはならないのだ。

　ではどうすればよいのか。ここで原点に戻り、今更当たり前のことだとやり過ごしてきた事柄に、もう一度目を向けてみよう。この学習の前提、「日当たりのよい場所は暖かい」は真実だろうか？ そこに思い込みは潜んでいないだろうか。なぜ「暖かい」と言えるのだろうか。暖かいと感じるのは、どの程度の気温のことなのだろうか。その感じ方は人皆同じなのだろうか。

　暖かいかどうか。それを知るには、その場で体を使って感じればよい。それだけのことだ。しかし、この体で感じるという活動が、これまでどれほど重視されて実践されてきただろうか？

　住教育は、「暖かさ」「快適さ」といった人間の感覚と、温度・湿度・照度などの科学的な測定値とを照らし合わせる学習である。生活者がもっている知恵や経験（以下「生活知」と著す）と科学的な知見（以下「科学知」）とをすりあわせて問題解決に迫る学習なのである。だからこそ、科学的な測定だけでなく体で感じる活動が必要なのである。

　また、住教育は価値観をつくる学習でもある。私たちは、どんな「暖かさ」を求めているのだろうか。自分だけ、わが家だけが暖かければよいのだろ

うか。どんな「よさ」を価値として生活を営んでいくのか。家庭科はそれをこそ考えさせる教科なのではないだろうか。また、そのことを真剣に考えなくてはならない時代を私たちは生きているのではないだろうか。こうした課題に応えるために、体で感じる活動を重視し、科学的に調べては交流し、実感とすり合わせながら進める問題解決的な学習を住教育の題材で取り組むこととした。

② 「家庭科的問題解決力」を培う－生活知と科学知とをすり合わせる

　本実践での学習活動の工夫は以下のとおりである。

1）生活を総合的・科学的にとらえる－科学知と生活知のすりあわせ－

　家庭科の問題解決で重要なのは、個々の子どもが、自分の生活にとっての「最適解」をみつけることである。生活上の問題は個々に状況が異なり、要素が複雑で複合的である。そこで本実践で取り組む問題解決的な学習では、子どもが体験や家族からの取材で得た「生活知」を、測定したり調べたりして得た「科学知」とすりあわせる活動を重視した。ともすれば、検証を経ず経験にのみ裏打ちされた体験や「生活知」は、客観性、実証性に優れた「科学知」よりも価値的に低いとされがちである。中でも生活知の原点である「体で感じること」は、人によって違う。しかし、違うとわかると、人は比べてみたくなる。「あなたはどうだった？」そう聞いてみたくなる。説明したくなる。体で感じる学習は、児童相互の交流や言語活動を促進する効果を生み出すと考えた。

2）問題解決的な学習の充実（1）－「いま・ここ」の生活を丁寧につかむ

　従来、家庭科における問題解決的な学習は、生活の中から課題をみつけ、問題解決を図り、得た成果を生活に生かすという3ステップで行なわれてきた。しかし多くの子どもが、自分の生活に何らの問題意識ももっていない現状にある。よって、この3つのステップのうちの最重要課題は、課題設定の段階をどう工夫するかにあるといえる。筆者はこの点を重視した。そして初めの課題設定の段階を二段階に分けて取り組むこととした。生活の事実をつかむ段階と、問題点を特定する段階の2つである。まずは生活の事実をつかむ。今、自分の生活はどう行なわれているのか、それを体で調べてくる。次に何が問題なのかを考える。問題点をあるだけ列挙したり、何が原因でその現象になるのかを追跡的に考えたりして、それらの中で最も重要な問題点を特定するのである。

　例えば、「家の廊下が寒いので、暖かくしたい」という問題点を挙げた児童
には、冷たく感じるのは廊下のどこなのかあちこち触って調べてみることや家
族にも感じ方を聞いてみることを勧めた。家庭内で「寒い」と感じる場所はど
こか、寒い場所同士には同じ条件が存在しているのか、それを目で肌で調べる。
それから温度計を使ってその場所の温度も記録する。計測する際には条件を付
けた。それは必ず「体で感じる活動」（以下「体感活動」と表わす）を行なっ
てから実施するということである。体で感じることを優先したのである。

　次に、問題となっている事柄の原因を特定する活動に移る。そこではまず、
思いつくだけの原因を書き出す活動（ウエッビング）を行なう。一人で考えた
後は、友だちと交流する。「廊下が寒い」の原因には、「床板が冷えている」
「壁が冷えている」「廊下に日が当たらない」などが挙げられていた。そのどれ
が最も原因となっているのか、そこを子どもは計測して調べてみたいと言った。

３）問題解決的な学習の充実（2）－問題解決の「ものさし」をつくる

　問題解決的な学習の問題点は、他にもある。どの結果も「みんなちがって、
みんなよい」となり、学習目標に到達できたかどうかを子ども自身がつかみに
くくなる点である。本実践ではそこを改善した。具体的には、子どもに評価の
「ものさし」（規準）を考えさせた。それを基に同じ「ものさし」で解決策を自
己評価したり、互いに評価し合ったりできるようにした。

　「指導と評価の一体化」と言われて久しい。しかしこれは教師の構えである。
これからますます生涯学習社会となる。その中でよりよく「生きる力」を培う
には、自分で目標を立て、自分で結果を評価し、改善する力が必要とされる。
いわば「学習と評価の一体化」である。本実践では、その点に力を入れた。

　こうした考えに立ち、以下の学習ステップと活動を基に、問題解決的な学習
を展開した。

<課題をつかむ段階>	1 今どうなっているのか生活の事実を調べる
	2 求めている「よさ」は何かを話し合う
	3 何が問題なのかを特定する。
<課題を解決する段階>	4 どんな解決方法があるのかを列挙する。
	5 どの解決方法がよいのかを、作った「ものさし」で評価してみる
	6 自分はどの解決方法を使うか決めて、実践 計画を立てる。
	7 計画を実行する
<実行したことをふり返る段階>	8 結果から成果と課題をつかみ、必要ならばさらに改善案を立てる

◎図1：本実践で進めた問題解決的な学習の各段階

4）問題解決的な学習の充実（3）－生活に活かしてみてから評価し合う－

さらにここでは、学んだことを生活に活用してから交流することとした。

③授業実践の実際

（1）題材名　第6学年「わたしの冬エコ作成！」（全6時間扱い）

（2）題材のねらい

ア　季節の変化に合わせた生活の仕方に関心をもち、快適な住まい方や着方について考える。（関心・意欲・態度）

イ　季節の変化に合わせた着方や住まい方について、課題を見つけ、実践計画を立て、自分なりに工夫して課題解決を図る。（創意工夫）

ウ　季節の変化に合わせた生活の大切さがわかり、快適な着方や住まい方について理解する。（知識・理解）

（3）題材の学習指導計画（表8-1）

次 (時)	小題材名及び目標	主な学習活動	重点とする評価の観点			
			関・意・態	創意工夫	技能	知識理解
1 (1)	○生活をみつめてみよう	・家庭科室内の「暖かい場所」を探し交流する。 ・イラストの中から問題点をみつけ、話し合う。	○			
2 (1)	○暖かい着方を考えよう	・布地の保温性、通気性、重ね着の効果の着用実験				○

3 (2)	○暖かく明るいすまい方を考えよう	・校内で温度・湿度・風力を調べる。 ・保温実験をする ・室内の照度調べ			○
4 (2)	○おすすめします！わたしの冬エコ作戦	・学習したことを活用し、自宅で実践したことを交流する。		○	

④授業の実際1－第一次「生活をみつめてみよう」－

■子どもの探求心を引き出すための導入の工夫

　授業当日は、快晴に恵まれた。まず、「今日は暖かいね。みんなはどう？」と子どもに尋ねる。「こっちはちょっと寒い」「こっちは暖かい」。子どもは口々に反応する。そこで、暑い、ちょうどよい、寒いの3段階で、今感じていることを挙手してもらう。すると、挙手の結果はまちまちになった。そこで「今のことから、どんなことがわかるだろう？」と尋ねる。子どもは、「座っている席によって暖かいとか寒いとかの感じ方が違う」「人によって感じ方は違う」「（授業前の）休み時間に運動したかどうかで違う」と発言。教師は「人によって違うと言うことだけれど、同じ人でも場所が変われば感じ方は変わるのかな？」と問う。子どもからは「窓側に行けば、今寒い人だって暖かくなるんじゃない？」と声が挙がる。「本当？　やってみなくても、そう言える？」。そこでこう切り返す。子どもは皆ハッとした顔になる。家庭科で大事にしたいのは、「やってみなくてはわからない」という実践的な探求心だ。そこで「『暖かくなるんじゃない？』とは不確かだね。では、やって確かめてみよう。家庭科室の中で一番暖かいと思う場所にそれぞれ移動してみよう」。こう呼びかけて、活動を開始した。

　子どもは一斉に日当たりのよい窓側に集まった。しかし、しばらくすると、その集団は三か所に分かれた。1つめは窓際。2つめは窓際で窓の鉄柵をつかんでいる。3つめは窓から2mくらい離れた日当たり。

　それぞれに、そこを選んだ理由を尋ねる。窓際派は「日が当たって暖かいから」、窓の鉄柵派は「日向で、日が当たっている鉄柵をつかんでいると暖かいから」と言った。しかし、窓から2m離れた場所に立ったグループから異論が出た。「窓のそばは寒気がするよ。窓からちょっと離れた日向の方が暖かいよ」。

　この発言には窓際派が納得できない。互いに自分の方が暖かいと主張し合う。

　その声を待ってからこう問いかけた。「じゃあ、どうしたらどっちが暖かいかわかるかな？」。さすが6年生。「温度計で測ってみれば？」と即答。

　問題になった2か所をデジタル温度計で測ってみる。窓際の鉄柵の上が19.3度、窓から2m離れた日向は23.4度。その時点の外気温は5.0度だった。直射日光の当たる窓に近い方が、温度が高くなる「はず」だった。しかし、そうはならなかった。この意外な事実を前にして、子らは皆、首をかしげた。

　ここでこう呼びかけた。「窓を触ってごらん」。子どもは一斉に窓に駆け寄る。「窓が冷たい！」「鉄柵は熱いよ。何で窓は冷たいの？」「そうか、外気に触れているからじゃない？　でも、鉄柵は暖かかったよね。ということは、ガラスは熱を伝えにくいってこと？」「だから窓はガラスでできているってこと？」「あれっ、これって4年のときやらなかったっけ？」。子どもたちは4年生の理科で学習した熱の伝わり方を思い出したのだ。

　ここで熱の伝わり方について復習しておいた。鉄柵に触って暖かく感じたのは、熱の伝導による。直射日光が暖かかったのは、熱の放射。そして、家庭科室で冬でも扇風機をかけているのは、空気を対流させることよって、暖まった空気の熱を伝えているということだ。子どもは、「ああ、それって理科でやったね」「そうか、この3つの熱の伝わり方をうまく利用すれば、冬も暖かくできるね」「結構気づかないけど、この3つって、いろいろなところにあるね」と発言した。

　熱は高い方から低い方へ移動する。自分の体温よりも低い場所に近づけば寒い。「触って冷たい所はどこだろう？」そう呼びかけると、子どもたちはあちこちを触り始めた。「壁もけっこう冷えてるね」「ドアも冷えてる」「本当だ！　これ鉄だもんね」。この冷えの感覚は、放射温度計を使えば、即時に計測す

◎写真8-1　窓を触って冷たさを体感

ることができる。しかし、初めに温度計ありきにはしない。まず触って実感する。そして、人によって感じ方はバラバラだということを押さえる。家庭科ではそこを大事にしたいと考えている。それは、共に住まう家族との生活の中でも言えることなのだということに気づかせたいからである。

　長々と導入について述べた。それは、まず体で感じてみよう！、次に温度計で測ってみよう！　と形だけ実感を取り入れる指導は避けたかったからである。それでは結局教師が学習を主導する。そうではなく、子どもから「温度計で測ってみようよ！」という声が上がるように学習を展開したいと思った。体でこの場所は寒い、暖かいと知る生活知と、温度計で計測して得る科学知。その二つを行き来しながら学ぶのが、生活を総合的に学ぶという姿なのではないかと考える。

■どんな「よさ」を求めるのか－生活の価値観を醸成する指導の工夫－
　冷たい所を次々と触ってきた子らは、「先生、エアコンつけて！」と言い始める。そこでどうして欲しいのかと再度聞く。「エアコンつけて暖かくして欲しい！」。その声を待ってから、「ではみんなの願いはこれかな？」とイラストを提示する。そこには、閉め切った部屋でこたつにもぐり、エアコンをつけて暖まっているランニングシャツ1枚の子どもが描いてある。「これ、やりすぎでしょ」。子どもから少し不満そうな声が挙がる。そこで尋ねる。どこが「やりすぎ」なのか、なぜそう思うのか。まず、ワークシートに自分の考えを書いてみようと話す。それから同じ班の中で、意見交換をさせる。

　子どもたちは、イラストからたくさんの問題点を指摘した。「晴れているんだから、窓は開けて日が入るようにした方がいい」「地球温暖化のことも考えて、エアコンの温度は28度にした方がいい」など。教師はここで子どもに切り込む。「自分が暖かければそれでいいんじゃないの？」。すると、「電気代かかるからよくないよ」という子や、「自分だけがよければいいという考えはよくない」という意見が出てくる。「そういうことを言うのは今のことしか考えていないからで、そういう暮らしをしていたら、ぼくらが大人になる頃には地球は温暖化して、資源もなくなって大変なことになる」と息巻く子もいる。そこに「エアコンって温暖化と関係あるの？」という素朴な質問を出す子もいる。

　こうした話し合いを充分にさせた後で改めて問う。「わたしたちは、どんな

わたしの冬エコ作戦　1	年　組　番（　　　　　　　　　　）

これは、冬のある晴れた日曜日のむとんちゃく君のようすです。

◆上のイラストの中から問題だと思うところをみつけて書き出しましょう。

◆なぜ「問題だと思ったのか、そのわけを書きましょう。

◆どうするとよいと思いますか。むとんちゃく君へのアドバイスを書きましょう。

◎図 8-1　ワークシート

暮らしをめざしたらいいのかな？」。家庭科で大切にしたいのは、生活に対する価値観を醸成することではないか。家庭科がめざすのは、寒いから暖かくしましょう、という「やり方」教育ではないのだと私は考えている。

■評価の「ものさし」をつくる

　ここで、子どもと評価の「ものさし」をつくる。どんな解決策だったら、めざす暮らし方に合致するのだろう。評価の観点を話し合う。この学習では「実践する前よりも快適になったか」「環境のことも考えて工夫したか」「家族全員にとってよい解決策になったか」「お金をかけずに解決できたか」の４点を「ものさし」にしようということに決まった。クラスによる違いはあるが、この４点、特に環境への配慮については、どのクラスも項目に挙げていた。

⑤授業の実際２－第２・３次　体感活動と実験とで理解を深める－

　この題材で指導することは、熱の伝わり方（伝導、放射、対流）と保温のしくみを理解させ、それを生活に活用する工夫を考えさせることである。そこでここでも以下のように体感活動と実験とを併行して行なった。

　ここで大切なことは、体感したことと実験で得た知識とをすりあわせることである。ダウンジャケットを着たら暖かかった。セーターや化繊綿を水に沈める実験をしたら空気の泡が出た。そして、U型便座カバーを1枚被せたペットボトルと2枚のものとを比較する実験をしたら湯の温度の下がり方が違う。2枚かぶせた方が温度の下がり方は鈍くなった。このように児童は体で得た感覚と実験で得た知識とを照合させていく。このことが、理解を確かなものにするのだと考えた。ここで便座カバーを使ったのは、伸縮に富んでいてペットボトルに被せやすく、かつ一定の長さで切れば同じ材質の物を複数枚、簡単に作ることができるからである。湯は予備実験の結果、60度が最適とわかった。

◎表8-2　指導内容ごとの体感活動、実験と準備する物

指導内容	体感活動	実験・計測	準備する物
熱の伝導	・室内の「暖かい物」と「冷たい物」を触って調べる	・放射温度計で温度を測定する	・放射温度計
熱の放射	・手をこすって顔に近づけ熱の放射を感じる	・日向と日陰の温度差の計測	・温度計
熱の対流	・床近くと高い場所との暖かさを感じて比べる	・床と天井各付近の温度差の計測	・液晶デジタル温度計テープ
保温	・ダウンジャケットを着たり脱いだりしてみる。 ・建築用断熱材を触る	・60度の湯を入れた2つのペットボトルの温度変化の計測と比較	・ダウンジャケット ・建築用断熱材 ・ペットボトル（350mL）2本 ・U型便座カバー ・湯（60度）
衣類が含む空気	・同上	・セーターを水槽に入れて泡を観察	・セーター（モヘヤなど） ・化繊綿等・水槽
効果的な通風	・窓を開け方を変えて、寒さ感を比較する。	・窓枠に1cm幅のティッシュペーパーを並べて貼り、なびく様子を観察	・ティッシュペーパー1枚を1cm感覚で切った物

◎写真8-2　液晶デジタル温度計テープ
（6〜34度まで2度刻みに表示。その場の温度の数字が緑色に浮き上がる。裏面はシール状になっているので壁等に貼れる。値段は6枚組で3000円くらい。）

　ここでの活動は、以下のように一つの机に1つの実験装置と活動内容を書いた「指示書」を準備してオリエンテーリング方式で行なう。実験は班ごとにどこから行なっても良い。このようにすると、用意する用具やセットは1つで済む。子どもは、机をあちこち巡りながら、友だちと楽しく学ぶことができる。

⑥授業の実際3－第三次　生活に活かす・友だちと交流する－

　子どもたちは、第二. 三次で冬を暖かく明るくすごすための原理を学んだ。次は、学んだことを自分の生活に活かす学習へと進む。ここで、実践計画を立てる前に、第一次で話し合った「評価のものさし」に立ち戻る。どんな実践をめざすのかを再確認するのである。子どもからは、「前よりも快適になったか」という「ものさし」について、それをどう判断するかで意見が出た。「何となく前より快適になった、といっても他の人には伝わらないと思う」と言う。ではどうするのか。話し合った結果、できるだけデータを取ってこようということになった。以下は、子どものレポートの一部である。どの子も工夫してデータを取り、当日は数値を示しながら発表した。家庭科の言語活動で大切なことは、発表が言葉巧みにできることではない。どれだけ多面的な視点からアプローチできたか、また生活を科学的にとらえて図や数値を基に発表することができたかということであり、それを言語で的確に表現することだと考える。

◎図 8-2　教室内の体感活動、実験の場の配置

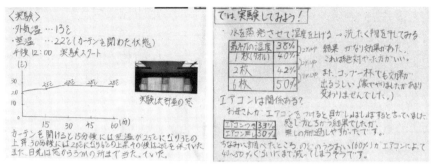

◎ 8-3　子どもの実験記録
(左：閉めたカーテンを開けた後の室温の変化)
(右：室内に濡れたタオルを 1,2,6 枚干した場合の各湿度)

(3)　消費生活領域における言語活動を促す課題設定の工夫
　　　—第三者の視点を経ることで自身の生活を見つめ直す—

大阪府立天王寺高等学校　谷　昌之

①学校教育における消費者教育の必要性

　現代の日本において、誰もが消費者として消費行動の主体となりうる。このことは、消費者トラブルに直面する危険性が誰にでもあるということを意味している。また、成年年齢が 18 歳に引き下げられることにより、これまで未成年者の消費者被害を抑止してきた「未成年者取消権」を行使できる年齢が引き下げられるため、これまで以上に若年者に対する消費者トラブルへの対策を強化する必要がある。

　消費者庁[1] によると、2016 年に国民生活センターおよび全国の消費生活センターへ寄せられた消費生活相談は、88.7 万件であり、そのうち「取引」に関する相談の割合が85％を超えていると報告されている。また、消費者トラブルを未然に防ぎ、対応するための力を身につけることにつながる消費者教育について「知識を一方的に与えることではなく、日常生活の中での実践的な能力を育み、社会の消費者力の向上を目指して行われるべきものである。知識を得るに当たっては、一人一人が、様々な機会・出会いを通じて、『見て』、『聞いて』、『読んで』自ら調べ、『学ぶ』ことで『気づく』ことが基本である。それ

だけでなく、知識として学んだことを、自らの消費生活にいかすとともに、『見せて』、『話して』、『書いて』他人に伝えることにより、社会をたくましく生きていく実践的な能力（生きる力）を育み、そして自立が困難な人を『見守る』ことで、社会の消費者力を向上していくことができる」としており、消費者教育がインプットとアウトプットの両面から成り立っており、どちらも欠くことができないものであると記されている。

　その一方、高等学校では2022年より年次進行で実施される次期学習指導要領[2]において「主体的・対話的で深い学びの実現に向けた授業改善」が提唱されている。家庭科については「生活の営みに係る見方・考え方」を「家族や家庭、衣食住、消費や環境などに係る生活事象を、協力・協働、健康・快適・安全、生活文化の継承・創造、持続可能な社会の構築等の視点で捉え、よりよい生活を営むために工夫すること」と規定している。消費者教育については重要事項として取り上げられており、小学校では「売買契約の基礎」を、中学校の技術・家庭科では「計画的な金銭管理や消費者被害への対応」を、高等学校では「多様な契約、消費者の権利と責任、消費者保護の仕組み」について家庭科、公民科で扱うことが示されている。また、今回の改訂では、家庭科（家庭分野）において小・中・高等学校の内容の系統化が図られており、「消費生活と環境」が小・中学校における3つの枠組みの中の1つとして、高等学校では4つの枠組みの中の1つとして位置づけられている。

　消費者教育はこうした消費者行政ならびに教育の変革の中でその必要性を増すとともに、児童・生徒が自分に関わる問題であると捉えることができるように工夫がなされ、さらに発展していくことが強く求められている。

②消費者教育を「主体的・対話的で深い学び」として有効に機能させるために
　今回の学習指導要領改訂では「主体的・対話的で深い学び」が各教科で行なわれることが示され、学習内容とともに学びの過程も含め、工夫を重ねた授業改善を行なうことが求められている。
　「主体的・対話的で深い学び」を成立させていくうえで重要な概念として、松下[3]や森・溝上[4]らが提唱しているアクティブ・ラーニングにおける「内化−外化−内化」の往還モデルがあげられる。このモデルでは、まずは課題に

対して一人で自分自身に向き合う＜内化＞（知識のインプット・思考の整理）を丁寧に行なう必要があり、それを基にグループ活動などによって他者との意見を交流させる＜外化＞（知識のアウトプット）へと進む。このステップで得た多様な考え方・意見・視点を自分に引き寄せて、改めて一人で考えを整理し、理解を深める＜内化＞を経てようやく学びが自分ものとなるとされている。このモデルを家庭科の授業に適用した場合について考えたい。

　家庭科の授業は、これまでも生活場面の諸課題を題材として取り上げることによって、生徒が主体的に学ぶことを推し進めてきたといえる。また、学習したことがそのまま実生活へ活用できる点からも、生徒の学習意欲を高めやすく、課題への取り掛かりとなる最初の＜内化＞にあたる活動を促しやすい教科であるといえる。次のステップである＜外化＞の活動を活性化させるために、言語活動を通して自身の考えを表出し他者との交流を促す授業展開が期待されるが、家庭科が扱う学習内容にはプライベートな側面があり、生徒が自分の生活をさらけ出して他者との交流を行なうことには心理的に高いハードルがあるのではないかということが問題点として考えられる。このことから、家庭科の授業において「内化―外化―内化」の往還モデルを適用しようとした時に、初めの＜内化＞のプロセスにおいて、のちに他者と意見交流を行なう＜外化＞があるとわかっていることが影響して、自身の生活に迫った "リアルな本音" が出しづらくなっていないか、生徒の取り組みをしっかりと見極める必要があると考えられる。そして、このことによって＜外化＞のプロセスが不発に終わると、まとめの＜内化＞の活動が促進されず、生徒の成長につながらない状態に陥ってしまうのではないかということが想定される。ゆえに、家庭科の学びを「主体的・対話的で深い学び」に高めていくためには課題設定や授業方法について生徒の学びの過程を深く検討し、工夫することが必要であるといえる。

　家庭科の授業では学校の特性や生徒の発達段階に応じて、課題設定や授業における発問について、難易度や答えの多様性（オープン・クエスチョンとクローズド・クエスチョン）などの観点で細かな調整を行なってきた。ここではさらに、課題設定を検討するうえで、「自分のこと－他人のこと」という観点を積極的に取り入れていくことを提唱したい。

　自身の生活に迫った "リアルな本音" を表出するためには、生徒自身の発達

とともに、自身の発言を受け止めてくれる学級内での信頼関係の構築が必要である。しかし、これらの条件が成立するまでには時間がかかり、実際にはその途中においても授業は行なわれる。そこで、あえて第三者の視点に立って他者へのアドバイスを考えたり、なぜ相手は私に対してそのようなことを行なうかということを考えたりする活動を通して、客観的に自分を見つめる学習から徐々に発展させ、最終的には我がこととして全体的に自分自身の立場で意見を出し、学習が深まるような課題を設定できないか検討した。以下、消費生活領域の学習において、言語活動を重視し、課題設定に第三者の視点を経る工夫を取り入れた実践を3つ紹介する。

③実践の紹介

(1) 題材名　消費生活と生活における経済の計画

(2) 題材のねらい

ア　家計管理のあり方について考えるとともに、消費者問題について関心を持って自立した消費者として行動できる。(関心・意欲・態度)

イ　さまざまな支払い方法についてその特徴を踏まえた選択ができる。また、悪質商法について被害を防ぐためにどのようにすれば良いかを考えて実演して他者に伝えることができる。(思考・判断・表現)

ウ　給与明細や家計簿などから必要な情報を読み取り、家計の姿をとらえることができる。また、消費者問題に関する情報を入手して、自らの状況に置き換えて被害を未然に防ぐことができる。(技能)

エ　家計や社会経済についての仕組みや関わりを理解する。また、契約や販売、消費者問題などの消費生活を営むために必要な知識を身につけている。(知識・理解)

(3) 学習指導計画　　表8-3の通り、全9時間の実践を行なった。

◎表8-3　学習指導計画

次 （時数）	小題材名 及び目標	主な学習活動 ならびに 重点とする評価の観点 （囲心・意欲・態度，圏考・判断・表現，囲能，囲識・理解）
1 (1)	家計の収入と 支出	・給与明細書と1か月の生活費のモデルから、家計の問題点を指摘しライフスタイルも含めた改善策を考える。（ワーク） ・給与明細に見られる「手当」「控除」について学習する。 <div align="right">関・思・技・知</div>
2 (1)	契約の意味	・契約について、売り手と買い手の「権利」と「義務」の関係を整理する ・契約事項を守らないとどのような不利益が起こるか学習する。 <div align="right">知</div>
3 (1)	さまざまな支 払い方法	・支払い方法の多様化について「先払い」「即時払い」「後払い」の時系列を用いて整理する。 ・クレジットカードの仕組みや利用上の注意点を学習する。 ・さまざまな場所でクレジットカードの作成を勧められるが、なぜそのようなことが起こるか考える。（ワーク） <div align="right">関・思・知</div>
4 (1)	借金と返済	・「借金」と「返済方法」について、仕組みや注意点を学習する。 ・多重債務に陥る事例から、どの時点から深みにはまっているか読み解く。 （ワーク） <div align="right">関・思・知</div>
5 (3)	悪質商法の ロールプレイ	・グループに分かれて悪質商法のロールプレイのシナリオを作成し、実演する。（ワーク） <div align="right">関・思・知</div>
6 (2)	消費者行政	・トラブルに巻き込まれた時に役立つ救済制度について理解する。 ・相談体制について学習し、相談窓口を紹介する。 <div align="right">知</div>

④実践内容(1)　−第1次「家計の収入と支出」−

　消費生活領域の導入として、給与明細から必要な情報を読み取るとともに、1か月の支出モデルとの比較を通して、収入と支出の適切なバランスについて考えるワークを行なった。

　架空の人物（就職5年目の27歳男性）を設定し、給与明細のモデルを生徒に提示した。給与明細に示されたさまざまな手当や控除について概要を学習し、可処分所得（いわゆる「手取り額」）について確認した。その後、彼の1か月の支出額について家計の項目別に示した資料を提示した。ここではあえて支出額が手取り額を上回る「赤字」の状態になるように金額を設定した。この条件のもとで、「彼の支出をどのように改善すれば赤字が解消できるか、彼の友人になったつもりで、彼が納得するように丁寧に説明してほしい」という課題を提示した。

　　まずは、＜内化＞として一人で考える個人ワークの時間を設けた。"第三者へのアドバイス"という設定にすることによって、自分の考えを気軽に表出しやすい状況を作ることができたため、生徒からは「自炊を増やすと良い（食費）」「飲み会を断って回数を減らす（交際費）」「安い家賃のところに引っ越す（住居費）」「車を手放す（車両費）」といった多様な提案が生み出された。中には「彼女と別れる（交際費）」「昼食を食べずにがまんする（食費）」「ケータイを解約する（電話代）」といった少々強引な提案も出てきた。

　　次に、＜外化＞として、近くの生徒とワークシートを交換し、相手が書いたアドバイスに対して、自分が登場人物になったつもりで「でも…」から始まる"反論"を書き込むペアワークを行なった。この活動は、初めの個人ワークで強引な提案も見られることが予見できたため、アドバイスを受ける側の立場に移ることで、課題を異なる角度から改めて見直し、考えを深めることをねらいとして取り入れた。

　　ここで、これまで活動の中で出てきたアドバイスを見て、授業者が気になった点や現実的に起こりうる問題点を指摘した。例えば「引っ越すというアイデアがあるが、引越しには費用や手間がかかる」「食費を削るというが、1か月の食費を30で割って1日あたりの金額を計算してみよう」「被服費は、12を掛けて1年単位で考えてみよう」など、行動を起こすことで発生する費用があることや、日・月・年などの時間軸を組み合わせて家計を捉える視点が必要であることなどを補足した。最後に、再び＜内化＞として、アドバイスの内容を見直してさらに実現可能なものに手直しをするための時間を設けた。

　　当初、強引なアドバイスを記入していた生徒たちも、生活にかかる費用について具体的に想像しながらアドバイスを記入するようになった。具体的な手法を細かく記入する者や、金額を具体的に示して目標を定めるようなアドバイス内容を記述する者が多く現われた。

　　収入と支出の具体的な事例について第三者へのアドバイスという"悩み相談"の活動を通して考えることによって、消費生活における主体的な意思決定を体験することにつながった。この実践によって、支出と収入から家計が成り立っており、働いて得た収入を大切に賢く使うことがいかに重要であることを意識づけることができ、消費生活領域の導入授業として十分に機能した。

⑤実践内容(2)　－第3次「さまざまな支払い方法」－

　多様化する支払い方法について、時系列を用いて「先払い（プリペイド）」「即時払い」「後払い（ポストペイ）」の3つに整理するとともに、クレジットカードを題材にして「三者間契約」の仕組みについて学習した。消費者としての立場でクレジットカードの利便性や注意すべき点を学習し理解するだけでなく、三者間契約に登場する「クレジット会社」「銀行」「販売店」にとってこの仕組みにどのような利点があるのか、立場を変えて三者間契約についての考察を促すワークを行なった。

　ショッピングモールや家電量販店などの販売店の店頭で賑やかに展開されているクレジットカードの入会キャンペーンを例示し、「なぜ、お店はお客さんにクレジットカードを作ってもらいたいのか？」という問いを設定して生徒に投げかけた。生徒にとってはよく見かける光景ではあるが、なぜそのようなキャンペーンが熱心に展開されているのかということは考えたことがなく、問いを提

◎図 8-5 ボードに用いた画像[5]

示したときは不思議そうな表情を浮かべていた。この状態は、生徒一人ひとりが「なぜ？」と自問自答をして＜内化＞が起こっている場面であると考えられる。数名の生徒を指名して理由を述べてもらったが、まだこの時点ではまとまった内容を答えることができる者はいなかった。

　次に＜外化＞を促す活動として、「販売店」「クレジット会社」「銀行」それぞれの主張を記入できるボード（図8-5）を用意し、「お客さんにクレジットカードを作ってもらうことによって具体的にどのようなメリットがあるか」という課題を提示した。それぞれの立場に立って想像力を働かせて意見を出し合うグループワークを行ない、発表してクラス全体で意見を共有した。生徒からは「クレジットカードを持っていたら、財布にお金が入っていなくても諦めずに買い物してくれる（販売店）」「たくさん使ってもらったら手数料が多くもら

える（クレジット会社）」といった意見が報告された。銀行にとってのメリットについては難しかったようで、クレジットカードの利用が増えることで銀行口座に置いておく預金額が増え、銀行の経営が安定するという仕組みに到達できるグループは少なかった。グループ発表後にこのような点を解説し、家計と社会経済とのつながりを学習することができた。最後にふりかえりとして、話し合いや発表で聞いた内容などを踏まえて、改めてそれぞれの主張を自分の言葉で整理し直す＜内化＞の活動を行なった。

　生徒にとって、実感が持ちづらく複雑な内容といえる「三者間契約」について、立場を変えて考えることを通して、消費者を取り巻くさまざまな事業者の存在や、家計に対する影響について学びを深めることができた。

⑥実践内容(3)　－第5次「悪質商法のロールプレイ」－
　消費生活領域の重点項目として悪質商法を取り上げた。これまで、悪質商法に関する学習を深めるために、芸能人が出演した臨場感あふれるビデオ教材を活用したり、既成台本を生徒に読み上げてもらったりとさまざまな教材や手法を試みてきたが生徒に対してリアリティを持たせて迫ることが十分にできていなかった。

　悪質商法はＩＴ技術の進歩なども相まって新しい手口が次々と発生し、多様化している。悪質商法による被害を防ぐためには、一人ひとりがそれぞれの悪質商法の具体的な手口や対処法などの「知識」を身につけるだけではなく、"怪しい"と気づく「感覚」を養う必要があると考えた。そこで、与えられた役をそれぞれが演じることで疑似体験を行ない、諸問題に適切に対応できる力を育成することにつながるロールプレイの手法を導入し、生徒自身があえて「だます側」の立場でシナリオを自作し、発表するという実践を次のように行なった。

* 1時間目… プロジェクトの概要説明とグループ分け、分担する悪質商法の紹介、評価ルーブリックの確認、シナリオ作成
* 2時間目… シナリオ作成、練習
* 3時間目… ロールプレイ発表会と学習のまとめ

　1グループの人数は4〜5名とした。各グループに割り当てた悪質商法、設定した課題、注意事項、評価の観点などは資料8-3の通りである。

◎資料8-3　「悪質商法のロールプレイ」のワークシート（一部抜粋）

<課題>　悪質商法のロールプレイを実演します。
　　　　「台本（シナリオ）」を作成して、「演技（発表）」してください。
　　　　おもに、20歳前後の若者が被害にあう設定を考えてください。

<説明>　グループごとに悪質商法を割り当てますので、自分たちでその悪質商法のロールプレイをつくりあげてください。
　　　　エキストラが必要な時は、クラスの人に手伝ってもらっても良いです。

　　　= 割り当てる悪質商法 =
　　　①アポイントメントセールス　　②キャッチセールス　　③マルチ商法
　　　④デート商法　　⑤不当請求（架空請求）　　⑥ネガティブ・オプション
　　　⑦催眠（SF）商法　　⑧開運商法（霊感商法）　　⑨資格商法（就職商法）

<注意>
① 発表時間は2〜3分程度とします。　※　短過ぎず・長過ぎず　で！
② 悪質商法（悪徳商法・問題商法）に関する事例はたくさん公開されています。
　 例：インターネット　消費生活センターや公的機関のパンフレットコーナーなど。次回の授業までに、どんな事例か調べておくとスムーズにシナリオを作ることができます。
③ 成功のポイントは「自分たちの年代（設定は20歳前後の若者）」がだまされてしまうような内容（商品・手口）を考えて、事例をアレンジすることです。
④ 「工夫」も大切です。少し小道具を用意するなどは大歓迎です！

<評価>　次の観点で評価します。

項目	業者の手口	消費者の心理	演技	工夫
	どのような手口か、悪質商法の内容が正しく伝わるか？	どのようにしてだまされていくかが表現されているか？	大きな声でしっかりと演技しているか？	観客の心をつかむ工夫があったか？
S	細かな部分までリアルに表現されている。	だまされる人の心の動きが上手く表現されている。	役になりきって"演技"ができていた。	観客の多くが発表に引き込まれるような工夫があった。
A	手口の「ポイント」となることが含まれている。	消費者がだまされる「ポイント」が含まれている。	しっかりと内容が伝わる声の大きさで発表した。	観客を引き込む工夫があった。
B	業者がどのようなことをしているか伝わっていない。	どこがポイントかわかりにくかった。	聞き取れない部分があり、伝わらなかった。	特になく、淡々と芝居が進んだ。

　授業を進めるうえで大切にしたことは、1時間目の概要説明において「20歳前後の若者が被害にあう設定（売りつけられる商品、業者の迫り方など）を考える」というポイントを明確に伝え、生徒に力を入れて考えてもらう箇所をきちんと示すようにしたことである。この点をおろそかにすると、授業のねらいが崩れてしまい、内容の乏しい単なる"お芝居発表会"になってしまう可能性が高くなる。また、少々強引ではあるが1時間目からシナリオ作成に着手させることで「わからない」「難しい」といった思いを生徒から引き出し、自分たちで「調べる」「考える」といった活動を促すようにした。これにより、2時間目の授業に向けて、自分が担当する悪質商法の手口について調べて来る生徒が多くなり、各グループのシナリオが深まることにつながった。

　各グループが作成したシナリオの内容を見ると、売りつけられる商品として「化粧品」「ブランド品（財布・バッグなど）」「開運グッズ」「健康食品」「ダイエット用品」などが見られ、内容については荒いセリフ回しの部分も見られたが、だまされる"きっかけ"や"決めゼリフ"について、だます側の視点に立って考えた巧妙なものが多く見られ、悪質商法の実態に迫ることができていた。

　また、1グループの人数を4～5名としたことによって、「だます人」「だまされる人」以外の配役が行なわれた。例えば、複数人でだましにかかる二段構えの手口の再現、きっかけだけ作って途中で逃げる友人の存在、一緒にうろたえる家族、だまされたことに気づかせてくれる人の存在など、シナリオのリアリティを向上させ、悪質商法の問題点について広く考えることにつながる展開が見られた。

　この実践については、個人での活動の時間がほとんどなく、すぐにグループによる活動を展開したため「内化−外化−内化」の往還モデルと照らし合わせると変則的なものとなった。シナリオ作成が一部の生徒によって行なわれているグループも見られたが、活動が進む中で、読み合わせを行ない、修正のための話し合いを行なうといった過程で、メンバーそれぞれに＜内化＞と＜外化＞とが相互に多発していたと考えられる。発表会は＜外化＞に相当する活動となり、他のグループの発表を聞いてポイントをメモし、気づきや感想を自身のワークシートに記入する活動を通して、得たものを＜内化＞させていくことが

できた。

　授業後のふりかえりには、自らが発表したことによる気づき（「自分の演技だったら嘘臭くてだまされないと思うけど、悪質業者はすごいと思ったし、改めて怖いと思った」「自分で調べてみて身近に危ないことがたくさんあることに気づいた」など）、他班の発表からの気づき（「どんな感じでだまされていくのかがわかり、悪質商法の仕組みを実感できた」「資料だけではわからなかったけど、お芝居にすることでどんなやり取りでだまされるのかがわかった」など）、グループで協力してシナリオを作成した過程での気づき（「初めはどうしていいかわからなかったけど、練習してシナリオを手直しして良いものができた」など）といった記述が見られた。当初のねらいにあげた、悪質商法について"怪しい"と気づく「感覚」を生徒の主体的な活動によって高めることができた。

⑦実践を通して

　今回の実践では「主体的・対話的で深い学び」を実現するために、あえて直接的に「あなたは？」という問いかけを控え、第三者の視点に立つ課題を設定することで、結果的に学習全体を通して自身の主体性や意思決定能力を高めることをねらいとした実践を行なった。

　お金を使う経験も増え、中にはアルバイトをしている生徒もいるとはいえ、高校生はまだ消費生活を行なう主体としての経験値が浅い存在であるといえる。そのような状態の彼らに対し「あなたは？」と直接的な課題設定で迫ることが、主体的・対話的で深い学びに迫るアプローチとして適切なものかどうか、私は実践に取り組む中で疑問に感じていた。むしろ「あなたは？」と迫ることで、かえって生徒の生活に基づいた"本音"をうまく引き出せず、生徒の視野を狭くする可能性すらあるのではないかと感じていた。

　また、生徒一人ひとりの発達段階とともに、授業を行なう場としての学級集団の発達段階も考慮に入れて課題設定を行なう必要があるのではないかと考えている。特に家庭科の授業を深めていく中で「私は」や「私の家族は」という視点を切り離すことはできない。その点からも、アクティブ・ラーニングにおける「内化−外化−内化」の往還モデル、特に＜外化＞（＝他者との意見交

流）を行なううえで、生徒の活動を促すことが可能な「生徒個人や学級集団の状況に適合した課題設定」が求められていると感じている。

　今回の実践では、生徒が自分の意見を持って他者と言語活動を通して交流することを促すために「家計の悩み相談」「クレジットカード入会キャンペーンの謎」「悪質業者になりきるロールプレイ」といった第三者の立場から考える課題を設定した。いずれも学習を通して「家計の収支バランスを適正化するための工夫」「クレジットカードの活用と生意すべき点」「悪質商法の被害を防ぐための心構え」といった自立した消費者として適切な消費生活を行なうために必要なスキルを身につけるとともに、他者との意見交流を通して多くの意思決定を体験することにつながった。学習活動を促す課題設定が功を奏し、生徒は授業で積極的に発言していた。まとめやふりかえりなどからは、"…すると良い""…に気をつけたい"など主体的な記述が多く見られ、ねらいに掲げた項目について、生徒の成長を大きく感じることができる実践となった。

【参考文献】
1）　消費者庁『消費者教育の推進に関する基本的な方針』2013,2018 改定
2）　文部科学省『高等学校学習指導要領解説 家庭編』2018
3）　松下佳代『ディープ・アクティブラーニング』勁草書房 ,2015
4）　森朋子・溝上慎一『アクティブラーニング型としての反転授業』ナカニシヤ出版 ,2017
5）　金融広報中央委員会『きみはリッチ？－多重債務に陥らないために』2013

9章 地域・行政・企業と連携した授業実践

章のねらい

　本章では、多様な人材や機関とつながった授業実践を紹介する。まず地域と連携した実践例として、探究活動や地域への発信を重視した中学校の「マスク製作実習」の授業、次に行政との連携で授業をつくりあげた高等学校の「親学習」、最後に企業のCSRを活用した、中学校の住生活「安全に暮らす」の3つである。企業連携の中学校実践は、自らが居住する地域の防災担当者に聞き取り調査を行なうなど企業だけではなく、「地域ともつながる」授業実践となっている。

1．事例のコンセプト

　現代社会において、家庭生活は地域や社会と密接につながっている。そのことをあまり意識せずに家庭生活のさまざまな事象の一部を切り取り、それを題材として取り上げた授業は、時に現実味のないものとなってしまう。家庭科は、家庭生活内の事象のみを扱っている教科であると思われている人が少なからず存在するかもしれない。しかし、5章でも述べた通り、地域の教育資源を有効に活用し、地域や社会とのつながりを重視した学習こそが求められている。

　なぜなら、地域の教育資源を活用した授業は、子どもたちに学校での学びが地域や社会とどのように関わっているのかがわかりやすく伝わり、子どもたち自身が「学び」本来の意味をより実感しやすくなるからである。さらに、親や教師以外の大人との出会い、その分野のプロ、「本物」との出会いの場を提供することにもつながる。

　「学び」の意味を実感した子どもたちは、授業での学びを学校の授業だけで完結させず、深化させる。実生活にいかす、新たな学習に結び付ける、疑問に思ったことを自ら調べるなど、日常生活のさまざまな場面で、具体的な行動に

移していく。

　地域や社会とつながり、外部講師を招聘する授業は、講義型の授業に比べ、事前準備、交渉、手配などの授業準備にかなりの時間を要するが、学習者への影響の大きさ（たとえば、学びの深さ、記憶の残り方等）を実感できる授業者は、その確実な手応え、喜びを支えに日々熱心に授業準備に取り組んでいる。

　本章では、授業内容の紹介にとどまらず、それぞれの授業者が、地域・行政・企業とどのように連携して授業をつくりあげたのかがわかるように、その詳細も提示した。

　多様な機関、人材と連携し、地域の教育資源を活用した家庭科の授業を計画・実践するためには、授業者である教員自身が地域のさまざまな人や機関とつながる必要がある。常にアンテナを張り巡らし、さまざまな場所に出かけ、多様な人、地域や社会とつながった生活者であることが家庭科教員に求められている。事例 1 は公立中学校、事例 2 は府立高校、事例 3 は附属天王寺中学校における実践である。

2．授業実践紹介

(1) 子どもたちと創る「文化的実践としての学び」

豊能町立吉川中学校　　忽那啓子

①授業の構想—学びの転換—

　不登校、いじめ、学習意欲の低下などさまざまな課題を抱える子どもたちを前に、一日の中で最も長い時間を占める授業の変革こそ課題解決への近道と考えて学びの研究を進めてきた結果、佐伯胖氏 [1] が提唱する「文化的実践としての学び」に辿りつくことができた。「学び＝個人の頭の中で行なう知識の獲得」と捉えるのでなく、「学び＝よりよい生活をめざして世の中で繰り広げられる文化的営みへの参加」と捉え、教育を文化的実践として再構築していく視点を提唱している。『学校の再生をめざして』を初めて読んだときのインパクトは今も鮮明で、目の前の子どもたちに必要な学びはこれだと直感した。

　そこで、文化の実践として世の中に価値づけられたことを生み出している

「地域共同体」への参加を通して学びの転換を図ろうと考え、地域で活躍する人々のさまざまな文化的営みにつながる学びを柱として授業の構想を重ねてきた。地域で介護サービスが導入された年には「高齢者宅配弁当」[2)3)]に、震災の年には「炊き出し応援隊」[4)5)]として地域の社会福祉協議会と共同参加した。「文化的実践としての学び」を構築するうえで「地域共同体」参加は大きな柱となるが、授業を重ねる毎にその意義を実感している。授業放棄、目標喪失、非社会的行動など今日の教育の課題に迫る新しい学びが拓かれるだけでなく、キャリア教育、消費者市民教育への有効性などさまざまな意義もみえてきた。学びの意義は、「地域や文化に向けた自分たちのよさの発揮→学ぶ意味の理解→達成感や自信→学ぶ意欲→よりよい生活の実現をめざし連帯して主体的に社会参画していく力」というサイクルの中で地域に還元され、社会貢献できたという手応えがさらなる学びや生きる意欲の喚起につながるところにあると考える。

　具体的には、「文化的実践としての学び」をめざした授業構想にあたり、4つのプロセスからなる探究・実践活動を考案した。最初に、社会的な課題を踏まえて主題を設定する段階【主題設定】と主題に向けて必要な力を習得する段階【探究活動】を構成し、次に、習得した力を活用して実践する段階【企画実践】を経て、地域の方々へ学習成果の還元を行う機会を設定する【発信評価】。主題は当初教師側から提示することが多かったが、2008年からは子どもたちと一緒に考案している。考案した授業の発表形態も、当初は一人ずつ発表していたが、2011年からは1回目の授業でめざす学び、授業目標、4つの流れを共有した後、2回目の授業で各自教科書をみて5つの授業を考案し、3回目の授業で班交流を経て、4回目の授業で班発表という形態が定着している。4月最初の授業で教科書全頁に目を通すことになり、家庭科開きの授業としても大変有意義な時間となっている。

◎写真Ａ　各自のアイデアを班毎にまとめ、各班より4つのプロセスを提案

②授業の紹介─子どもたちと創る3年間カリキュラム─

　最初に、図9-1の要領で子どもたちと考案した授業を紹介する。2008年12月大阪府N町立H中学校全校生徒100名（1年28名、2年36名、3年36名）が考案した授業をまとめたものを表9-1に示す。教科書をみていろいろな領域から5つの授業を考案するように指示して、基準を設けて採点（1つの授業20点×5=100点）、分類した結果である。

　記入件数は443件（1人あたり4.43件）で、B食生活に関するものが多く（152件）、C衣生活・住生活（109件）、A家庭生活（95件）、D消費生活（87件）と続いた。項目別では「幼児交流」に関するものが多く（57件）、「献立作成」（33件）、「環境資源」（32件）と続いた。平均は75.3点（1年74.4点、2年75.1点、3年76.1点）で、プロセス別にみると主題設定20.8点、探究活動17.9点、企画実践19.5点、発信評価17.1点であった。項目別にみると「選択購入」12.5点、「食の課題」14.4点、「衣の生活」14.9点では平均の15点に満たず、子どもたちにとって構築しやすい項目と構築しにくい項目があることがわかる。

　「文化的実践としての学び」をめざして授業を構築する際、共通していくつかの特徴がみられる。1つめとして【実践・実習】があげられるが、今回も実践を伴うものは364件（82.2％）と8割を超えた。しかし、領域により差があり、A 89件（93.7％）、B 134件（88.2％）は高いが、D 65件（74.7％）、C 76件（69.7％）は8割に満たなかった。Cでは衣生活は48件（94.1％）と高いが、住生活は28件（48.3％）にとどまった。2つめとして【学びの発信】があげられるが、自分の学びに終結せず、家庭や学校や地域に発信するものが407件（91.9％）と9割を超えた。特に地域社会に向けて学びを発信するものが多く、317件（71.6％）あった。3つめとして【学びの広がり】があげられるが、423件（95.5％）に関連領域がみられた。一番多かったのは、地域社会に広がるもので226件（51％）あった。情報領域も、調べ学習や新聞、レポート、ポスター、ちらし、アンケートなどと関連させたものが多かった。4つめとして【実践者参加】があげられるが、世の中の実践者と共同参加するというものは39件（8.8％）で少なかった。実践者に学校に来てもらう、手紙や評価をもらうなどのアイデアは、実際に動き出していく中で浮かんでくるものかも

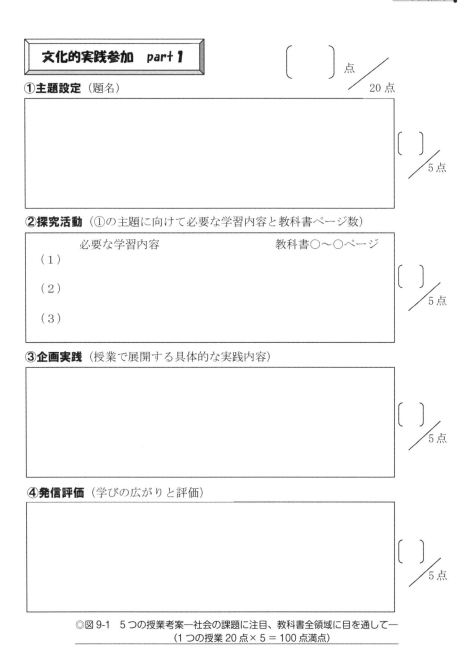

文化的実践参加 **part 1**

[ ] 点 ／ 20 点

①主題設定 （題名）

[ ] ／ 5点

②探究活動 （①の主題に向けて必要な学習内容と教科書ページ数）

　　　　　必要な学習内容　　　　　　　　　教科書○～○ページ
　（1）
　（2）
　（3）

[ ] ／ 5点

③企画実践 （授業で展開する具体的な実践内容）

[ ] ／ 5点

④発信評価 （学びの広がりと評価）

[ ] ／ 5点

◎図 9-1　5つの授業考案―社会の課題に注目、教科書全領域に目を通して―
（1つの授業 20 点×5 ＝ 100 点満点）

しれないが、今後も地域の実践者との連携を大切に進めていきたい。

　次に、3年間カリキュラム例を表9-2に紹介する。学習指導要領内容をすべて網羅するように授業を組み合わせて構成していく。食に関する主題が「高齢者宅配弁当」からスタートしても、「ふれあい喫茶店」からスタートしても、探究活動では教科書を用いて食に関する大切な技能と知恵を習得することにな

◎表9-1 「文化的実践としての学び」

学習指導要領内容	項目	記入件数	平均	授業形態【実践・実習】【学びの発信】								関連領域					
				実践・実習を伴わない				実践・実習を伴う				幼児	地域	食	衣	住	消費
				自分	家庭	学校	地域	自分	家庭	学校	地域						
A 家庭生活 95件	幼児交流	57	17.5				2				55	*	2	7	40		
	活動参加	15	15.8				1			1	13		*			3	2
	行事開催	10	18.4								10		*	3			
	施設訪問	10	16.8								10		*				
	家庭生活	3	19.3		1	2							*				
B 食生活 152件	献立作成	33	15.7	3		1	4	5	4	7	9	1	17	*			1
	宅配弁当	25	17.1						1	5	19		20	*			
	会食披露	24	18.3							1	23	9	17	*			
	郷土料理	19	17.7			1		1	2	1	14	1	16	*			1
	行事披露	16	17.9								16		15	*	1		8
	野菜栽培	12	17.3								12		11	*			7
	食の課題	12	14.4	3	1		4	1		1	1	1	4	*			
	食のエコ	11	15.6					2		3	6		1	*			12
C 衣生活 住生活 109件	衣服製作	18	15.4					2	2	4	10		10		*		2
	贈りもの	11	18.4							1	10	3	8		*		
	衣のエコ	11	18.2					2		3	6		4		*		11
	衣の生活	11	14.9			2	1	2	1	1	4		5		*		3
	清掃快適	23	17.7			9				9	5		14			*	
	住の生活	13	15.5	2	6	1	3				1		10			*	
	安全対策	12	17.7		2			2	1		6		11			*	
	住のエコ	10	16.0	1	2		2			1	4		5	1	1	*	6
D 消費生活 87件	環境資源	32	17.1	1		1	7	5		5	13	1	14	3	1	1	*
	美化活動	25	18.3								25		25				*
	悪質商法	19	18.1			1	3	4			11		15				*
	選択購入	11	12.5	2	1	1	1	3			3		2	4	2		*
合計		443	15.0	12	23	13	31	24	10	44	286	16	226	18	45	4	55

る。他の領域も同様に、どの主題からスタートしても教科書を用いて学習する内容は同じになるので、その時代の課題にあわせて主題設定するようにしている。

をめざして100名が考案した授業内容

【学びの広がり】				実践者参加	詳細
情報					
自分	家庭	学校	地域		
		2	1	16	ミシン製作（40）　おやつ（7）　遊び（4）　絵本（4）　生活習慣（1）　心の発達（1）
			4		バリアフリー（4）　暮らし（3）　地域調べ（3）　緑化（2）行事（2）　動物愛護（1）
			1		行事参加（10）
			1		高齢者施設（5）　福祉施設（3）　小学校（2）
		2			家族の生活調べ（2）　家族関係（1）
1	1	2	2	4	栄養献立（26）　保存（2）　包丁（2）　世界の料理（2）　菓子（1）
		1	1		地域の方（13）　高齢者（12）
1		1		2	地域の方（10）　幼児（7）　高齢者（6）　小学生（1）
1		1		10	郷土料理（19）
		2			行事披露（16）
			6	3	販売（6）　料理（6）
		1	1		カロリー・糖分・塩分（5）　健康によい食物（3）　菓子（3）　好き嫌い（1）
1			2		エコ料理（11）
1				1	応援隊ユニフォーム（5）　衣服（5）　世界の衣装（4）　小物（3）　織物（1）
1			1		服（4）　小物（4）　動物グッズ（3）
					小物（7）　服（3）　エコバッグ（1）
1			1	1	洗濯手入れ（6）　似合う服（2）　ミシン（1）　ボタン（1）　フリーマーケット（1）
			1	1	家庭（9）　中学校（9）　施設（2）　地域の家（1）　高齢者の家（1）　小学校（1）
			1		ルール（8）　室内環境（3）　住まいの工夫（2）
1			1		安全対策（12）
1					エコ実践（10）
2		2			地球環境（10）　リサイクル（10）　ごみ3R（5）　省エネ（5）　石鹸づくり（2）
		2			地域のゴミ拾い（25）
2		3	1		劇（12）　駅で呼びかけ（2）　ちらし配布（2）　発表（2）　講演会（1）
		2			選択購入（8）　品質表示作成（2）　販売体験（1）
13	1	14	31	39	

◎表9-2　中学校技術・家庭（家庭分野）カリキュラム例

学年	主題	A	B	C	D	合計
1年	①　応援隊結成　応援隊ユニフォーム製作	2	2	17	4	25
	②　震災より考　わたしたちにできること		1	1	8	10
2年	③　ふれあい喫茶店　郷土料理こけら寿司	4	18	4	2	28
	④　震災より考　みんなが幸せになれる家			7		7
3年	⑤　いのちのバトン　幼稚園を訪問しよう	10	2	4	2	18
	学習指導要領ＡＢＣＤ合計時間数	16	23	33	16	88

幼稚園訪問（環境絵本、ペープサート劇…）

ふれあい喫茶店（各栄養素班考案の具を松竹梅の木型につめて…）

◎写真 B

　①衣生活に関しては、近年は「いつでもどこでも応援隊」結成に向けてユニフォーム製作から始めることが多い。これからの 3 年間応援隊ユニフォームを身につけて心ひとつにいろいろな文化的営みに参加していくという主題である。探究活動ではユニフォーム製作に必要な技能と知恵を習得する。企画実践ではデザインを考案してユニフォーム製作に臨む。発信評価では完成ユニフォームを着用して地域に繰り出すことになる。②消費生活に関しては、原発問題が深刻化する近年は節電などエネルギー問題と関わって主題設定することが多い。また、「環境サミット参加」[6] を主題にエコ料理に取り組んだこともある。発信評価では一連の活動に対して外務大臣より賞状が届いた。③食生活に関しては、地域のつながりの希薄化が課題とされた 2010 年には「ふれあい喫茶店」という主題が子どもたちから出された。学校の調理室をふれあいの場として地域の方を招き、郷土料理こけら寿司（押し寿司）を一緒につくって会食会を企画した。また、各地で地震が続く中、「炊き出し料理」を主題として取り組むことも多い。実際に炊き出しに携わった方や一級建築士に来校してもらい、実践者との共同参加を意識した展開を心がけている。発信評価では炊き出し応援

◎写真C

隊の輪を地域に広める活動に取り組む。④住生活に関しては、地震や災害が各地で起きる中、これらに関する主題から始まることが多い。⑤家庭生活に関しては、育児ノイローゼや虐待が課題となる中、幼児との交流は思春期の中学生が自分の成長を振り返るという意味でも貴重な学びとなっている。「幼稚園訪問」に向けて起承転結の４場面構成でストーリーを考えて絵本を創作したり、クロス刺繍カードの贈り物を製作したり、その年により内容を変えながら毎年実施している。

③学校教育の課題に迫る学び―学び合う共同体―

　最後に、世界的に新型インフルエンザが大流行して薬局に長蛇の列、マスク

不足が社会問題となった 2009 年に取り組んだ「いつでもどこでも応援隊〈新型インフルエンザ対応マスクの企画開発〉」[7] の紹介を通して、「文化的実践としての学び」の意義に迫る。授業の 4 つの流れと子どもたちの反応を表 9-3 に示す。

◎表 9-3　いつでもどこでも応援隊〈新型インフルエンザ対応マスクの企画開発〉の 4 つの流れ

	授業内容	各プロセスにおける子どもたちの反応の代表的な例
主題設定	いつでもどこでも応援隊 　　　　を結成しよう（1 時間） ◇世の中のさまざまな課題に注目して主題を決定 ・実践参加呼びかけ ・世の中の実践紹介 ◇4 つの流れの検討 ◇アイデア交流	◇もっと社会に参加していけるよう考えを一杯出してみんなで参加できたらいい。マスクを作っていろんな人に自分の作ったマスクを使ってもらって役に立ったらいい。いろんなことに参加できるよういろんな技術とか知識をもっていけるようにしたい。マスクを作ってマスクをもらった人がマスクをつけてかぜをひかなかったりしたらいい。たくさんの人に使ってほしい。 ◇口にフィットするように、新聞やニュースなどを見てどういうふうにマスクを作ればいいか考えて作っていきたい。技能を高めて菌が入らない、出ないマスクを作りたい。お店などに置いてもらってお客さんに紹介して買ってもらう。36 人全員のアイデアを集めて、どんどん改善を一杯して、しっかりしたマスクにしたい。
探究活動	主題に向けて必要な技能と 　　　知恵の習得（8 時間） ◇衣生活、消費生活 ・着用と手入れ、選択と購入、環境への配慮 ◇ミシン検定＆手縫い検定 ◇平面マスク（幼児用）製作 ・鼻が低く、立体構成でなくても隙間ができにくい幼児用平面マスクから始める	◇はじめはミシンがものすごく苦手だったけど、ミシン検定をする度に楽しくなってきた。はじめは上糸、下糸の通し方さえあいまいだったけど、できるようになって 4 級まで合格できてよかった。これからマスク作りにあたって丈夫なやつを作りたいし、縫い目も細かく縫って使う人が気持ちよく使えるようにまっすぐ縫って慎重にしたい。だから、私もこれから技術をもっと高めたい。また、いろんなことにチャレンジしたい。手縫いも高めたい。 ◇最初は何もできなくてマスク作りなんか絶対できひんやろとずっと思っていた。でも、今は苦労しながら学習したから技能がすごく高まった。だから、もっともっと勉強してマスクが作れるくらいの技能を持ちたい。そして最終的にはマスクを 1000 枚くらい作って、みんなの役に立ちたい！！
企画実践	習得した技能と知恵をもとに 　　企画を進めて実践（8 時間） ◇立体マスク（高齢者用）製作 ・大人用製作に向けギャザー、ダーツ、タックを学ぶ ・実践者来校（弁理士会） ・クラスを 6 グループにわけ6 つの各企画開発部よりデ	◇マスクと顔の間に空間ができるようにしたい。でも、息がしやすいように工夫したい。学校関係、家族関係、地域関係からマスクが広まってほしい。そして反省点やアドバイスを聞いて、さらにいいマスクを作っていきたい。36 人全員の考えを組み合わせたら最高のマスクが作れる。いいマスクを作るために技能をもっと高めていきたい。中学生が作ったマスクが世の中に発信されたらすごい。マスクは100 個ぐらい作っていきたい。マスクは性能がよくてもき

	ザインアイデア発表 ↓ 意見交流、試しづくり ↓ 改善 ◇品質表示作成	たなければ意味がないので、きれいに作り、子どもや高齢者が喜ぶものを考え作りたい。 ◇両方のゴムの通す幅を同じにしないといけなかったので難しかった。ギリギリに縫わないとゴムが通りにくいので、ギリギリに縫ったから少し大変だった。友だちに協力してもらったりしたので楽しかった。幼稚園の子に渡すならアップリケのししゅうで星の模様や動物、乗り物などをしたらいい。お年寄りにはキレイな和風の布もいい。それぞれ使う人に合ったのを作ったら喜んでもらえると思う。
発信評価	マスクを届けて応援隊の輪を広めよう（3時間） ◇マスク配布、評価をもらう ・生徒の各家庭 ・地域の6施設 ・2企業（白元、アース製薬）の研究部、弁理士会 ◇アンケート結果をいかして地域行事でマスク製作品を販売する活動へ広がる	◇幼稚園や保健福祉センターなどの地域の人にマスクを配ることができてよかった。品質表示からも全部自分たちで作ったので、とても達成感が得られた。幼稚園児にマスクを渡したとき、「ありがとう」と言われてとても嬉しかった。幼稚園児にまだ全員マスクを渡していないので、マスク作りを再開したい。残っている100枚は自分が育った小学校の人に渡したい。 ◇最初はマスクの作り方がわからなかったけど、放課後学習に行ったり人に教えてもらったりしてわかるようになった。マスクを作っているうちにだんだん楽しくなってきた。生活にも大事なことだから学べてよかった。これからも相手により使いやすく使ってもらえるように考えたい。そしてたくさんの人に使ってもらえるようにがんばりたい。

◎写真D　弁理士会の話より6つの企画開発部にわかれ、隙間ができない立体マスクのデザインについてアイデア交流

　子どもたちの反応に代表されるように、【主題設定】してからマスクを届けるまで一貫して社会に目が向けられ、社会全体の中に自分を位置づけて、その一員として活躍する姿がみられた。現実社会で繰り広げられる文化的営みを教室に持ち込み、学習過程を現実社会の仕組みに重ねることで、世界で真剣に取り組まれていることに自分たちも参加していけるという実感を持つことができた。【探究活動】では、目標に向けて必要なことを学んでいくという、学ぶ意味を明確にすることで、継続した意欲的な取り組みにつながった。世の中の実践に参加するのだからと、世の中に通用するより高いレベルの技能と知恵の習

得をめざして協力して取り組む姿が毎時間みられた。【企画実践】では、平面マスクから立体マスクへ発展させることで、6つの企画開発部で意見交流が活性化し、討論スキルや発表スキルの育成にも効果を発揮した。弁理士会の方より体験談を聞いた後は、「マスク工場」と称して放課後被服室に集まる者も出てきた。【発信評価】では、町教育委員会が賛同してバスを出してくれ、地域の6施設に全員が赴いてマスクを手渡した。株式会社白元プロダクトマーケティング部、アース製薬株式会社研究部にも送付して評価とアドバイスをいただいた。

◎写真E　幼稚園、高齢者施設、福祉施設、社会福祉協議会、保健センター、教育委員会の6施設を全員で訪問し、直接マスクを手渡す。アンケート結果をもとに販売活動へも学びが広がる。

　このように、地域、行政、企業と連携した「人と文化と社会と積極的に関わることへの橋渡しとなる授業」は、学ぶ意味を深化させ、達成感や自信を開花させる。さらに、目標に向かいクラスが動き始めるとき構築される学びの共同体は、学び合うおもしろさや目標達成の喜びを感じ合う場となり、これらを共有できたことは今後の生活に大きな影響を与え続けるだろう。「マスク製作」が単なる「被服実習」に始まるのでなく、社会的な課題解決のための「実践参加」に始まる、この学びの出発点の違いが学びの転換につながる。「いつでもどこでも応援隊」という大きな目標に向けて、互いのよさを認め合い伸ばし合いよりよい集団へ高まっていく。地域の人との関わりを通して自尊心を高め、なかまと協力していきいきと学びに向かう子どもたちに毎回出会える。学校教育の核といえる授業が毎時間笑顔で一杯になるよう、今後も地域の文化的創造の拠点としての学校づくりをめざして家庭科教育の可能性に迫りたい。

【引用文献】

1) 佐伯胖・汐見稔幸・佐藤学 (1992)『学校の再生をめざして』東京大学出版会
　　佐伯胖・藤田英典・佐藤学 (1995)『学びへの誘い』東京大学出版会
　　佐伯胖 (1995)『「わかる」ということの意味』岩波書店
2) 忽那啓子 (2006).「文化的実践参加」から拓く「学び」：中学家庭分野「高齢者宅配弁当」の開発と実施検討．日本家庭科教育学会誌 49(3).197-202
3) 忽那啓子 (2011). 教育の原点をみつめて．全国家庭科教育協会 60.13-16
4) 忽那啓子 (2010). 文化的実践としての学びをめざして：中学家庭分野「いつでもどこでも応援隊〈炊き出し応援隊〉」の開発と実施検討．日本家庭科教育学会誌 53(2).120-125
5) 忽那啓子 (2013). いつでもどこでも応援隊〈炊き出し応援隊〉．荒井紀子（編）『新版生活主体を育む：探究する力をつける家庭科』ドメス出版 .241-248
6) 忽那啓子 (2013). いつでもどこでも応援隊〈エコ料理に挑戦〉：「文化的実践としての学び」による消費者市民教育．日本消費者教育学会関西支部（編）『消費者市民社会の担い手を育む』城南印刷 .24-27
7) 忽那啓子 (2012).「文化的実践としての学び」の消費者市民教育への有効性：中学校技術・家庭科の実践を通して．日本消費者教育学会誌 32.211-220

(2)『親学習』 行政との連携で授業をつくる

大阪府立茨木高等学校　教諭　入交享子

①連携の背景

　『親学習』の授業を紹介する前に、何故この授業を実施することになったのかを述べたい。

　学習指導要領には、家庭科の学習において、その10分の5以上を実験・実習に配当することが明記されている。本校においても、年間指導計画作成にあたり、最も留意したことは次の2点である。

　まず、高校生が生活の主体者ではなく「経験不足症候群」（服部祥子が著書「子どもの育つ道筋」で使用した言葉）の若者だということ。2点目は、知識の入力はできていても、その出力の場面を十分用意されてこなかったということである。それを踏まえ、中学生から高校生へと成長する発達段階を的確に捉えながら体験学習を取り入れることとした。

　家庭基礎の学びは、人間が生まれてから死を迎えるまでをトータルに学ぶことと捉え、「命を育てる・育む」という視点ですべてが繋がる。

　生徒自身が生まれてから高校生になるまでを振り返り、受容する…。

　この作業は難しいことだが、避けて通れない事実である。そして、ここから先の人生は「未経験」の未知の世界だ。家庭科の学習のほとんどを占める未知

の世界を想像し創造する力、つまり「生きる力」を育むためには、相応の体験が必要と考えた。そこで、段階を踏み、年間指導計画を立案・実施し、検証を試みた。

学習指導要領では、家庭基礎の取り扱いについて、「学校や地域の実態等に応じて、学校家庭クラブ活動等との関連を図り、乳幼児や高齢者との触れ合いや交流などの実践的な活動を取り入れる」と示している。

多くの学校において、保育園実習等を通して幼児との交流は進めているが、乳幼児、特に乳児との接触の機会を設定することは難しい。そこで考えたのが、地域の子育て中の母親に乳幼児と共に学校へ来ていただくことであった。保育園や幼稚園に出かければ誰もが喜んでもらえる状況より、日常生活に近い形で子どもと接することの大切さを重視すれば、授業の主題を「お母さんにインタビューしよう」と、副題を「子どもと遊ぼう」とすることとした。この親子交流授業のサポートはその年にできたばかりの茨木市立男女共生センターローズWAMの所長のお力添えがあり、市内の育児サークル「ぷらねっと」と協働で授業を創っていった。10 年以上経った 2012 年度からは、この授業をサポートするのは、市の子育て支援センターとなり、市内の高校がそれに続いた。

また、「高齢社会を生きる」の学習も教員が語るより、定年退職後を生き生きと過ごしておられる本物の高齢者の方に授業に来ていただくこととした。

評価については、従来の実験実習記録に加えて、事前・事後学習のワークシートはもとより、発表を相互評価・自己評価することで、その学びがより主体的なものとなり、聴く力にも伸びが見られた。

②実践事例

表 9-4 に 1 次〜 6 次とあるが、当初は親子交流授業を実施し、振り返りをして終わりだった。その後、大阪府教育委員会が作成した『親学習』のプログラムを加え、さらに 2011 年度には、高校が最後の砦と考え、児童虐待防止教育にも取り組んだ。授業者と生徒、双方が覚悟を決めて実施した授業である。しかし、主軸はあくまで親子交流授業になる。

頭だけではなく身体でわかる体験の場を提供することで、「命を育む」ことを知識入力（点）ではなく、いろいろな学習を通して理解を深め（点を繋ぐ

線）、さらに、実際に親子交流（体験＝面）を通して総合的（立体的）に生活を捉える能力を身に付けてほしいと考えている。

　こういった交流授業は全国でも広く行なわれるようになって久しい。この体験授業が現代の生徒にとって必要なものだという認識が一般化したということである。しかし、それ以上に世の中の変化は激しく、これだけではまだまだ不十分だということが切実な想いとなっていた。

◎表9-4　茨木高校単元の指導計画命を育てる 豊かな発達を求めて

	学 習 内 容	学 習 活 動	時間	実施時期など
1次	命を育む・親と子・子どもを取り巻く環境	妊娠の不思議と子どもの発達 保育を衣食住の視点で考える 　衣：オムツの実験 　食：離乳食実習 　住：潜在危険と子ども部屋	5	5月末から6月半ば
2次	育児は育自	親の視点に立ち、子育ての現状を考え交流授業の事前学習とする 親にインタビューする内容を考える 子どもと遊ぶ内容を考える 名札をつくる ポップアップカードを作る	1〜2 1〜2	11月
3次	母子交流授業 調理実習との連携	お母さんにインタビューしよう！ 子どもと遊ぼう！ 五穀飯のおにぎりを一緒に作って食べよう！	1	11月〜12月
4次	母子交流授業の振り返り	班で共有し発表	1	12月〜1月
5次	親になるって！大変？	新聞記事から児童虐待を考える	1〜2	
6次	親学習 府の作成した教材を使い、外部講師によるワーク	親になるための準備期のワークは「命を育てる」と「ワークショップ」の集大成。	1〜2	1月〜2月

　親学習との出会いである。それまでは大人が学ぶ「親業」なるものの出現に、驚くばかりであったが、親になってからでは遅い！ という大阪府の動きは全国に先駆けてのものだった。しかも、そのプログラム推進のためファシリテーター養成までやってのけたのである。府内の学校に親学習の資料配布をしたものの、養成したファシリテーターのその後にまでなかなか手が伸ばせない現実がそこにあった。行政の担当者は短期間で交代し、ファシリテーターの把握も

紹介も「個人情報」のガードが固く、せっかく作成した教材が学校現場で生徒が使用するというところまで進むことが難しかった。

そんな中、茨木市市民活動センターに所属する「親学び☆きらりん広場」と育児サークル「アンファン広場」との出会いは貴重なものであった。

家庭科教員も「一市民」。家庭科の中で、生徒に生活の主人公になろうとか、一市民としての自分を意識してもらおうと考えた時、シチズンシップを発揮するのはまず、家庭科教員自身ではないだろうか？ 学校現場で1〜2名しかいない家庭科教員が、その多忙な公務の中、シチズンシップを発揮するのは難しいかもしれない。しかし、その壁を乗り越えなければ、家庭科の真髄を伝えることは難しい。教師の社会との関係性は、そのまま生徒の活動領域に影響する。適度の楽天性を持って臨んでほしいものである。

そのために、心掛けていることがある。教育実習生にまず、行政機関のフィールドワークを課することである。茨木市役所・社会福祉協議会・ボランティアセンター・消費者センター・保健医療センター・男女共生センター・市民活動センター、そして、大阪市立住まい情報センターなどを巡ってくることで見えてくるものは大きい。「家庭科を勉強している自分は知らないことが多すぎる…何故、知らなかったのか？」。現代社会の弱点である家庭教育や地域教育の脆弱性が浮き彫りになってくる…。そのような中で、おのずと家庭科教育の果たす役割がぼんやり見えてくるのである。

さて、話を本題にもどす。市民活動応援フェスタで「親学習」などの活動紹介をしている団体ブースを素通りできなかった私は、2年目にそのブースで話し込み、「これだ、やらねば…」と確信したのだった。

☆親学習大阪府で検索すると、「親」を学ぶ・「親」をつたえるという教材一覧が出てくる（右図）。

　1、みつめる（親となるための準備期から）

　2、うけとめる（子育て前期から）

　3、ともにまなぶ（子育て後期）

　4、つたえあう（子育てを支援する時）

　0、みとめあう（小学生向教材）

それぞれに、いくつかのエピソードがありそれを活用

して授業を創っていくのである。

　まずは、家庭科教員自身が１、の中のエピソード「親を知る」を使ってワークショップを組み立てて実施してみた。ある程度の手ごたえを得るものの、何か物足らない。

　そこで、アンファン広場の代表者に相談し、年度末にワークショップの総まとめとして「親学習」を実施してもらうこととなったのである。11 月の親子交流授業の後、振り返りをし、まとめもしてあったので、家庭科の最後の授業の一つ前の時間に設定をした。内容については、ファシリテーターの皆さんと正月休み明け早々に打ち合わせをし、それぞれのファシリテーターの得意なものをやるということで、いろいろなエピソードにチャレンジした。「親を知る」「ともに学ぶ」「かさねる」「接する」などを実施したが、本校は 65 分授業で、しかも、65 分×２時間続きの授業もあったので、まずは、２時間続きに授業で試行錯誤を試みた。親学習のワークに入る前に、ワークショップとは？のおさらいをし、傾聴のワークなどアイスブレイクも入れ、親学習に導くスタイルをとってみた。授業後毎時間反省会を持ち、常によりよくをめざした。当初より公開授業とし、「共に学ぶ」姿勢を打ち出した。

　時代の要請があったこともプラスに働き、大阪府の教育委員会のみならず市の教育委員会はもとより、市役所や NPO 法人 NALC（ナルク：ニッポン・アクティブライフ・クラブ）などとの連携が進むこととなった。また、大阪府教育センター指導主事と大阪教育大学と府立高校が協働で「高校生の自尊感情を高め、豊かな人間性をはぐくむ保育学習プログラムの開発―学校教育を基点とした次世代育成支援の在り方を探る―」という調査研究にチャレンジする機会を得、「命を育む」プログラムの研究開発に拍車がかかった。

　「親学習」のワークは、汎用性が求められるだろうということで、最終的には 50 分で実施可能な授業を創り出すこととなった。この間、努力を惜しまず、何年も高校教育現場と連携を持ってくださった「アンファン広場」・「親学習☆きらりん広場」の皆さんにはただただ頭の下がる思いである。教育現場の教員にできることは、この授業を広く公開すること・行政に対してこの活動をアピールすることであった。この長年の積み重ねが NPO を動かし、行政をリードするシンポジウムを開催するところまでやってのけることとなるのである。

　家庭科の授業が、世の中を変える！？

　少し大げさかもしれないが、家庭科が地域社会や行政とつながることでそんなことのきっかけが創り出されるのである。しかも、日常の授業の延長線上にである。それはとりもなおさず自己完結型の授業からは生み出されないものである。「つながる」そして、金持ちではなく、「人持ちでつながる人力タウン」という都市計画マスタープランのスローガンを生み出し、その旗印のもと、生徒と共に学校家庭クラブ活動へと導くのも教員のなせる業である。

③汎用性のある授業づくり

　生徒に人気のあるワークは「接する」卵のワークであった。実施前、高校生には白けて難しいのではないか？ 卵が割れたらどうする？ 実施後の卵は？ 等々相当の打ち合わせと準備が必要であった。準備する卵もS〜L、色もいろいろ。私たちの社会を映し出すものとしての準備を丁寧にやることで、その成果も素晴らしいものとなったのであるが、準備・時間・予算等汎用性を求めるには難しいものがあった。

　試行錯誤を重ねた現在、親学習教材の2、うけとめる（子育て前期）のエピソード「わかちあう」という教材を使って50分授業を創っている。

　作成された「親学習」進行スケジュールを紹介するが、内容は日々進化し、各学校に合わせて臨機応変である。詳細は茨木市民活動センターのHP登録団体紹介から各団体の連絡先を参照されたし。また、茨木高校にはこれまでの授

業資料・記録映像がある。今後も授業公開を継続するので活用されたし。

＜進行＞Ａ・Ｂ・Ｃ・Ｄ…（４人～８人のメンバー）

＜ねらい＞

　エピソードから、共働き夫婦の子育ての現状について知ってもらう。

　次に夫婦を中心とした人間関係マップを作成してもらい、「子どもが保育園で熱を出したとき」など具体的に誰にどんな支援をうけることができるかを考えてもらう。

　将来自分たちが親になった時に、夫婦だけでなく、周りのさまざまな力を借りて子育てをしていくことの大切さを考えてもらう。

＜留意点＞

　子育て支援の現状を知ることにより、頼れる資源がたくさんあることを知ってもらい、自分が子育てするときに一人で抱え込まないでいいことを理解してもらう。

＜準備物＞

　各班に・・・エピソードコピー・ワークシート・模造紙・マジック・ポストイット・のり・Ａ３の紙半分３枚。

　ワークの途中でファシリが配布・・・支援カード ［地域の子育て支援機関を列記］

　　　　　　　　　　　支援カードの内容説明記入の紙（人数分）

＜テキスト＞

　「わかちあう」のエピソード

＜座席＞

　１グループ５人・・・８グループ　普段の授業に使用するグループ可

＜展開＞

00:00	担当教員の挨拶・メンバー紹介。「親学習」の簡単な説明
	参加型のルール確認（参加・尊重・守秘・時間）
00:05	アイスブレーキング
	前回の親子交流授業の感想
	・小さい子どもと普段接する機会がある人
	・小さい子どもに触れ合うのが初めての人
	・小さい子どもに触れた感想・・発表（２～３人）

00:08 エピソード「わかちあう」を役割を決めて読む・・・ファシリが役割を決めて読む（ナレーター・保育所の先生・恵美・圭太）
音読後、下記の点についてワークシートに記入
① 恵美の気持ち
② 圭太の気持ちについて記入後グループでシェア、シェアした後全体発表

10分予告

00:13 人間関係マップ見本（模造紙）を黒板に貼り、書き方の説明）
各班で一枚の模造紙に圭太・恵美中心の人間関係マップを作ってもらい、
① 子どもの翔が熱を出しても二人とも仕事の都合で置けない場合、「誰に頼むか」ポストイットに書いてもらう
② 二人で仕事をしていると、二人とも残業で遅くなるとか、毎日病院に連れて行かなければならないとき等がある。いろんな状況を想像してもらい、マップに書いた人にどのようなことを頼めるかポストイットに書いてもらう

00:23 上記で考えた人間関係マップで考えた支援が得られないとき（両親が近くにいない、亡くなっているなど）・・・各班の支援カード・解説プリントを配る　・・5分予告
① 他にどのような支援を受けられるかを考え、選んだ支援カードを貼って、
③ 体的に受ける支援をポストイット書いて貼ってもらう

00:28 各班で出来上がった人間関係マップを見て、感じたこと、気づいたことを各班三点ほど、A3を半分に切った紙一枚に一項目ずつ書いてもらう・・発表者を決める

00:30 各班で発表・・作成した人間関係マップも全体に紹介
各班のファシリが黒板に貼る・・・グルーピングを考える

00:45 ふりかえり・まとめ

00:48 アンケート

00:50 終了

大阪府

「親」をまなぶ・「親」をつたえる **2-⑤**

「わかちあう」

■エピソード

1 　圭太・恵美夫婦は共働き。圭太は毎日仕事で帰りが遅く、家のことや翔の面倒は恵美に任せっきり。保育所の送り迎えも恵美が行っている。
　　ある日、保育所から恵美のところに電話がかかってきた。
　　保育所の先生「お子さんが熱を出されたんです。すみませんが、お迎えに来ていただけますか？」
　　恵美「はい、わかりました。すぐに行きます。」
　（しばらく考えて）
　　恵美「う～ん、困ったわ。今日の会議にはどうしても出ないといけないし……仕方ないわ、圭太さんにお願いしよう。」
　　思いきって、圭太に電話した。
　　恵美「あっ、もしもし、悪いけど、翔を迎えに行ってくれない？保育所から熱が出てるから迎えに来てほしいって電話があったの。でも私、会議があって抜けられないのよ。」
　　圭太「え～っ!! 急にそんなこと言われても僕も忙しいのに……仕方ないか、じゃあ行くよ。」
　　恵美「お願いね。」

2 　圭太は急いで仕事を片付けて保育所へ行き、翔を家に連れて帰った。
　　圭太「しんどそうだなあ。病院に連れていったほうがいいかな？」
　　慣れない圭太はおろおろ。思わず恵美に電話してしまった。
　　圭太「しんどそうだけど、病院に連れていったほうがいいかなあ？」
　　恵美「そうねえ。熱を測ってみてくれる？それから念のため病院に連れていって。診察券はタンスの引き出しに入ってるから。よろしくね。」

3 　それから大慌てで病院へ行き、長時間待たされた結果、軽いかぜと診断された。家に帰って、薬を飲ませ寝かしつけた。
　　圭太「ふぅ～。」
　　そこへ恵美が帰ってきた。
　　恵美「ただいま、翔の具合はどう？」
　　圭太「軽いかぜだって。薬も飲ませたぞ。あ～、疲れた！」
　　恵美「（ちょっとがっくりした感じで）疲れた？……
　　　　あなたはたまにしか面倒みないけど、私は毎日みてるのよ。」
　　圭太「…………」

〔2〕-⑤-1

(3)　防災や減災を考え、協働する「学年の街」模型作りに学ぶ
〜ＣＳＲの活用を通して〜

元大阪教育大学附属天王寺中学校　　　古川　ルミ

①なぜ、企業との連携なのか

　今回、「C領域　衣生活・住生活と自立」の中の「安全に暮らす」という単元の授業を行なった。授業の目的は、「防災や減災について知り、自分ならどうするのかを考える」ものである。この授業を実施する際に、私は企業との連携を行ないたいと考えた。理由は、

1)「社会と繋がる授業」という視点に立ち、「教材の工夫」や「学習活動におけるしかけ」を本物から得たいと思ったこと

2)「住」領域のプロの視点からお話を伺うことにより、子どもたちがより実生活に即して考えることができる

の２点である。そこで頭に浮かんだのが「積水化学グループ」の「次世代教育支援活動」の中の「"住まいと環境"学習プログラム」を取り入れた授業である。以前、大阪府中学校技術・家庭科研究会の夏期実技研修会において、大阪府下の家庭科教員を対象に、研修会の企画・運営を担当した。これがきっかけで、今回、積水化学グループよりセキスイハイムの方を講師に招聘することができた。

②「次世代教育支援活動」を活用した取り組み

1)　次世代教育支援活動とは

　本来、ＣＳＲとは、企業の社会的責任の取り組みと言われている。積水化学グループの「次世代教育支援活動」（以下、教育ＣＳＲとする）の「"住まいと環境"学習プログラム」も、教育ＣＳＲに位置する。これを活用するには、「"住まいと環境"学習プログラム」事務局に連絡、申込みをすれば学校に出前授業に来ていただくことができる。しかし、希望校が多すぎて、選外になる学校が多い。また、この教育ＣＳＲは「株式会社キャリアリンク」という学校教育に特化した教育コンサルティング会社がコーディネートを行なっている。しかし今回の場合、筆者が以前、本プログラムの教員研修会の企画・運営役を

行なっていたこともあり、異なる形ではあったが研修会に参加していたため、直接交渉の末に来ていただくことができた。

2）セキスイハイムとの連携のスタート

　この授業を実施するにあたり、セキスイハイムの講師の方との綿密な打ち合わせが必要になってきた。理由は、今回の授業目的が、セキスイハイムのプログラムに則った「住まいと環境」ではなく、本校が主体の「防災・減災」に関するものだからである。

　実際の授業は2月に行なわれる予定であったが、連携をスタートさせたのは、11月頃である。最初は電話による打ち合わせを2〜3度行なった。内容は時期と対象者などについてである。その後、積水化学工業株式会社ＣＳＲ部ＣＳＲ企画グループ部長やセキスイハイム近畿株式会社から講師予定の方が数名来校され、本校で詳細な打ち合わせを行なった。打ち合わせた内容は

1）日程・対象者・場所などの最終確認

2）子どもたちの「住居」や「防災」などについての知識理解度の確認

3）講師側として学校に対して望む「事前学習」の内容や、その他の要望

4）当日の授業の流れの確認

などである。例えば、要望としては、作成する家の模型の写真データとコンセプトを事前に送ってほしいということがあった。その日の打ち合わせ時間は、約2〜3時間程度で、その後の当日までの多少の打ち合わせは、全てメールまたは電話で行なった。

③授業実践の実際

　本授業実践は、大阪教育大学附属天王寺中学校2年生160名（各40人学級）を対象に、セキスイハイムとの企業連携を図り取り組んだものである。実施期間は、2012年10月から2013年3月の約4か月間である（ただし、教育実習中の9月・11月は当該授業は未実施である）。取り組み内容は以下（表9-5）に示す通りである。

　この授業の取り組み内容のねらいは2つある。まず、行政（各市町村区の危機管理室など）への聞き取り調査である。これは、子どもたちが、自らが暮らす街の防災などに関する現状を知ることが目的である。次に、セキスイハイム

との企業連携に関してである。これはセキスイハイムの方に来ていただくことにより、子どもたちが災害時のようすを、より詳細に的確に知ることが出来るからである。この2つのそれぞれの取り組みを行なうことにより、子どもたち自身が防災などに対する「知識」を得、得た知識を基に「防災などについて、自分たちには何ができるのか」を考えることが、最終的なねらいとなる。

◎表9-5　授業展開計画

段　階	子どもたちの学習内容	企業などとの連携	実施時間
第1次	事前学習として、住まいのハード面・ソフト面・安全面等の学習		
第2次	夏休みの課題として、それぞれが住まう市町村区の防災担当に出向き、聞き取り調査の実施	各市町村区の防災担当など	夏季休暇中
第3次	クラスにおける意見交流		10月各1H
第4次	家の模型作り ・コンセプトと間取りを考える ・コンセプトと間取りの発表 ・家の模型作り（冬休み課題） ・家の模型の発表会		10月各1H 12月各1H 冬期休暇中 1月各1H
第5次	企業との連携（セキスイハイム）	セキスイハイムを講師として招聘	2月各1H
第6次	減災を考えた模型による街づくり ・クラスとしての街づくり ・学年合同家庭科発表会		2月各1H 3月に1H

1）第1次　夏休み中の取り組み

夏休みを利用して、子どもたちに2つの課題を課した。「自らが住まう各市町村区の防災担当の方に聞き取り調査を行なう」「自らが住まう街のハザードマップを入手する」というものである。

この聞き取り学習の目的は、「生徒が暮らす実際の街を知る」である。これは、最終的に「子どもたちが作製する家の模型を用いた街作り」を想定して行なわれる。それが空想の街作りにならないためにも、現実の街作りについて調査を行なわせる。また、ハザードマップを入手させる目的は、「ハザードマップの存在を知る」「ハザードマップの利用方法を知る」というものである。

子どもたちは、それぞれに以下のような学びを得たようである。例えば、「市町村区の防災担当部署へ赴き、その街における取り組み内容を聞く」「震災

などの被害想定について聞く」「住民に対して防災意識を持ってもらうために、どのような取り組みをしているのかを聞く」などである。また併せて、ハザードマップについての説明をしていただいた生徒もいた。

　今回の夏期課題において、子どもたちは、それぞれの街の取り組みから、自らの家の立地条件などを考えたりするなかで、自らのこととして考えることができたようである。

2）第2次　クラスによる意見交流

　夏休みの課題でそれぞれが聞き取り調査を実施した内容についての、クラスでの発表会を実施した。発表内容から、市町村区によって、取り組み内容などに差異があることが明らかになっていった。聞き取り調査を実施した主な市町村区は、大阪府大阪市（24区中20区）・豊中市・吹田市・茨木市・東大阪市・八尾市・藤井寺市・松原市・羽曳野市・和泉市・堺市、京都府京田辺市、兵庫県神戸市・西宮市・伊丹市・宝塚市、奈良県生駒市・桜井市など、広範囲にわたる。また、聞き取り調査の内容は、例えば、「南海トラフの被害想定を計測し直したところ、この場所は海に近く被害が大きく想定されるので、避難場所を変更した」「この地域は山が多く、がけ崩れが起こり、住民が孤立する可能性があるので、地域のご高齢の方から避難して頂く取り組みを考えている」「現在、南海トラフのことを含めて被害想定を計測し直しているところなので、新たなハザードマップは来年度以降にできあがる」などがあった。この活動から、子どもたちは地形や地盤、そこに住まう人々の年齢層の違いなども、市町村区の取り組み内容の違いの一つであることに、気づいたようである。また、クラスメイトの意見を聞き、それらの良いところを取り入れていく中で、次に実施する「家のコンセプト」や「間取りを考える」取り組みが、より豊かなものになると確信した。

3）第3次　家の模型作り

　家の模型作りは、夏休みの課題から得た事を基に、「家のコンセプト」に加え、「減災を考慮した間取り」を考えさせるものであった。考えたコンセプトと間取りに関しては、後日クラスでの発表会を実施することにした。これは、それらをクラスで発表することにより、自らが得た知識を他者に知らせ、また他者の意見を聞くことにより、自らが考えた事を整理させるためである。コン

セプトや間取りの発表会では、「その間取りは、減災をすることができます
か」「その間取りはコンセプトと対応していないと思うのですが…」などの意
見が出された。そして、それらを可視化するため、冬休みの課題として、家の
模型作りを課した。冬休み中に制作される家の模型は、3学期にクラス発表会
として各自が披露することとなる。

4）第4次　企業（セキスイハイム）との連携

　セキスイハイムとの連携は、この模型のクラス発表会から本格化した。また、
模型の発表会において、160名の家の模型の写真を撮り、その後、写真データ
を、セキスイハイムの講師として来られる方に送付した。これは、事前の企業
からの要望であった。そして、2月に、4名の方が講師として来校して下さる
運びとなった。今回の学習テーマは、「住宅メーカーからみた減災・防災と住
まい」である（図9-3）。

◎図9-3　（左）（右）：セキスイハイムから来られた講師の方々

　授業の進め方は、筆者とセキスイハイムの講師4名の計5名で進めるという
形をとった。司会は筆者が務めた。そして、講師であるセキスイハイムの方は、
それぞれが受け持つ担当の分野に関して、時間を区切りながら、説明や実習を
実施して下さった。最初に、予め送付しておいた子どもたちの模型の間取りに
ついて、批評していただいた（図9-4参照）。例えば、「家族の絆」をコンセプ
トにした「リビングを必ず通る家」や、「災害の時に3日分の食糧を確保でき
る家」というコンセプトの「家庭菜園のある家」などである。そして、その後、
「1995年　兵庫県南部地震」の時に、神戸で起こった街の現状などについて説
明して下さった。

「高速道路が倒れ、家々からは火災が発生し、液状化現象が起きた。道が狭いがために消防車が入れず、何本もの煙の柱が神戸の街にのぼった。家は崩れ、瓦礫となった。さながら、戦後のようであった」といった内容である。

次に、液状化現象の実験を実施した（図9-5参照）。これは、木製の家のミニチュアを水分が含まれている土の上に置き、入れ物を一定方向に回すことで、液状化現象が起きる仕組みのものである。この実験から、子どもたちは、土地の水分含有量により液状化現象が起こることや、地盤の強さは水分量が大きく関与することを学びとったようである。次に、耐震・免震・制震構造について説明していただいた。道具を使うことにより可視化された教材は、より子どもたちの理解を促したといえる（図9-6参照）。

◎図9-4（左上）：子どもたちの間取りに関してアドバイスをしているようす
◎図9-5（右上）：液状化現象の実験
◎図9-6（左下）：耐震・免震・制震の各構造について説明中

そして、最後に、子どもたちに住宅メーカーとして、「1995年　兵庫県南部地震」にどのように関わったのか、また、その立場から今後の家づくりをどのように考えるのかを語って下さった。内容は以下の通りである。

「住宅メーカーである弊社は、震災後、弊社で家を建ててくださった神戸市を中心とするお客様の所を全て訪問いたしました。…（中略）…その中で、感

じたことは、家というのは、それぞれそこに住んでおられる方の思いが詰まっているということです。弊社で地震前に家を建てる契約をされたお客様がおられました。そのお宅は、一人娘のお部屋も作ることになっていました。ところが、あの阪神・淡路大震災で、お嬢様は亡くなられました。すると、施主さまにあたるご両親が、『来年の1月17日までに何とか家を完成させてほしい。もちろん娘の部屋も作ってほしい』と連絡をして来られました。理由を尋ねると、『その日までに娘の部屋が完成したら、娘の帰ってくる場所ができるでしょう』とお答えになられました。家というのは、そこに住む人の命と生活を守ります。本来、新しい家を建てることは、喜びでもあり嬉しいことです。しかし、家というものは、ただそれだけのものではないことに、この仕事をしていて、初めて気づかされました。だから、心を込めて、作るのです」

　このお話の途中から、子どもたちのすすり泣く声が、どこからともなく聞こえてきた。このような体験談は、一介の家庭科教員である筆者には述べることができない。また、体験からくる「本物の言葉」は、確実に子どもたちの心を揺さぶった。この時、筆者は企業連携を行なって、本当に良かったと心底から思えてならなかった。この時の子どもたちの感想がある。「家は命も家族の想いも繋ぐものだと思った」「感動した」「将来、地震に強い街を絶対に創りたい」「建築士になって、安全な家を作る。だから、今、頑張って勉強をする」「命を守るために、街として減災に取り組む必要性を感じた」など、子どもたちなりに考えてくれたようである。その後、子どもたちは、今回の授業を展開する形で、第5次にあたる「クラスとしての減災を考慮した街づくり」に学習のコマを進めた。

5）第5次　減災を考えた模型による街づくり

　いよいよこのプロジェクトの集大成である「減災を考えた模型による街づくり」が始まった。クラスで話し合いを重ね、模型を用いて立体的に形にしていく。その際、夏休みの課題である「行政への聞き取り調査」や、前回のセキスイハイムのお話を参考にし、実生活に照らし合わせた街づくりを考えさせていった。その中で、子どもたちが最初に気づいたことがある。それは、道路の大切さである。「街には、まず道路が必要」「行政も企業も、道路の大切さを話していた。」「幹線道路はできるだけ広く、また、どこからでも進入可能なよう

に行き止まりのない形にしよう」などの声が子どもたちから出ていた。そこで、班でまず話し合いを持たせ、その後、クラスとして一つの街にするための話し合いの時間もとった。そのような中で、「街は人が暮らすものだから、娯楽施設も必要だ」と考える子どもが出てきた。そこで、遊園地も作ることにした。（図 9-7 参照）畑や病院、消防署も作成していた（図 9-8 参照）。

◎図 9-7　手前に遊園地が見える　　◎図 9-8　一生懸命に作っているようす

　そして 3 月、イベント型学習ともいえる「学年の街作り発表会」を実施した。これは学年の生徒が柔道場に一同に会し、各クラスの街を創り上げていくものである。全員で力を合わせ、それぞれのクラスの街を制作していった。当初、この取り組みを見学予定であったセキスイハイムの方々は、時間的余裕がなく来校することができなかった。

　子どもたちの授業の感想は、「模型でも減災を考えた街にするのは大変難しい。これが、本物の街だったら、もっと大変だと思う」「自分たちが考えた内容が、目に見える形にできたことが嬉しい」「今回の僕たちの考えた街では、減災や防災に対してはまだまだ準備不足だと感じた」「地震などの時は、人との繋がりも大切だと思った」などであった。減災を考えた街作りとしては、多少現実離れした部分もある。しかし、子どもたちが社会と繋がり、実生活に関連付けて考えることができたことは、評価できるといえる。

④授業実践からみえた現状と課題

　今回の一連の取り組みは、企業の教育ＣＳＲを授業に取り入れ、さらに体験型イベント学習に発展させたものである。当初の目的である、子どもたちが

「社会と繋がる」「実生活に即して考える」ことは、子どもたちの感想からも概ね達成できたと考える。また、企業との連携を図ることにより、プロの視点から「減災・防災と住まい」について述べていただくことの意義を再確認することもできた。

　しかし、反省すべき点もある。それは、一部において現実からかけ離れた世界を子どもたちが創造していたことである。目的を達成するための教材や授業展開の大切さを改めて知った。また、それに伴い、よりよい教材開発を行なう必要性も強く感じた。

⑤企業連携における展望

　今回は、企業だけではなく、行政の窓口も活用させていただいた。ご多忙であるにも関わらず、きちんとした対応をしていただけた。行政の方にそのような対応をしていただいたからこそ、子どもたちが気づいたこともある。例えば、「道」についてである。街を創るには、「道」が必要であり、その「道」がどのようなものかということも、子どもたちなりに考えたようだ。本年度も、行政に対する聞き取り調査を実施する。本年度は、多忙な行政の窓口活用をさせていただくことから、同じ市町村区に暮らす子どもで1つのグループを組み、聞き取り調査に伺うことにしている。また、この活動を通して、子どもたちの社会性を伸ばすことができると確信している。

　また、企業との連携は以前に比べ、遙かに容易いものとなった。それは、社会の中における企業や学校の在り方の変化などにより、同じ目的意識の中で双方が歩み寄っているからだと考える。例えば企業が「教育ＣＳＲ」と位置づけている今回の活動を、学校がいかに活かすかである。

　今回の授業においては、「プロの視点から述べていただく」という活動を行なった。企業連携を行なうことにより、学校現場の教員だけでは不可能なことを可能にすることもできる。また、子どもたちの学びを、より深めることもできる。子どもたちの学びの場において、その目的を達成するために、どのような形でどのような部署と連携を行なうのか。その最善の策の一つとしての企業連携があると思う。

　最後に、子どもたちの感想を記す。それは、「今回のセキスイハイムさんの

授業は、とても良かった。また来てほしい」「来年は、どこの人が来るの？」
「セキスイハイムさんのやっている社会見学に行こうと思う」などであった。
また、中には、春休み中に家族でセキスイハイムの一般向けのセミナーに、家
族で参加した生徒もいる。実生活において、今回の学びがより豊かに活かされ
るよう、教員として日々研鑽を積んでいきたいと思う。

10章 異校種間連携、教科連携による授業実践

章のねらい

　本章では、異校種間連携、教科連携による授業実践として、①幼稚園と中学校の連携、②小学校と中学校の連携、③道徳と家庭科の連携　の3事例を紹介する。事例1は、ユニバーサルデザインに基づく附属平野五校園の共同研究授業の一部である。事例2は、附属天王寺小学校と附属天王寺中学校の連携授業、事例3は、道徳を中心に据えた総合的な学習の時間と家庭科の教科横断的な「いのちの教育」の授業実践である。

1. 事例のコンセプト

　学校教育の通常授業では、校外に出かける機会はそう多くはなく、異校種の子どもたちとの交流や授業連携は容易ではない。しかし、附属学校等においては同じ敷地や近隣に異校種の学校園が連なることが多く、交流や連携の機会に恵まれている。

　大阪教育大学附属平野五校園は、幼稚園、小学校、中学校、高等学校平野校舎、特別支援学校の五つの学校園が近隣に設置されているという立地状況から、連携型一貫教育を行なっている。五校園では、2013年より3年間、共同研究主題「ユニバーサルデザインにもとづいて「わかる力」「考える力」「使える力」を育む保育・授業づくり」に取り組んできた。

　事例1は、中3の家庭科で行なった幼稚園児との交流学習である。ユニバーサルデザイン化された授業とは、例えば、幼児のイメージがもちにくく、かかわり方などもわからないという中学生に対し、前年度の交流風景を写真で見せ、年齢ごとの成長・様子がわかる視覚教材を活用するということ等である。また、教材・用具の位置を明確にすることでスムーズに交流・製作に移行でき、つまずき等がなくなる。園児と何をどんな順番でやるのか、はっきり生徒に伝え、

見通しがもてるようにすることなども交流授業のユニバーサルデザインである。ユニバーサルデザインにもとづいて「わかる力」「考える力」「使える力」を家庭科でどのように育んだのかを次節で紹介している。

　家族人数の減少や少子化が進む現在、中学生が異年齢の子どもたちと触れ合う場面や時間も減少し、幼児との接し方がわからないという中高校生も少なくない。幼児とのふれあい体験前後で中学生の価値観や思いが大きく変わることから、アクティブ・ラーニングの一つでもある交流学習を積極的に授業に取り入れたい。しかし、近隣に幼稚園があったとしても、このような交流学習を異校種の授業に組み込むことは容易ではない。なぜなら、幼稚園児の生活リズムや行事などで日程や時間割を調整することが思いのほか困難であるからである。余裕を持って計画を立てることが大切である。

　事例2は、附属天王寺小学校5年生と附属天王寺中学校1年生の連携授業である。なにわ伝統野菜を用いたレシピをそれぞれの家庭科の授業で考え、レシピ集を作成するというものである。

　中学校では、技術・家庭（技術分野）の時間に「天王寺蕪」と「田辺大根」を栽培している。技術分野と家庭分野の連携にもなっている。これらの地元の伝統野菜やレシピの調べ学習を通して①地域の食材「なにわ伝統野菜」を知る②地域の食文化への関心を持つ③地域社会に触れる④調理に関する基礎的な知識の習得等を目的としている。天王寺の地元の地域資源を有効に活用し、地域や社会とのつながりを重視した食生活学習である。

　事例3は、「いのちの教育」授業モデルの提案である。

　本授業は、道徳をベースにしながら4・5年生の2年間を通して「いのち」を実感する体験活動を取り入れ、4年生では主に「総合的な学習の時間」・「特別活動」、5年生は主に「総合的な学習の時間」・「家庭科」において教科横断的に取り組んでいる。4年生で芽生えた「いのち」に対する意識を5年生の「家庭科」の小物製作学習につなげた。保護犬・猫は、トリミングが施されリボンなどの装飾がつけられることにより、多くの人の目に留まり里親希望が増えるという情報を得て、保護犬・猫のためにリボンやバンダナなどを作製した。

　製作活動や実習・実験に必然性を持たせて子どもたちの学習意欲を高め、実習に主体的に関わらせることは、技能の向上にもつながる。

　３事例はいずれも教員の授業デザイン力が発揮された取り組みである。

2．実践紹介

(1)　幼稚園・中学校連携実践～ユニバーサルデザインにもとづいて 「わかる力」「考える力」「使える力」を育む保育・授業づくり～

大阪教育大学附属平野中学校　橋本美恵

　本校園の特徴として、附属幼稚園・附属小学校・附属中学校・附属平野校舎・特別支援学校の五つの学校園が近隣にある。この五つの校園が共同し、ユニバーサルデザインにもとづいて「わかる力」「考える力」「使える力」を育む保育・授業づくりをテーマとして共同研究を進めている。その中で家庭、技術・家庭科は、幼稚園と中学校と連携を行なった。

①共同研究のコンセプト

　家庭科、技術・家庭科では、家庭生活での経験と授業での体験等から子どもたちが手や体、五感で感じ取ったものを関連づけ、子どもが自分と家族の生活を振り返り、疑問を持ち、改善・解決できる能力を身につけることをめざしている。発達段階に応じたさまざまな角度から、問題解決能力を高める学習を取り入れ、よりよい生活を送り、自分自身が生活の主体となる子どもの育成をめざしている。

　2013年度までは、子どもがどのように伸びてほしいかを考え、そのために最も有効な学びの方法を開発し「タテの連携」をすすめてきたが、2013年度は同じ五校園内にある幼稚園との異年齢交流に軸を置くこととした。

　また、「ヨコの連携」として特別支援学校での製作教材について技術・家庭科からの協力も始める予定となっている。互いの授業参観を行なうことで児童生徒への支援の在り方、個に応じた学びの方法についても検討を行なう予定である。

②めざす子ども像と学力像

　小学校５年生から始まる「家庭科、技術・家庭科」は生活に密着した教科である。小学校では基礎的な知識や技能の習得を図り、そこから生活の見方や考

え方を身につけ、中学校では身近に起こる事象やさまざまな情報から社会や世界に視野を広げて考えつつ、自分や家族の生活を見つめ返して考え、行動する力をつけることをめざしている。

　また、生活の基盤としての対象を家族や家庭だけでなく社会にも広げ、自分が家族の一員であると同時に社会を形成する一人であることを自覚させ、そこからその主体者である自分を肯定し、さらなる学習意欲を高め、社会に働きかける力を養う。特別支援学校においても、実生活につながる教材、授業内容を多く取り入れ、学んだことが実生活に活かされていることを感じる中で、本当の意味での豊かな生活をめざし、自立できる子どもの育成を目標としている。

③五校園共同研究テーマとの関連

１）家庭科、技術・家庭科における「考える力」と「使える力」

　家庭科、技術・家庭科では「考える力」を、「子どもが、自分と家族の生活を見つめ、疑問をもち、それを改善、解決しようとする力」として捉えている。実生活と関連を図った問題解決的な学習を効果的に取り入れ、身近な生活の問題を主体的に解決する能力を育む指導を充実するようにしていきたい。

　また、「使える力」においては、子どもの発達段階をふまえ、個に応じて「考える力」を設定して取り組み、達成感を味わえる教材を使用し、実生活に活用・応用できることをめざしている。「わかりやすい」「考えやすい」授業をするために視覚化された教材を使用し、授業内に動作を伴う活動を入れる事によって生徒が主体的に考えることができると考えた。

　具体的には、題材を設定するにあたり、生徒の興味関心をひく教材を使用し、ペアやグループでの活動を設定することで問題意識の共有化を図る。また、同世代あるいは異世代の意見や専門家のアドバイスを聞くことにより、共有化につなげ、生徒自身の価値観を意識的にゆさぶる場面を取り入れる。それらをくり返し行なうことによって、実生活でのさまざまな問題解決に対する「使える力」を育むことができる。

２）家庭科、技術・家庭科における「ユニバーサルデザイン」

　五校園テーマで言われている、①焦点化（今行なう活動内容が明確になるようにする工夫）②共有化（皆とともに「わかる・できる」実感すること）

③視覚化（イメージの力で理解を支えること）を、家庭科、技術・家庭科では子どもの思考の状態に応じた教材や学習形態を取り入れた授業を考えた。全員参加型授業を行ない、多くの子に話す機会を保障するためにペア活動・グループ活動を取り入れ、「ペア（グループ）で解決策を一つに絞り込む」「ペア（グループ）の相手に考えを説明する」こうした問題解決の活動・活動説明を取り入れることで、話す機会が増え、共有化に繋がる。一人でやるよりも、ペアだと不安やつまずきも少なく、真剣に楽しく授業に参加できると考えた。今回の交流活動においては、幼児のイメージがもちにくく、かかわり方などもわからないという意見が多かったので、昨年度の交流風景を写真で見せ、年齢ごとの成長・様子がわかる視覚教材を有効活用した。

また、教材・用具の位置を明確にすることでスムーズに交流・製作にうつることができつまずきがなくなると考える。交流に焦点を当て、園児と何を、どんな順番でやり、どう取り組み、どこで終わるのかなど、はっきり生徒に伝え、見通しがもてるようにすることと、興味・関心のある教材を提示することで考えやすく、個の成長に応じた指導の工夫を考えることがユニバーサルデザイン化された授業であると考えた。このような授業を通して生徒が主体的に取り組み、考える力を育成していきたい。

④授業研究における共同研究の構想

前述のように、幼いころから継続している「生活」が学習対象である家庭科、技術・家庭科では、家庭での生活経験などから、社会の一員・家族の一員としての家庭生活へのかかわり方が子どもそれぞれ異なるため、実態や成長を捉えながら進める必要がある。生徒が生活の中に疑問を持ち、考え、実践していこうとするとき、知識や技能が必要になるがそのためには、実生活に役立つ授業内容の工夫が必要になる。「家族・家庭と子どもの成長」においては、生徒が授業中聞いて学ぶより、体験を通して得た知識・技能のほうが自分で身につけたという実感を伴うため、実践的活動を重視した授業づくりを行なっている。

また、小学校・中学校のカリキュラムの中でも社会の一員を担う者として、ノーマライゼーションの実現など、共に生きる豊かな社会をつくりだす視点を持たせるよう、中学校、特別支援学校の授業交流等にも取り組んでいく。

⑤授業実践の実際

1　実践事例（中学校）

（1）授業の概要

①題材名　　幼児との交流

②題材について

　核家族化による家族人数の減少や少子化が進む現在、家族の形態機能は著しく変化している。このような中、中学生は異年齢の子どもたちとふれ合う場や時間が非常に少なくなってきている。生徒からのアンケートでも幼児とどう接したらいいのかわからないという意見もあった。遠方から通学している生徒が少なくないことも、幼児とふれ合う機会を限定的にしていると推測できる。そこで平野五校園にある附属幼稚園児とふれ合い交流する場を設定しようと考えた。それにより、地域外から通学している生徒も平野五校園で生活している園児に目をむけることで、より身近な存在に感じてほしいと考えた。

　中学校技術・家庭科「家庭分野」では、幼児とのふれ合いや家族・家庭に関する実践的・体験的な学習活動を通して、幼児に関心をもたせるとともに、自分の成長や家族・家庭、幼児の発達と生活について関心と理解を深め、家族や幼児に主体的にかかわることができるようにする。

　そこで、生徒が主体的に学習活動に取り組めるようにするため、幼児とふれ合いながら幼児の身につけるものを一緒に製作する体験を通して、幼児とよりよくかかわろうとする生徒の育成をめざして本題材を設定した。

（2）指導の展開

①題材の指導計画（活動風景・活動内容）

　3年生では、幼児とのふれ合い（本時）にむけて、幼児の体の発達・幼児の遊びと発達など学習してきた。

A・ふれ合い交流の前に	1時間
B・行動観察・ふれ合い交流	1時間
C・ふれ合い交流（ふり返り）	1時間
D・幼児の身につけるものの製作	2時間
E・幼児とのふれ合い	1時間（本時）
F・ふれ合い交流をふり返る	2時間

A：副園長の講話・行動観察・ふれ合い交流

工夫1：交流前の不安な気持ち・心配事・注意事を聞き交流をスムーズに行えるようにする。

　副園長の講話・行動観察・ふれ合い交流

　副園長より交流の注意点や園児の観察方法などの話しを聞く。ふれ合い交流では幼児の特徴、安全面などを聞いてから交流を行なった。

◎写真 10-1：副園長講話　　　◎写真 10-2：ふれ合い交流　　◎写真 10-3：ふれ合い交流

B：ふれ合い交流（ペア・グループで話し合う）

工夫2：本時に向けて交流生徒と園児を固定することによって、深く関わり、幼児理解を深めることができるようにした。

　本時に交流するグループでこの時間から交流をする（写真 10-4・10-5）

　グループは中学生男子1名女子1名園児2～3名

◎写真 10-4　園児からの聞き取り　　◎写真 10-5　園児からの聞き取り

C：園児と話したワークシートをふり返り、ペアでどのようなものを製作

するか考える。

工夫３：生徒たち（ペア）だけで考え、その中の疑問点を専門家に話しを聞く
　　　　ことで問題解決に結びつけることができる。

幼稚園の先生に聞き取り

　・放課後ペアの一人が実際に園児の作った作品や衣装・材料などを見に幼稚
　　園に行く。また、今の考えている内容を伝え、工夫点などを聞く

◎写真 10-6　聞き取りしている様子

園で使用している材料、用具等を見せてもらうことで

　　　Ｄ・幼児の身につけるものの製作

工夫４：次の交流まで時間があり、園児も中学生の顔を忘れ、中学生もモチ
　　　　ベーションが下がるためビデオレターで繋がりを持つことでお互いを
　　　　思い園児に楽しみを持ってもらうことができた。

身につけるものの土台となるものを考える

　・中学生がペアで考える

◎写真 10-7　製作の様子

◎写真 10-8　製作の様子

製作風景のビデオレターを製作
　　・放課後時にビデオレターを幼稚園に持って行く
　　（幼稚園の保護者参観で見せたと園の先生から報告をうけた）

幼児の身につけるものの製作
　　・うち1時間は、幼稚園の先生も一緒に授業に入ってもらい疑問点などを聞
　　　きながら進める

◎写真 10-9

◎写真 10-10

幼児とのふれ合い（本時）
工夫：当日は環境・場所・安全面の配慮を考え、園児が使いやすい、作業しや
　　　すいことがだれもが安全で活動できるようにした。
　　完成する前の製作物を園児と一緒に完成をめざす

◎写真 10-11

◎写真 10-12

何がどこにあるかを明確にすることで活動しやすくしている。

◎写真 10-13

◎写真 10-14

交流当日完成した衣装のファッションショー

◎写真 10-15

◎写真 10-16

ふれ合い体験をふり返る

　　各自ふり返り、感想をワークシートにまとめる

このような流れで授業を行なった。

　研究主題との関連として、昨年度の交流事例（視覚化されたもの）を掲示することにより、生徒に交流のイメージをつかませ、興味や関心を引き出し、体験学習に意欲的に参加することができるようにする。また、体験学習を充実させることにより、生徒と生徒の意見交換や園児と生徒との話し合い活動や製作活動等の直接的なふれ合いを通して、他者理解など他者との関係性を築くことが学習できる。園児とのふれ合いやかかわり方を工夫し、活用する喜びや楽しさがわかり、使える力に繋がると考えた。

②本時の学習指導

　本時の題材「幼児とのふれ合い」

本時の指導目標

　　・遊び道具の製作を通して、幼児についての関心を深める。

　　・パートナーとして関わる対象となっている、幼児に合わせたものを製作することができる。

評価

　　・幼児とふれ合う活動などを通して、幼児に関心をもち、適切に関わろうとしている。

　　　　　　　　　　　　　　　　　　　　　　　　（関心・意欲・態度）

　　・聞き取り、観察したことを生かして、製作を工夫して取り組んでいる。

　　　　　　　　　　　　　　　　　　　　　　　　　　（工夫・創造）

本時の指導の工夫

　中学生が幼児に対する関心を高めるためには、幼児の身につけるものの具体的な製作を通して指導することが効果的であると考えた。そこで幼稚園訪問のために対象児を決め、その心身の発達を考慮して身につけるものを工夫しながら製作させる。それによって、幼児に対する理解が深まるだけでなく、つくる楽しさや完成の喜びを体得し、実践的な態度も育成できる。幼児と一緒に製作するなどのふれ合いや関わり方の工夫ができるようにするため、幼稚園との交流を実施した。

1. 成果と課題

　　研究発表では、題材「幼児とのふれ合い」（中学校3年生家庭分野）の授業を公開した。研究授業までに行動観察・幼児との自由遊び、グループ交流を行なった。幼児3人と中学生2人のグループ分けを行ないグループ活動することにより、同じ幼児を観察・交流することで幼児に関心を持ち、適切に関わる

◎写真10-17

ことができると考えた。また、生徒が授業中聞いて学ぶより、体験を通して得た知識・技能のほうが自分で身につけたという実感を伴うため、実践活動を取り入れた。

　1回目（行動観察自由遊び・写真10-17）の交流を終えて、「積極的に関わることができなかった」「幼児に逃げられるのですがどのように接したらいいですか」「触れ合う時

間が短い」などの意見が多かった。このように１回の交流だけだと苦手意識や疑問を持ったまま終わる可能性が高いということが考えられた。

　２回目（グループ活動・写真10-18）の交流では、２度目の体験を重ねることにより、幼児に対して抵抗なくかかわることができた。次回も同じ幼児と活動することを事前に説明し、授業全体の流れを明確にした。自分のグループと意識づけすることにより幼児に愛着がわき、１回目の交流と違い肯定的な感想を持った生徒がほとんどで

◎写真10-18

あった。そのため次時への具体的な目標をもつことができた。３回目の交流前に、衣装製作事前学習として、園児がどのようなもので遊んでいるのか、おもちゃの素材や用具を放課後幼稚園に聞き取りに行なった。その後家庭科の授業に幼稚園の先生を呼び、授業に入ってもらい幼児の衣装を製作した。ペア学習をすることにより生徒同士が相談し疑問を持ち、幼稚園の先生に積極的に質問する光景が多く見られた。このように専門家のアドバイスを聞くことにより製作物に自信を持ち、次の交流に繋げることができた。そのような場を授業内に設定することで疑問を持ったまま終わるのではなく、改善・解決することができた。これらは、「考える力」「使える力」に繋がったと考えられる。また、３回目までの日程があくことから、単発ではなく、連続した交流を意識させるため、幼児が中学生のことを思い出し、中学生の交流へのモチベーションを持続させる目的で、衣装制作風景と幼児の名前を呼びながらのビデオレターを行なった。これは交流回数が少ないことを補えると考え実施した。

　３回目（本時・写真10-19）の交流では、いろいろな手段や方法を試してみるといった積極的な学習参加がみえた。園児のことを考えてふれ合おうとするクラスの雰囲気の中、交流することができた。目に見えて大きな変化が見えた生徒も多くいた。中でも１人の女

◎写真10-19

子生徒は、「園児に避けられる」と1回目の交流で言っていたが、3回目の交流場面では眼鏡を取って授業に挑むなどし、自ら考えいろいろな方法を試していた様子が見られた。その結果スムーズな交流ができたと本人は話していた。

研究授業の効果（事前・事後アンケートより）

授業の中で、学習効果・生徒自身の変化の測定のため3回のアンケート調査を実施した。左のグラフはアンケート結果である。幼児に対して回を重ねるごとに気持ちの変化が見られた。最後の振り返りアンケートではほぼ全員の生徒が交流の必要性があると答えた。交流の必要性についても同じ回答であった。交流2年目になるが、昨年より交流回数を増やすことで苦手意識がなくなり、関心を持つことができた。また、生徒の感想の中には、交流前は、「受験生に必要ですか」「めんどくさい」という意見もあったが、幼稚園交流後アンケートの結果、生徒全員が今後家庭科における保育学習は必要であると解答した。その理由において「将来自分の役に立つから」「このような経験は自分たちで作れるものではないから」「自分の考えている通りにはいかないから」「責任感も養われる」「少子化の今の社会を見直すことができる」などがあった。中学生が変

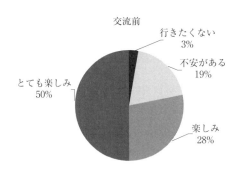

交流前

- 行きたくない 3%
- 不安がある 19%
- 楽しみ 28%
- とても楽しみ 50%

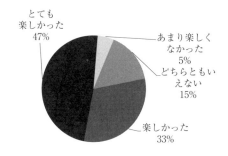

交流後

- とても楽しかった 47%
- あまり楽しくなかった 5%
- どちらともいえない 15%
- 楽しかった 33%

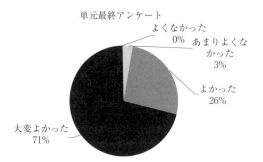

単元最終アンケート

- よくなかった 0%
- あまりよくなかった 3%
- よかった 26%
- 大変よかった 71%

化していく様子などが目で見てわかるようになり、回数を重ねることにより幼児への関心が深まることが2年の交流を終えて実感した。今後も生徒同士が学び合う機会を得ることができるように積極的に取り組んでいきたい。しかし、現在の学習指導要領では、中学校「技術・家庭科」家庭分野では充分な学習時間の確保が難しいと思われる。その中で、幼稚園側との連携や学校の協力体制がこの授業を進めるうえで最も重要だと感じた。幼児とふれ合い体験をすることは隣に幼稚園があるといってもなかなか容易ではない。中学校側と幼稚園側の時間帯や生活リズムの違いで日程調整、時間割調整など困難を極めた。次年度より、これらを改善しより一層充実した学びになるよう体制や連携を密にしていく必要がある。

【参考文献】

大阪教育大学平野五校園　共同研究紀要　平成24年
授業のユニバーサルデザイン　授業のユニバーサルデザイン研究会　桂　聖　廣瀬　由美子編著
　パワーアップ！家庭科　荒井　紀子

(2)　小中連携による「なにわ伝統野菜」を用いた料理レシピの開発

大阪教育大学附属池田中学校　古川ルミ

①問題の所在と授業の目的

1）小・中連携の意義

　平成24年7月、中央教育審議会初等中等教育分科会において、『小・中連携、一貫教育に関する主な意見等の整理』が提示された。「地域において育てたい子ども像について関係者が議論し、それを実現するための一貫した教育課程を小・中学校が協働して編成し、教材を連携して開発することが、（以下、略）」（文部科学省、2012）と、小中連携に対する指針としてもその中で挙げられている。

　では、なぜ、小・中連携をはかるのであろうか。これは、発達段階の異なる子どもたちが、学習指導要領のB領域「調理の基礎を学び、調理に興味・関心を持ち、実生活において実践する力を養う」ことを、小・中学校共通の目的としている。もちろん、食育の観点も含まれる。そこで、大阪教育大学附属天王

寺小学校家庭科（以下、小学校家庭科）および大阪教育大学附属天王寺中学校技術・家庭科（以下、中学校技術科または中学校家庭科）において、「なにわ伝統野菜を用いた料理レシピの開発」を行なうこととした。

２）「なにわ伝統野菜を用いた料理レシピの開発」を教材にした理由

「なにわ伝統野菜」の基準は、「①概ね100年前から大阪府内で栽培されてきた野菜、②苗、種子等の来歴が明らかで、大阪独自の品目、品種であり、栽培に供する苗、種子等の確保が可能な野菜、③府内で生産されている野菜」と大阪府で定義されている。例えば、毛馬胡瓜や泉州黄玉葱、吹田慈姑や金時人参など、全部で17品目を挙げている。しかし、これらの野菜は、戦後、農産物の生産性をあげるための品種改良や農地の宅地化などにより、店頭から消えていったとされている。いわば、最近では私たちにとって「珍しい野菜」である。そこで、この「なにわ伝統野菜」を教材にすることにより、子どもたちの興味関心を引くことにした。

本校は、大阪教育大学附属天王寺中学校という名称が示すとおり、大阪市天王寺区に位置する。今回取り上げる天王寺蕪は、大阪市天王寺区付近で昔から栽培されていた。つまり、なにわ伝統野菜である。例えば、天王寺蕪を教材として取り上げることにより、子どもたちが①地域の食材である「なにわ伝統野菜」を知る機会を得ることができる、②地域の食文化への関心を持つ、③地域社会に触れることができるといえる、などの効果が期待できる。

では、なぜレシピ集を作らせたのか。それは学習指導要領のB領域にもあるように、

①調理に関する基礎的な学習の実施

②地域の食材を生かした調理や食文化の意義を知り、それらを生かした調理の
　計画を立ててそれらを実践する

などの目的である。レシピ作りは、なにわ伝統野菜の味を考えさせ、調理実習につなげる段階での取り組みである。「なにわ伝統野菜」は先に述べたように、日常生活において、あまり慣れ親しまれていない食材である。それらを実生活の中で、食材として利用できる実践力として養いたいと考えた。また小学校においては、食の生活の中での営みの大切さに気づくことも重要視した。中学校においては、小学校の学びをさらに発展したものとして捉え、さらに実生活で

実践できる学びを創造してほしいと考えた。

　レシピを考える過程において、子どもたちが「調理をすることによって、どんな味になるのだろう」など、レシピを創造する、あるいは「学ばせる」楽しさを知らせることも大切な目的の一つである。

③授業実践の実際

　本授業実践は、大阪教育大学附属天王寺中学校1年生160名および大阪教育大学附属天王寺小学校5年生120名を対象に、小・中連携を柱として取り組んだものである。実施期間は2013年9月から2014年3月までの、約7か月間である。取り組み内容は、以下に示す通りである（表10-1）。

◎表10-1　「なにわ伝統野菜を用いた料理レシピの開発」展開計画

段階	学習内容・題材	実践校種等	実施時期
第1次	天王寺蕪・田辺大根の栽培	中学校技術科	9～11月頃
第2次	天王寺蕪・田辺大根についての冬期課題学習	小・中学校家庭科	
	冬期休暇中		
第3次	レシピコンクールの実施	小・中学校家庭科	1月に各1H
第4次	レシピの作成	中学校家庭科	1月に2H

1）第1次　天王寺蕪・田辺大根の栽培について

　平成24年度から中学校で完全実施された『中学校学習指導要領解説　技術・家庭編』（文部科学省、2008）技術分野のC領域に、「生物育成に関すること」がある。本校の技術科において、生物育成に関することは中学1年生で学習している。本校は、大阪市天王寺区に位置し、江戸の昔に「なにわ伝統野菜」が採れていたとされることから、技術科の時間を用いて、なにわ伝統野菜である「天王寺蕪」と「田辺大根」を栽培している。栽培方法としては、9月に播種を行ない、その後に間引きをして10～11月に収穫するというものである（写真10-20～10-22参照）。収穫後は、大阪教育大学附属天王寺小学校に分ける予定である。その日まで、大切に育てていった。

◎写真 10-20・◎写真 10-21　中学１年生が技術の時間に播種を行なっている様子
◎写真 10-22　発芽した様子

２）第２次　天王寺蕪・田辺大根についての冬期課題学習について

　第１次の「天王寺蕪・田辺大根の栽培」を受けて、小学校家庭科と中学校家庭科では、共通の冬期課題を設定した。まずは図 10-1 をご覧いただきたい。図は、小学校家庭科担当教員が作成した「なにわ伝統野菜について調べよう」という冬期課題用プリントである。これには設問が３つあり、

① 　なにわ伝統野菜について調べましょう（なぜ伝統野菜とよばれるのか、歴史や育て方、他の野菜との違いを明らかにする）

② 　それぞれの言葉の意味を調べましょう

　　　○　原種・固定種

　　　○　Ｆ１（エフワン）種

　　　○　伝統野菜は原種やＦ１種の何にあてはまりますか

③ 　17 品目ある「なにわ伝統野菜」を調べましょう（天王寺蕪と田辺大根について調べさせる）

というものである。中学校技術科で栽培している「なにわ伝統野菜」について、より深く知ることが目的である。次に図 10-2 をご覧いただきたい。これは、図 10-1 の冬期課題用プリントを学習したのちに子どもたちが取り組むもので、中学校家庭科担当教員が作成した。題材は「なにわ伝統野菜を使ったレシピを考えよう」というものである。この目的は、

① 　図 10-1 の学習を受けて、なにわ伝統野菜（天王寺蕪または田辺大根）を使用した料理を一品考える

② 　①で考えた一品の材料や作り方を図 10-2 に書くことにより、言語化を図る

③　できれば自らが考えたレシピについて、家庭で作ってみる

の３点である。この小・中共通冬期課題は、数回に渡る小・中学校家庭科教員のメール会議でのやりとりにおいて実現した。メール会議の実施理由は、小中学校の立地条件や、物理的な時間の余裕のなさにある。本来、直接会って会議を持つべきところ、小学校と中学校が距離的に少し離れていることもあり、なかなか頻繁に会議を持つことができなかったこと、それに加え、お互いの校務が多忙であったことなどから、メール会議という立場をとった。

◎図 10-1　なにわ伝統野菜について調べよう

◎図 10-2　なにわ伝統野菜を使ったレシ
ピを考えよう

３）第３次　レシピコンクールの実施

　第２次で子どもたちに配布した「冬期課題」を、小・中学校家庭科のそれぞれの最初の授業において、家庭科担当教員が回収、点検を行なった。点検後、小・中学校の各家庭科担当教員が、自校の子どもたちの視点に立って考えた時、「これは、いいな」「このレシピはおもしろいな」と思ったものを、20 作品程度選出した。20 作品を選出するにあたっての観点は、

①　とにかくこのレシピは素晴らしい！

②　料理に対するアイデアが良い！

③　自分一人でも簡単に作れそう！

の３点である。この３観点にしたのは、この後に実施する、「レシピコンクー

ル」の3つの賞に関連するためである。それぞれの校種で選出した20作品を、小・中教科会議（対面式）で持ち寄り、交換をした。次に自校へ持ち帰り、交換したレシピを模造紙などに貼る。その際、児童生徒の名前だけを隠すことを条件とした。これは、小学校と中学校における兄弟姉妹関係から予想される事柄への配慮からである。

　3学期の2回目にあたる授業においては、先述した模造紙などに貼ったレシピから、上記①〜③にあてはまるものを、それぞれ1点ずつ選ばせるという作業を行なった。この作業に至るまでに、何度も小・中学校の家庭科担当教員で、メール会議を行なった。メール会議で決定した事柄は、小学校・中学校ともに
①　選ぶ際には、観点基準によって投票用の付箋の色を変えること
②　各観点基準で、各校種上位3人ずつを表彰すること
③　開票作業は家庭科の時間内とし、児童・生徒が主体的に行なうこと
④　小・中合同のレシピ集を作成し、各部門の優秀作品を掲載すること
である。作業の実施では、選ぶ観点ごとに色を変えた投票用の付箋を、子どもたちが「良いな」と思ったレシピの横に貼っていった。小学生は中学生のレシピから、中学生は小学生のレシピから選ぶこととなる。写真10-23〜10-25はその時の小学校における授業の様子である。真剣に取り組んでいる様子がうかがえる。小学校においては、「あっ。これ、おいしそう」「やっぱり、中学生の人ってすごいなあ」「中学生になったら、こんなお料理を作ることができるようになるのかなぁ」などの声があがっていた。また、中学校においては、「小学生なのに、こんなに凄いレシピを考えられるなんて、凄いなあ」「このレシピの方が、僕たちよりも凄い」「これなら自分で作ることができそう」など、それぞれのレシピを見ながら、感想を述べていた。これらの感想からも、小・中学生がお互いにいいところを見つけて、認め合っていることがわかる。このレシピコンクールを行なうことによって得た成果も大きい。小学生は家族の一員としての生活や意欲と態度について、関心を持つことができたのではと思う。また、中学生は、下級生に見られることにより、年長者という自覚が芽生え、生活の自立を図る視点から、実践的な態度を育むことができたといえる。

◎写真10-23・◎写真10-24・◎写真10-25　真剣に中学生の考えたレシピについて班ごとに考えたのち、選んでいる様子。真剣さが伝わってくる。

　小・中学校家庭科の時間内でそれぞれ投票後、開票作業も実施した。もちろん、児童生徒が主体的に開票作業を行なうのである。担当の子どもたちは、全体の前に出て、「○○さんに1票」などと言いながら、開票作業を進めていた。しかし、それはあくまでも各クラスにおける授業での取り組みである。各クラスによって、1位から3位が異なることは必須である。そこで、学年としての統計はそれぞれの家庭科担当教員が行なうこととした。問題点も発生した。それは、部門ごとに投票がなされているのにも関わらず、同じ作品が他部門にわたり3位以内に選ばれているということである。それに伴い、小・中学校家庭科担当教員で、重複受賞作品に関する取扱いについてのメール会議を行なった。そこで決定したことは、できるだけ数多くの児童生徒の作品をレシピ集に掲載したいとの教員側の願いから、

① 　同一作品の重複受賞について、今回は認めない
② 　重複受賞作品に関しては、部門に関わらず、投票数の多い方を優先して受賞させることとする
③ 　重複受賞作品が存在する部門で、重複受賞作品が他部門における受賞対象となった場合、自動的に繰り上げ順位とする。
⑤ 　受賞作品に関しては、レシピ集紙面掲載にて発表に代える

とした。このことから、小学校9作品・中学校9作品の合計18作品が、「小・中合同レシピ集」に掲載されることとなった。

　また、この取り組みについて、広く学校から発信するという意図から、中学校技術科が「大阪教育大学附属天王寺小学校家庭科・大阪教育大学附属天王寺中学校技術家庭科　共同研究」という小学校・中学校共同のホームページを開

設した。

4）　レシピの作成

　今回の研究テーマの集大成でもあるレシピ集作りは、中学校家庭科で行なった。

　レシピ集作りに関する内容については、あらかじめ小・中学校家庭科担当教員のメール会議を行ない、そこで確認をした。確認事項は、

①　レシピ集に関しては中学校家庭科が全面的に制作をする

②　レシピ集の印刷は中学校側の意向により、印刷会社に依頼する

③　出来上がったレシピ集は、小学校5年生と中学校1年生に配布する

というものである。このレシピ集は、当初の計画の配布時期よりやや遅れた4月に、児童生徒に配布された。1学年進級した子どもたちは、「あっ！あの時のレシピや！○○さんの作品が載ってるよ」「うわぁ。これすごいなあ」などと言いながら、レシピ集を手にしていた。

　レシピ集に掲載されているもの（入賞しているレシピ）は、小学生が取り上げた材料では「天王寺蕪」、中学生が取り上げた材料では「田辺大根」が多かった。また、「天王寺蕪」を使ったレシピでは、洋風レシピや油ものが多数を占めていた。例えば、「天王寺蕪のから揚げ」や「天王寺蕪のスペイン風オムレツ」「天王寺蕪の洋風肉詰煮」などである。

　それとは対照的に、「田辺大根」を用いたレシピでは、和風レシピに仕上がっていた。例えば、「田辺大根を用いたエビ入り大根もち」「シラス＆田辺大根の葉の混ぜご飯」「ご飯がすすむ麻婆田辺大根」などである。この結果から、子どもたちは、それぞれの食材の特徴を捉えて、レシピ作りに取り組んだといえる。また、子どもたちの嗜

◎図10-3　レシピ集

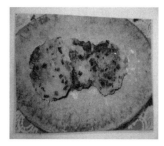

◎図10-4　田辺大根を用いたエビ入り大根もち

好が、小学生と中学生では少し異なり、成長段階において変化が出てきているのではと推察する。知らない素材だからこそ発案された、子どもたちのバラエティ豊かな、個性溢れるレシピであった。

④この授業実践の展開と課題

　4月、小・中学校当該学年の児童・生徒にレシピ集を配布した。その時の子どもたちは、「誰が1位かなあ」「私のレシピは載っているかなあ」「思っていたより、きれいなレシピ集になっている」などと言いながら、レシピ集を手にしていた。紙質の良さや印刷技術の高さから成る美しいレシピ集に、目を輝かせる子どもたち。日頃学校で手作りされているものとは一味違った印象を持ったようである。いつもに増してレシピ集に対し、丁寧な扱いをする子どもたちが目立った。また、小学校家庭科・中学校家庭科において、今回の授業実践について、子どもたちにインタビュー形式で質問を実施した。結果は次の3点が目立つ形となった（表10-2参照・表2－④に関しては、小学校のみ目立った）

◎表10-2　小・中学生のインタビュー形式における質問結果

①　相対的に異校種間交流における授業を、楽しく行なうことができた
②　家族で「なにわ伝統野菜」について話題にすることができた
③　なにわ伝統野菜を今後使ってみようと思った
④　中学生が作った「天王寺蕪」と「田辺大根」を貰えるのを楽しみに待っていたのに、貰うことができなくて残念だった

　また、表10-2－④から、小学生が実物の野菜を貰って家に持ち帰り、それを調理することを楽しみにしていたことも伺い知れる。このことからも、今回の授業における子どもたちのレシピ作りに対する期待値が大きかったことが分かる。

　今回、子どもたちは、作物を得られなかったことから、作物を栽培することの難しさを、直接的にあるいは間接的に学んだに違いない。また、食の観点からは地産地消の大切さを知らすことができた。そして、異校種間交流で子どもたちが得たものは、計り知れないほど大きかったといえよう。

　そこで、研究の最後にあたり、今回の共同研究における授業実践の振り返りを、小・中教科部会という形で4月に実施した。小・中一緒に授業を創造していくことの大切さ、現実の課題を克服する中でメール会議をもちながら、子ど

もたちに学習の意思疎通を図ることができたのは、大きな成果であると認識した。また、学習にあたり、その目的に見合った教材を用いることの難しさも再確認した。今回は、「なにわ伝統野菜を用いたレシピを考える」という学習ツールだからこそ得ることができた、成果であるといえる。今後は、子どもたちが「なにわ伝統野菜の味」を創造しながら作成したレシピ集を用い、調理実習を実施したいと考える。

また、さらに小・中連携を図りながら、研究に取り組むべく研鑽を積んでいきたいと思う。

【引用文献】

文部科学省、『中学校学習指導要領解説 技術・家庭編』、2006

(3) 「特別の教科 道徳」との教科横断的な「いのちの教育」
～家庭科の可能性を探る～

奈良学園大学人間教育学部　西江なお子

①なぜ今、改めて「いのちの教育」が必要なのか

1) 児童を取り巻く現状

　2016（平成28）年度の送検者数の14.1％を少年（犯行時または被害時の年齢が19歳以下）が占める結果となり[1]、少年犯罪は後を絶たない。また同年、学校の管理下・管理下外における暴力行為発生件数は、前年度に比べ中・高等学校は減少しているものの、小学校は2010（平成22）年度に若干の減少が見られた以外は、2002（平成14）年度から増加の一途を辿っている[2]。加えて、いじめの認知（発生）件数は、23万件を超え、そのうち精神や身体、生命の危機に及ぶ重大な被害は100件を超えた。

　教育基本法第2条には、「生命を尊び、自然を大切にし、環境の保全に寄与する態度を養うこと」、学校教育法第21条の2には、「学校内外における自然体験活動を促進し、生命及び自然を尊重する精神並びに環境の保全に寄与する態度を養うこと」と明記されている。また、「生命尊重」等に関する教科として、新学習指導要領の「特別の教科 道徳」をはじめ、「国語」「理科」「生活」「保健体育」において明記されており、全国的に「いのち」について考える教

育が行なわれている。しかし、児童を取り巻く諸問題が後を絶たないのが現状である。いのちを軽んじる行動は、人間に関わらず動物にも向けられており、近年は動物虐待事件も相次いでいる。事件摘発件数統計開始の 2010 年から 2014 年には 1.5 倍に増加しており、動物虐待による有罪判決を受けたある男子学生は「幼いころから動物が嫌いだった」と動機を述べたという。また、1997年の児童殺傷事件における当時 14 歳の少年は、小学 5 年生頃にナメクジやカエルの解剖、その後猫の解剖もするようになったとの報告もある。また、2014年の高 1 女子生徒殺害事件の加害少女は、猫を殺すことでは満足できなくなり殺人に至ったとされている。

　文部科学省[3] は、2004（平成 16）年小学 6 年生女子児童による同級生殺害事件発生後、省内に「児童生徒の問題行動に関するプロジェクトチーム」を設置し、「児童生徒の問題行動対策重点プログラム」をまとめた。その後、全国の学校において「いのちの教育」が積極的に行なわれている。しかし、その後も類似の事件が発生しており、「十分な成果を挙げていないと言わざるを得ない」と文部科学省は警笛を鳴らしている。そして、「かけがえのない命を大切にする心を育み、伝え合う力を高め、望ましい人間関係をつくる力を身につけ、生きることの素晴らしさを体験活動を通じて実感できるようにすること」が重要であるとしている。

　渡邉[4] は、「いのちの教育」の推進について以下のように述べている。
　　　〈いのち〉を全身で実感をもって感じること（体験活動①）から始まって、〈いのち〉を守り、大切にすることを自ら行って（体験活動②）、それが持つ意味をより広い視点から考えることができるよう段階を踏んで展開される必要がある。
さらに渡邉は、体験活動について以下のように述べている。
　　　体験活動は、一つではなく、それぞれの段階に応じて多様なものが用意されなければならない。家庭における家族や地域における人々との交流を通した体験活動、身体を通した生き物や人とのふれあいや交流も大切であろう。
　加えて渡邉は、命の教育を展開するためには、「道徳の時間」はもちろん、各教科、特別活動、総合的な学習の時間との関連づけを行ないながら、教育課

程全体の中に位置づけることの重要性を述べている。

　では、具体的に「道徳」を基盤とした「いのちの教育」をどのように進めていけばよいのだろうか。速水[5]は家庭科で扱う指導内容は、全ての項目において「命の教育」を取り扱うことが可能であり、これまでの学習内容に「命の教育」の視点を取り入れるだけで実践可能であると報告している。そう考える理由を以下のように述べている。

　　家庭科は、生活全般を学習対象としており、生命をはぐくんだり生活をしたりする基盤としての家族・家庭の意義を理解させ、将来を見通してよりよい生活をしようとする能力を育成することを目標としている教科である。家庭科は、まさに「生きる力」をはぐくむ教科であり、「命の教育」と深くかかわることが可能である。これまでにも家庭科では、保育に関する領域で、子どもを生み育てることの意義や子どもの発達について学び、幼稚園や保育所等の訪問などで幼児と触れ合う実習を行っており、命をはぐくむことの大切さを学び、命を感じることができる内容を扱ってきている。これまでのような保育に関する領域だけではなく、衣生活や食生活、住生活などのその他の領域でも幅広く命を実感させるような指導を行い、現在必要とされている「命の教育」ができるのではないかと考える。

　これを受け、今こそ「特別の教科 道徳」を基盤に据えた、家庭科等も含む教科横断的な「いのちの教育」を進めていく必要がある。では実際に、「いのちの教育」を、どのように進めていけば良いか考えてみよう。

2)「いのち」を実感する教育の実現のために

　「生命尊重の教育」は法的にも実施が定められており、全国的に取り組まれている。しかし、その効果が十分に得られていない現状があることは先に述べたが、その理由は一体何だろうか。一つは、理念優先で「いのちの大切さ」を実感する学習が展開されていないことではないだろうか。先に述べた渡邉の論や、上地の「『命の大切さ』は単に知識として教えて育まれるものではない。人と人、人と他の生物、人と自然との触れ合いの中で、視覚、聴覚、触覚等、人間の五感による体験的実感を通して育まれる」[6]という考えに基づき、実感

を伴った理解を促す体験活動を組み込んだ「いのちの教育」の授業モデルを提案する。教科は、「特別の教科 道徳」を中心に据え「家庭科」の学習内容も組み込んだ教科横断的なものとし、「いのちの大切さ」を実感する体験活動として「動物愛護教育」を取り入れる。では、実際の授業モデルを以下で紹介しよう。

② 「特別の教科 道徳」を中心に据えた教科横断的な「いのちの教育」の授業モデル

1）授業の概要

4年生 … 「特別の教科 道徳」「総合的な学習の時間」「特別活動」

5年生… 「特別の教科 道徳」「総合的な学習の時間」「家庭科」

　本授業モデルは、4・5年生における2年間を通して「いのち」を実感する体験活動を適宜取り入れながら実施する。教科は「特別の教科 道徳」を中心に据え、4年生は主に「総合的な学習の時間」・「特別活動」、5年生は主に「総合的な学習の時間」・「家庭科」において教科横断的に取り組む。4年生は「『いのち』って、なに？」という題材名に基づき、動物を飼うことは「いのち」に責任を持つことであることを実感を伴って理解できるよう、犬・猫の殺処分のドキュメンタリー映画の視聴や、犬・猫保護活動者の話を聴く活動を設ける。また、セラピードッグとの触れ合いを行ない、「いのちの大切さ」を実感できる体験活動を取り入れ、いのちあるものの温もりや守るべき存在であることを、知識だけなく視覚、聴覚、触覚等の感覚で捉え、児童の内面を大きく揺さぶる学習展開を行なう。

　次に、4年生における「いのち」に対する意識の芽生えを土台に、5年生では「家庭科」の学習にも組み込んで実施する。保護犬・猫は、トリミングが施されリボンなどの装飾がつけられることにより、多くの人の目に留まり里親希望が増えるという。そこで、裁縫学習の一環としてリボンやバンダナなどを製作する。また、犬・猫の殺処分の実態や保護犬・猫の存在などを広く知ってもらうためのポスターやリーフレット制作を行なう。計画段階においては、保護活動の方からアドバイスをもらい実行に移すと共に、発表の場を設け「いのち」について多くの人と交流できる機会を持つ。そして、2年間の「いのちの教育」の学びとして最後に、5年生の題材名でもある「『いのち』のために、

今の自分にできること」について自分の考えを文章にまとめ、「文集『いのち』」としてまとめる。

　では、以下具体的に授業モデルを紹介する。

2）4年生の授業モデル

①題材名　第4学年「『いのち』って、なに？」　　　　　　　（全11時間扱い）

②題材のねらい

ア　動物の「いのち」に関心をもち、動物にもヒトにも「いのち」があることについて考えることが出来る。　　　　　　　　　　　　　（関心・意欲・態度）

イ　動物の「いのち」を通して、「いのち」について自分なりの考えを持つ。
　　　　　　　　　　　　　　　　　　　　　　　　　　　　　　　（創意工夫）

ウ　「いのち」は動物もヒトも唯一無二の大切なものであることが分かり、動物の「いのち」に責任を持つことについて理解する。　　　（知識・理解）

③題材の学習指導計画（表10-2）

次（時）	小題材名及び目標	主な学習活動	重点とする評価の観点			
			関・意・態	創意工夫	技能	知識理解
1 (1)	○犬・猫の動物の一生について考えよう。	・犬・猫の一生について交流する。 ・犬・猫の販売について、問題点を見つけ話し合う。	○			
2 (2)	○日本と諸外国の犬・猫の生涯を比べてみよう。	・諸外国の犬・猫の生涯について調べ、日本との相違点について話し合う。 ・日本の犬・猫の入手や飼育について問題点を見つけ話しあう。				○
3 (3)	○映画を観て、「いのち」について考えよう。	・映画『犬に名前をつける日』を鑑賞し、「いのち」について自分なりの考えを持つ。 ・犬・猫の「いのち」について、話し合う。		○		○
4 (2)	○話を聞き、「いのち」について考えよう。	・動物愛護活動の方の話を聞き、「いのち」について意見交流をする。 ・保護犬・保護猫について知る。		○		○
5 (2)	○セラピードッグと触れ合う。	・セラピードッグとの触れ合いを通して、「いのち」について話し合う。			○	○
6 (1)	○「いのち」ってなに？	・一連の学習を終えて、「いのち」について自分なりの考えを持ち、交流する。		○		○

3) 5年生の授業モデル

①題材名　第5学年「『いのち』のために、今の自分にできること」

（全13時間扱い）

②題材のねらい

ア　「いのち」に関心をもち、「いのち」を大切にすることについて考えること
　　ができる。（関心・意欲・態度）

イ　動物の「いのち」を守る方法について、課題を見つけ、計画を立て、自分
　　なりに工夫して課題解決を図る。（創意工夫）

ウ　「いのち」は唯一無二なものであることがわかり、「いのち」を大切にする
　　ことについて理解する。

③題材の学習指導計画（表10-3）

次 (時)	小題材名及び目標	主な学習活動	重点とする評価の観点			
			関・意・態	創意工夫	技能	知識理解
1 (2)	○犬・猫の「いのち」を守るためにできることを考えよう。	・犬・猫の「いのち」を守る活動について自分にできることを計画する。		○		○
2 (2)	○実行可能なより良い計画を立てよう。	・動物愛護活動の方に計画内容を相談し、より良い計画を完成する。		○		○
3 (4)	○犬・猫の「いのち」を守る計画を実行しよう	・保護犬のリボンや保護犬・猫についてのポスター作りなど、「いのち」を守るために自分ができることを実行する。		○	○	
4 (2)	○発表会	・犬・猫のいのちを守るために行なった活動内容の報告を動物愛護活動の方・異学年児童・保護者を対象に行なう。 ・保護犬・猫に製作物をプレゼントする。		○		○
5 (3)	○『いのち』のために、今の自分にできること	・「いのち」を大切にするために、自分にできることを話し合う。 ・「いのち」について自分の考えを文章にまとめる。		○		○

　以上が「いのち」を実感する「いのちの教育」の授業モデル例である。日本では、2016 年の犬の飼育頭数は 987 万 8000 頭、猫は 984 万 7000 頭と発表されており、これは 15 歳未満の子どもの数よりも多い。このようなペットブームの中、繁殖用として狭いゲージで十分な飲食物が与えられず生涯を終えたり、犬・猫の病気や高齢化を原因に殺処分を依頼したりする飼い主が後を絶たない。しかし、諸外国では動物虐待に重罪を課したり生体販売そのものを禁止したりする国も多く、日本の動物の「いのち」の意識の低さを痛感する。そこで、このような動物の「いのち」の実態を、ドキュメンタリー映画で鑑賞したり動物愛護活動の方の話を聴いたりして、その現状をより具体的に想像し理解する学びの場を整える。加えて、保護犬・猫と触れ合い、いのちの大切さを実感する体験活動を実施し、授業の入り口は動物であるが、広く「いのち」について児童一人ひとりが考えることができる「いのちの教育」の授業を展開する。また、動物の「いのち」を守るための活動の一つとして保護犬・猫が身に付けるものを製作する製作体験を通して、活動に必然性が生まれ学ぶ意欲の向上につないでいく。文部科学省は、「感覚（体験）→思考→実践」の一連の活動により、知ることの喜びや意欲が向上すると述べている。祖父母等との同居家庭が減少し、それに伴い身内の死を経験する機会が減少すると同時に、バーチャルな世界が児童の生活に浸透し、実感を伴った体験をする機会は失われつつある。こうした中、本授業プランは先の「感覚（体験）」を学習の基本に据え、「いのちの大切さ」を実感し、自分には何ができるかを考え（思考）、計画を立てて実行する（実践）という「特別の教科 道徳」を基本に据え、「総合的な学習」や「家庭科」等教科横断的に学習する流れをつくった。

　この「いのちの教育」授業モデルにより、多くの児童が「いのち」を自分事として捉え、どうすれば自他の「いのち」を大切にできるのかを考え、実践できることを願っている。[7]

【引用・参考文献】

1)　警察庁（2017).『平成 28 年の犯罪情勢』
2)　文部科学省（2016)「平成 28 年『児童生徒の問題行動・不登校等生徒指導上の諸課題に関する調査』について」
3)　文部科学省（2004)『児童生徒の問題行動対策重点プログラム』
4)　渡邉満（2015)「第 1 章いのちの教育のカリキュラムモデルの開発、その目的と構想」,『いのちの教育カリキュ

ラムモデルの開発的研究研究成果報告書』

5）　速水多佳子・浅見静香（2013）.「家庭科教育における「命の教育」の可能性 —学校における実践事例の分析から—」.『鳴門教育大学研究紀要』,28, 522-532.

6）　上地安昭（2006）「教育の核心として「命の大切さ」の実感を育む」,『「命の大切さ」を実感させる教育についての有識者からの意見』

7）　西江なお子（2018）『動物介在・愛護を通して考える「いのちの教育」に関する文献研究』

11章 総合的な学習の時間や学校行事と連携した授業実践

章のねらい

　いつの時代であれ、どのような環境であれ、生活は「自らが創造する」という強い意識が無くては成り立たない。また、そのような意識があってこそ、生活の満足感や充足感を得ることができる。生活は平等に重要であるが、同質でなく、自然にあるものでもない。子どもたちに、家族の努力や地域の協力に気づき、自らが生活を支えようとする力を育てるには、学校全体の教育活動の中で多様な事柄に目を向けさせることが重要である。第5章では、めざす子どもの姿を追い続け、地域・家庭・栽培・食育・協働という総合的な人の営みを家庭科の学習を中心に取り組んだ尼崎市内小学校の4年間の集大成を紹介する。

1. 事例のコンセプト

　家庭科学習の前提となる生活に関する基礎学力が低下してきている。しかし、限られた時間内に、反復学習や補充学習を行なうことも困難である。子どもたちの体験学習を促すには、生活科や総合的な学習の時間など多くの機会を活用し、学校全体の取り組みとしていくことが重要である。ここでは、学校内で展開されるさまざまな学習活動を家庭科の基礎学力にうまく繋げている事例を紹介する。

　この実践例では、1つの小学校全体で第1学年から第6学年まで協働して教材開発に取り組んでいる。これまで学校の研究テーマとしてきた表現活動、食育、栽培活動の成果をうまく活かし、家庭科学習の基礎学力とすることができている。紹介する尼崎市立S小学校は、家庭科教員を中心に各学年の食の学習に取り組んできた。3年間の実践から、研究の枠組みを第1節で、家庭科、総合学習、学校行事での実践を第2節から第4節に紹介する。

　S小学校では、2009（平成21）年度の教育研究に「表現力」を取り上げていた。その結果、表現するためには表現する力が必要であり、表現する力は表現したいという強い動機によって生まれ、その動機はさまざまな体験によって生まれることが明らかとなった。そこで、2010（平成22）年度には、研究領域を「表現する力」としながら、家庭科の体験学習を通して「表現する力」の育成に取り組んでいる。2011（平成23）年度は、全校で「食」を中心に取り組み、2012（平成24）年度には「表現する力 - 食育を通して」として、食を通したコミュニケーションの育成に取り組んでいる。体験と表現の架け橋を食でつないだわけである。

　校内における家庭科授業の研究体制については、第6学年の教員が中心となり、定期的に全校研修の機会を設けていた。学年の授業計画の検討や研究授業の反省会も行なわれ、研究課題の共有化を図るとともに、相互の授業技術の向上の機会としていた。家庭科担当教員の授業研究に対する強いリーダーシップと共に、個々の教員の子どもたちに対する課題意識が継続的な授業研究を可能にしていた。とりわけ、校長、教頭を始めとする管理職の意思決定が、全校的な授業研究の方向性を決定づける大きな役割を担っていた。

2．家庭科につなげる体験活動を中心とした食育指導
〜ストーリー性のある学習計画とクロスカリキュラム〜

尼崎市立浜田小学校　橘　祥浩

(1)　はじめに

　新学習指導要領では、自ら学び判断し行動するという「生きる力」をより一層育むことが求められている。つまり、子どもたち自らが"学ぶ"意欲と姿勢を保持できるように、地域社会を巻き込んだ学校・家庭・地域の深い連携の下、教育実践の取り組みを行なうことが必須であると考える。めざすものは、『より良い社会を作り出す自立した人間の育成』に他ならない。

　本実践を行なったS小学校では、「自ら求め、はたらきかける児童をめざして」―基礎基本の力を高め、表現する力を育む授業の創造―をテーマに、家庭科・生活科・総合的な学習の時間・特別活動・給食の時間等で、体験活動を組み込み、「食を通したコミュニケーション力・表現力の育成」に力を注いできた。

　また、地域性（都市部に位置し、近隣にほとんど農地や自然がない）や児童の実態から、経験や体験の機会の少ない児童が多く、何よりも学校生活全般における体験活動の設定が重要と考え取り組んできた。さらには、家庭との連携を図りながら、低学年時から、給食・野菜や稲の栽培・調理実習や育てた野菜で工夫した簡単な調理に取り組むなど、体験したことや調べたことを伝え合う活動を通じて、楽しさや喜びを味わわせながら学びを深めてきている。

　その結果、栽培活動、調べ学習、発表活動などを通して「食」に対して興味を持つ児童が増えるなど大きな成果を得た。食べられなかった野菜が大好きになるなどの成果も出てきた。そして、学びを深めていく中で、学んだことを家庭生活に生かしていく態度も表われてきた。さらには、「食」を通した表現力の育成の集大成として『S小スタンダード』を作るべく、これまでの取り組みを整理精選し、体験的活動を重視したまとめに着手した。

　今後も、児童一人ひとりが、実践的・体験的な活動を通して、気づいたり、わかったりしたことを言語化することにより、コミュニケーションする力を育て、『わかる・変わる・できる』ことを実感することができる授業を展開していけるよう、学校全体として取り組んでいきたい。

　本節では、家庭科の食分野につながる低学年からのカリキュラムについて紹介する。

(2)　学校全体のカリキュラムの検討

　これまで、家庭科・生活科・総合的な学習の時間等で食育を行なってきたが、基本となる体験活動が重要と考え、ストーリー性のある学習計画や、教科を横断的にみた学習計画を作成するため、クロスカリキュラムを作り、検討してきた。（資料 11-1・11-2 にクロスカリキュラムの細例を示す）

　高学年から学習する家庭科教育につなげるために、低学年は主に生活科、特別活動の時間に、中学年以降は総合的な学習の時間に食育を行ない、心情や栄養素にふれてきた。6 年間を見通した活動をしてきたが、各学年の重点取り組みの一例を資料 11-1 に挙げ、さらに指導目標を資料 11-2 に示す。

　このように、6 年間の学びの関係を意識することで、学校での体験や経験を通して、実生活への関心、気づき、工夫、改善へとつながるようにしてきた。

特に、5年生から始まる家庭科の学習においては、これまで学んできた体験を重視した食育から、学習指導要領の目標にも明記されているように、実践的・体験的な活動を通して、家庭生活への関心を高めるとともに日常生活に必要な基礎的な知識と技能を身に付け、家族の一員として生活を工夫しようとする実践的な態度を育てていけるよう計画した。

6年間の学習計画として、1年生から4年生の間で、食につながる体験や経験を通して仲間と喜びを共有し、食に対する気づきや工夫の力をつける。そして、5年生からの家庭科で、自分と家庭の生活を見つめ、できる仕事から始め、実生活に関心を持たせ、より実践的な調理実習等の体験から、新たな気づき、工夫や改善をし、活動を振り返ることで問題解決能力や表現力を育てていく。最終的に中学校の3年間の家庭科の学習につなげられるようにしていきたいと考えた。食に関する全体計画を資料11-3に示す。また、家庭科と総合学習による食の取り組み（資料11-4）を第3節で、社会科と総合学習による食の取り組み（資料11-5）を第4節で、学校全体での表現活動での食の取り組みを第5節で紹介する。

◎資料11-1　各学年の重点取り組み

（1年生）「なんでもたべよう　げん気なS小っ子」
・給食を通して食べ物に興味を持ち、いろいろな食材や、その働きについて関心を持つ。
・食べ物を作ってくれた人へ、感謝の気持ちを持つ。
（2年生）「ふしぎ発見！　野さいはかせになろう」
・野菜の育ち方や特徴、栄養、はたらきについて知り、関心を持つ。
・食べ物を好き嫌いなく食べることの大切さを理解し、野菜を作っている人や、調理してくれる人への感謝の気持ちを持つ。
（3年生）「おいしく食べたいな！　尼いも＆小まつな」
・尼いも・小松菜の栽培、収穫、調理の体験を通して理解を深める。
・いろいろな食べ物を好き嫌いなく食べようとする気持ちを持つ。
・尼崎の伝統野菜や地場産物の存在を知り、すばらしさに気づく。
（4年生）「豆・まめ・大作戦　　～大豆の変身～」
・大豆がさまざまな形に姿を変えて、私たちの生活に役立っていることに気づく。
・伝統的な食事・食品のすばらしさを知り、健康な生活を送るための意識を持つ。
（5年生）「和食の基本をマスターしよう」
・毎日の食事を振り返りバランスのとれたよりよい食生活をめざす。
・ごはん・みそ汁を中心に1品の献立をたて、作ることができる。
（6年生）「わたしが作る『かぞくごはん』」
・栄養バランスを考えて、1食分の献立をたてることができる。
・調理計画に沿って、安全や衛生に気をつけて調理実習をすることができる。

◎資料11-2　指導目標

食に関する指導目標
　・食事の重要性・喜び・楽しさを理解する。
　・食事に関心を持ちバランスのとれた食事の大切さがわかる。
　・食事を通して、豊かな心とよりよい食習慣を身につける。
食に関する指導の到達目標
＜低学年＞・食べものに興味や関心を持ち、食品の名前がわかる。
　　　　　・みんなと楽しく好き嫌いなく食べることができる。
　　　　　・感謝の気持ちをもつことができる。
＜中学年＞・食べ物ははたらきによって、3つのグループに分けられることがわかる。
　　　　　・好き嫌いなく、おいしく食べることができる。
　　　　　・伝統的な食材・食品のすばらしさに気づく。
＜高学年＞・日常の食事に関心を持ち、バランスのとれた食事の大切さがわかる。
　　　　　・食事を通して豊かな心と好ましい人間関係を育てる。
　　　　　・自分の生活を見つめ直し、よりよい食習慣を身につけようと努力する。

◎資料11-3

食に関する指導の全体計画

[24年度]
尼崎市立S小学校

児童の実態
・明るく素直である。
・給食の残量がやや多い。
・朝食はほとんどの児童が食べているが、食事内容に偏りがある。
・好き嫌いがやや多い。

学級教育目標
たくましく心豊かな児童の育成
○学び続ける子　－－－－－－－がんばる
○思いやりのある子　－－－－－なかよく
○元気でたくましい子　－－－－つよく

・教育基本法　・学校教育法
・学習指導要領
・食育基本法
・指導の重点（県教委）
・あまがさきの教育（市教委）
・尼崎市食育推進計画

食に関する指導目標
・食事の重要性・喜び・楽しさを理解する。
・食事に関心を持ち、バランスのとれた食事の大切さがわかる。
・食事を通して豊かな心とよりよい食習慣を身につける

各学年の発達段階に応じた食に関する指導の到達目標

低学年	中学年	高学年
・食べ物に興味や関心を持ち、食品の名前が分かる。 ・みんなと楽しく好き嫌いなく食べることができる。 ・感謝の気持ちをもつことができる。	・食べ物は、働きによって3つのグループに分けられることが分かる。 ・好き嫌いなくおいしく食べることができる。 ・伝統的な食材・食品のすばらしさに気づく。	・日常の食事に関心を持ち、バランスのとれた食事の大切さがわかる。 ・食事を通して豊かな心と好ましい人間関係を育てる。 ・自分の生活を見つめ直し、よりよい食習慣を身につけようと努力する。

		第1学年	第2学年	第3学年	第4学年	第5学年	第6学年	特別支援
教科との関連	国語	・おおきなかぶ ・なぞなぞあそび ・おむすびころりん ・かるたをつくろう ・ことばっておもしろいな	・かんさつ名人になろう	・すがたをかえる大豆	・ひとつの花			特別支援 ・玉ねぎを収穫しよう ・ミニトマトを育てようサツマイモを育てよう ・ミニトマトの収穫 ・買い物をしよう ・サツマイモの収穫 ・おいもパーティーをしよう ・ほうれん草を育てよう ・ねぎをうえよう ・お別れ会でたこ焼きを作ろう
	社会			・もっと知りたいみんなのまち ・調べよう物をつくる仕事	・健康なくらしとまちづくり ・水はどこからごみはどこへ ・私たちの県のまちづくり ・住みよいくらしと環境 ・環境を守る人々 ・くらしを支える情報	・食料生産を支える人々農業水産業これからの食料生産	・大昔のくらしをのぞこう ・戦争から平和への歩みを見直そう ・世界の人々とつながりを広げよう	
	算数							
	理科			・たねをまこう ・植物の育ちとつくり ・植物の一生	・春夏秋冬の自然 ・ヒトの体のつくりと運動	・植物の発芽と成長・花から実へ・いろいろな花の花粉	・ヒトや動物の体・生物とかんきょう・自然とともに生きる	
	生活	・さあたんけんだ ・きれいにさいてね ・あきいっぱい ・なんでもたべよう ・みんなでいっしょに ・ふゆをたのしもう	・あきをさがそう ・おいもでおやつ 野菜博士になろう					
	体育（保健）			・けんこうな生活	・育ちゆく体とわたし	・心の健康	・病気の予防	
	家庭					・見つめよう家庭生活 ・おいしいね毎日の食事 ・考えよう買い物と暮らし	・朝食の生活を見直そう ・朝食を作ってみよう ・自分たちで育てた野菜でいろいろな調理をしよう ・食事を見直そう ・食事作りを考えよう ・一食分の食事	
道徳		・感謝の気持ち　・思いやりの心　・生命の大切さ　・社会性						
総合的な学習の時間				・尼崎の伝統野菜を知ろう ・食事について考えよう	・大豆の変身 ・大豆を育てよう ・大豆について知ろう ・とうふ作りに挑戦しよう ・いろいろな大豆製品に挑戦しよう	・日本の料理〜和にふれよう〜 ・んなで作ろう思い出を（自然学校）	・世界の食事情…世界に目を向けよう ・旬を食べよう ・見直そう、私たちの食生活	

			1学期	2学期	3学期
特別活動	給食の時間	低学年	・給食当番の仕事を知ろう ・正しい手洗いをしよう ・食器やはしを正しく持とう ・時間を守ろう	・みんなで楽しく食べよう ・感謝の気持ちを込めて食前、食後の挨拶をしよう ・食べ物の3つの仲間を知ろう	・好き嫌いなく何でも食べることの良さを知ろう ・行事にちなんだ料理があることを知ろう ・一年間の給食を振り返ってみよう
		中学年	・友だちと協力して準備や後片付けを手際よくしよう ・正しい手洗いをし、衛生に気をつける ・姿勢をよくし、食器やはしを正しく持とう	・友だちと仲良く楽しく食事ができるように工夫しよう ・食事に関わってくれた人に感謝して食べよう ・食べ物の3つの仲間の働きを知ろう	・好き嫌いなく何でも食べることの大切さを知ろう ・郷土料理を知ろう ・一年間の給食を振り返ってみよう
		高学年	・準備や後片付けを手際よく、責任をもってしよう ・正しい手洗いをし、衛生に気をつける ・食事のマナーを守って食べよう	・マナーを守って、友達と楽しく食事ができるように工夫しよう ・食に関わる人や自然の恵みに感謝して食べよう ・食べ物の3つの仲間の種類と働きを知ろう	・規則正しく食事することの大切さや栄養のバランスを考えた食事をすることの大切さを知ろう ・食文化に興味を持とう ・一年間の給食を振り返ってみよう
	学級活動		楽しく、気持ちよく食事をしよう夏休みの過ごし方を考えよう	当番に協力しよう献立の内容を知ろう冬休みの過ごし方を考えよう	食べ物と、栄養について考えよう感謝して食べよう
	学校行事		・給食習慣　・歯磨き指導　・夏休み作品展・身体測定　・残食調査・学校めぐり　・自然学校		
	児童会活動		・給食習慣　・交流給食		
	個別指導		・アレルギー児童への対応		
家庭・地域との連携			・食育だより　・給食試食会 ・学校だより・学校保健委員会　・保健だより		

255

◎資料11-4

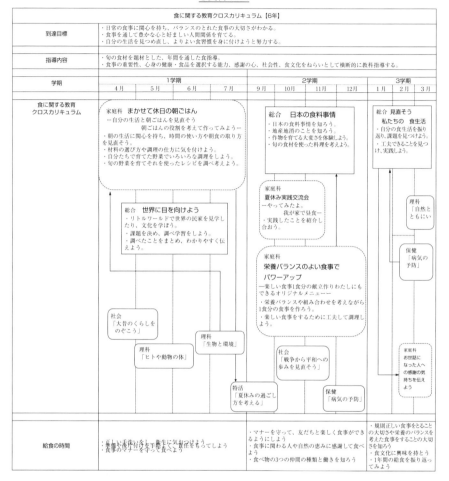

食に関する教育クロスカリキュラム【6年】

到達目標	・日常の食事に関心を持ち、バランスのとれた食事の大切さがわかる。 ・食事を通して豊かな心と好ましい人間関係を育てる。 ・自分の生活を見つめ直し、よりよい食習慣を身に付けようと努力する。
指導内容	・旬の食材を題材とした、年間を通した食指導。 ・食事の重要性、心身の健康・食品を選択する能力、感謝の心、社会性、食文化をねらいとして横断的に教科指導する。

学期 / 1学期（4月 5月 6月 7月）／ 2学期（9月 10月 11月 12月）／ 3学期（1月 2月 3月）

食に関する教育クロスカリキュラム

家庭科 まかせて休日の朝ごはん
―自分の生活と朝ごはんを見直そう
朝ごはんの役割を考えて作ってみよう―
・朝の生活に関心を持ち、時間の使い方や朝食の取り方を見直そう。
・材料の選び方や調理の仕方に気を付けよう。
・自分たちで育てた野菜でいろいろな調理をしよう。
・旬の野菜を育てそれを使ったレシピを調べ考えよう。

総合 世界に目を向けよう
・リトルワールドで世界の民家を見学したり、文化を学ぼう。
・課題を決め、調べ学習をしよう。
・調べたことをまとめ、わかりやすく伝えよう。

総合 日本の食料事情
・日本の食料事情を知ろう。
・地産地消のことを知ろう。
・作物を育てる大変さを体験しよう。
・旬の食材を使った料理を考えよう。

家庭科 夏休み実践交流会
―やってみたよ、我が家で昼食―
・実践したことを紹介し合おう。

家庭科 栄養バランスのよい食事でパワーアップ
―楽しい食事1食分の献立作りわたしにもできるオリジナルメニュー―
・栄養バランスや組み合わせを考えながら1食分の食事を作ろう。
・楽しい食事をするために工夫して調理しよう。

総合 見直そう 私たちの 食生活
・自分の食生活を振り返り、課題を見つけよう。
・工夫できることを見つけ、実践しよう。

社会「大昔のくらしをのぞこう」

理科「ヒトや動物の体」

理科「生物と環境」

社会「戦争から平和への歩みを見直そう」

特活「夏休みの過ごし方を考える」

保健「病気の予防」

理科「自然とともにい」

保健「病気の予防」

家庭科 お世話になった人への感謝の気持ちを伝えよう

給食の時間

・正しい手洗いをし、衛生に気をつけよう
・食事のマナーを守って食べよう

・マナーを守って、友だちと楽しく食事ができるようにしよう
・食事に関わる人や自然の恵みに感謝して食べよう
・食べ物の3つの仲間の種類と働きを知ろう

・規則正しい食事をとることの大切さや栄養のバランスを考えた食事をすることの大切さを知ろう
・食文化に興味を持とう
・1年間の給食を振り返ってみよう

◎資料11-5

食に関する教育クロスカリキュラム【3年】											尼崎市立下坂部小学校

到達目標	・食べ物は、働きによって3つのグループに分けられることがわかる。 ・好き嫌いなく食べることができる。 ・地域の伝統野菜を知り、栽培活動や調理を通して食べ物に対する関心を高め、感謝の心を育てる。
指導内容	・栽培体験を通して、地域の産物や食に関わる歴史等を理解させる。 ・食事の重要性、心身の健康・食品を選択する能力、感謝の心、社会性、食文化をねらいとして横断的に教科指導する。

学期	1学期				2学期				3学期		
	4月	5月	6月	7月	9月	10月	11月	12月	1月	2月	3月

食に関する教育 クロスカリキュラム	総合「尼いも・小まつな」を育てよう！調べよう！ ～大きくりっぱに育てるために～ ・尼いも・小松菜の苗を植え、成長の様子を記録する。 ・尼いも・小松菜歴史や栽培方法を調べる。	総合「尼いも・小まつな」を収穫しよう！調理しよう！ ～おいしく食べるために～ ・収穫の喜びを知り、調理を工夫して味わう。	総合「尼いも・小まつな」についてまとめよう！発表しよう！ ～めざせ！尼いも小まつなマイスター！～ ・調べたこと、感じたことなどをまとめる。	総合「食事について考えよう」 ・自分の食生活をふり返る。
	総合「食べ物の働きを知ろう」 ・食べ物の3つの働きについて知る。 ・食べ物の旬を知る。	国語「すがたをかえる大豆」		
	社会「もっと知りたいみんなの町」 ・尼崎市のようす調べ。	社会「調べよう物をつくる仕事」 ・ほうれん草農家の仕事の工夫を探ろう。		
	理科「たねをまこう」「植物のつくりと育ち」	理科「植物の一生」		体育（保健）「けんこうな生活」
	道徳「だいこんあらい」			
	特活「夏休みの過ごし方を考える」	特活「冬休みの過ごし方を考える」		

給食の時間	・友達と協力して、準備や後片付けを手際よくしよう ・正しい手洗いをし、衛生に気をつけよう ・姿勢をよくし、食器やはしを正しく持とう	・友だちと仲良く楽しく食事ができるように工夫しよう ・食事に関わってくれた人に感謝して食べよう ・食べ物の3つの仲間の働きを知ろう	・好き嫌いなく何でも食べることの大切さを知ろう ・郷土料理を知ろう ・1年間の給食をふり返ってみよう

3．家庭科と総合的な学習の時間を通した食の取り組み（6年生）
～わたしが作る「かぞくごはん」～

尼崎市立浜田小学校　橘　祥浩

(1)　はじめに

　本学年の児童は、実生活に即した体験や実習の活動が多い家庭科の学習を大変楽しみにしている。意欲的に授業にとりくみ、調理実習の際には、家庭での経験がある児童がグループをリードして、協力しながら活動をしている。実習前には家族に作り方のポイントを聞いて、実習後には家族に感想を書いてもらうようにし、家庭の協力を常に依頼してきた。

　7月に実施した食生活実態調査では、普段の食事について、＜楽しく食べる＞の項目では8割以上が「はい」と答えているが、＜好き嫌いをしない＞＜できるだけ多くの食品を食べる＞＜栄養のバランスを考えて食べる＞の項目では、「はい」と答えたのは4割程度にとどまっている。つまり、楽しんで食事をしているものの、栄養について意識している児童はまだ少ないといえる。しかし、＜家庭において一人で料理を作る＞と答えた児童は7割以上おり、その内訳は目玉焼き29人、野菜炒め27人、卵焼き19人、カレーライス18人、みそ汁9人等となっている。このことから、児童は調理実習で学んだことをもとに、意欲的に家庭生活でも活かそうとしていることがわかる。

　昨年度は、総合的な学習（食育）「プロジェクト米」の取り組みとして、もち米を育てて収穫し、もちつき大会を行なった。そのおもちを具材にして、家庭科「作っておいしく食べよう」の発展学習でお雑煮づくりの実習をした。そこでは、体に必要な栄養素について知り、にぼしやこんぶ、かつおを使っただしのとり方や、実の組み合わせ方、切り方、味のつけ方などを学習している。6年生では、朝食の大切さを知り、焼く（目玉焼き）炒める（野菜炒め）ゆでる（ほうれんそうのおひたし）料理の実習をおこなっている。その際には、食事のとり方や栄養のバランス、火加減、油を使った調理の仕方、片づけ方などを学習してきている。その中で、児童は日常の食事に関心を持ち、バランスのとれた食事の大切さを意識することはできてきている。

　本題材では、いろいろな食品を組み合わせた1食分の食事計画を立て、家族

の喜ぶおかずを考えて調理をする。家族が喜ぶおかずを作るときには、これまで扱ってきた食材や調理法の知識を活用し、組み合わせを考えて工夫して行なう。また、食事には単に栄養をとるだけでなく、家族のふれあいを深める大切なはたらきがあることを知り、家族のために作る調理の楽しさや、喜んでもらえる充実感を味わう。そして、普段当たり前にしてもらっていることに感謝の気持ちをもち、「してもらう自分」から「できる自分」へと成長していくきっかけとなる題材である。

　指導にあたっては、まず、夏休みの課題である「昼ごはんづくり」の報告会をし、その献立を使って栄養や品数、調理方法、いろどり、材料などの工夫を考えさせ、それぞれの献立のよい点を話し合わせる。

　次に、食事の役割、日常の食事の大切さや1日に必要な食品の分量、献立の立て方を学習してから、ごはん、みそ汁に合う調和のよい1食分の献立を立てさせたい。そこでは、主に栄養バランスを中心に考え、食品の組み合わせに重点を置くようにする。

　その後、グループで実習計画を立てて調理実習を行なう。計画をたてる際には、まず、家族構成を設定して、家族へのおもいやりと工夫を考えさせる。そして、「家族の嗜好」「栄養のバランス」のポイントに沿って献立を立てさせる。今回の調理実習では一食分の調理を取り扱うので、材料や分量、手順などをそれぞれ分担して調理時間にあった計画を立てさせる。これまで学習した技術を総合的に活用してとりくむようにし、実践的な力をつけさせたい。

　最後に、一人ひとりが自分の家族に合った「かぞくごはん」の献立を考える。家族に対する感謝の気持ちが伝わるように、栄養バランスを考えて1食分の献立を立てる。その際、日常の食事でよく使われている食材を中心に考え、事前に調べておいた家族の好みを考慮するよう声かけしていきたい。グループの話し合いにおいては、既習したことをもとに自分の考えを出し合い、お互いの考えのよさを認め合いながらよりよい考えに高めていくように指導していきたい。また、発表にあたっては、児童一人ひとりの家庭生活や家族の状況に配慮して行ないたい。

　その後、実習計画を立て、家庭で実践させる。実践後には、家族にインタビューを行ない、家族のためにしたことが受け入れられ、評価される喜びを味

わわせるため、学習のまとめに表現学習の一環として「かぞくごはん」の報告会を行なった。

本題材を通して、体験したことをまとめたり発表したりすることで自分の考えを言語化し、自分自身の経験を振り返り、実生活でも役立てられるよう理解を深めさせることができた。そして、自分にもできるという自信と家族の一員としての自覚を持たせ、協力して家庭生活をよりよくしようとする態度を身につける機会となった。

◎写真 11-1 「かぞくごはん」を考えよう

(2) 1年間の学習の流れ（食育）

1学期には、総合的な学習の時間に、リトルワールドで世界の料理を体験し、海外の食文化にふれる「世界に目を向けよう」を設定した。また、家庭科では、「まかせて休日の朝ごはん」で、朝の生活に関心を持ち、時間の使い方や朝食の摂り方を見直すため、自分たちで育てた夏野菜で朝食づくりを行なった。

2学期には、家庭科で「夏休み実践交流会」を行ない、夏休みに実践した昼食作りを報告し合い、さらに「わたしが作るかぞくごはん」で食事の役割と大切さを知り、家族構成を設定し、1食分の献立を立て調理実習を行なった。家族のことを思いやりながら1食分の献立を立て、家庭で実践することを条件とした。

さらに、総合的な学習の時間を活用し「冬野菜の栽培をしよう」で冬野菜のだいこんを育てた。

3学期には、家庭科で「お世話になった人への感謝の気持ちを伝えよう」で感謝の気持ちを持ち、栄養バランスを考えて調理実習をすることを学び、総合的な学習の時間で「見直そう、私たちの食生活」を設け、自分ができるようになったことの振り返りを行なった。以下に夏休みの課題とした「わたしが作る『かぞくごはん』」の実践を紹介する。

(3) 実践

1）題材名　　わたしが作る「かぞくごはん」

2）題材目標

・毎日の食事に関心を持ち、家族と楽しく食事をしようとする。

（関心・意欲・態度）

・学習したことを実生活に生かそうとする。　　（関心・意欲・態度）

・栄養バランスを考えて、1食分の調理計画を立てることができる。

（思考・判断）

・調理計画に沿って、安全や衛生に気を付けて調理実習をすることができる。

（技能）

・食事のはたらきや食品の栄養的な特徴を理解することができる。

（知識）

・自分の考えや感じた思いを相手に的確に伝えることができる。　（表現）

3）題材の指導計画（全16時間）

	学習活動	評価
第一次（2）	夏休みの「昼食づくり」を発表しよう ・グループで報告し合おう ・献立の工夫を考えよう	・自分の考えや感じた思いを相手に的確に伝えることができる。（表）
第二次（5）	1食分の献立を立てよう ・食事の役割と大切さを知ろう ・栄養について考えよう 　目で見る一日分の栄養 　（12才に必要な栄養素のおよその量） ・献立の立て方を知ろう 　ごはん　みそ汁　おかずの献立	・1食分の食事のとり方に関心をもち、進んで栄養を考えた献立を考えようとする。 　　　　　　　　　　　　　　　　　　（思） ・食事のはたらきや食品の栄養的な特徴を理解することができる。　　　　　　（知） ・栄養を考えて食事をとることの大切さについて理解することができる。　　（知） ・栄養バランスを考えて、1食分の献立を立てることができる。　　　　　　（思）
第三次（5）	実習計画をたてて、調理実習をしよう ・家族構成を設定して献立を立てよう ・実習計画をたてよう 　調理に必要な材料と分量 　調理時間　手順　分担　片付け	・家族構成を考慮しながら、栄養バランスを考えて、1食分の調理計画を立てて作ろうとしている。　　　　　　　　（関） ・栄養バランスを考えて、1食分の調理計画を立てることができる。　　　　（思）

	・調理実習をしよう ・調理実習を振り返ろう	・１食分の調理計画を立てて調理することができる。　　　　　　　　　　　　　　（技）
第四次 （４）	「かぞくごはん」を考えて作ってみよう	
	・家族に対する思いをまとめよう ・「かぞくごはん」の献立を立てよう ・「かぞくごはん」の実習計画を立てよう 　～家庭で調理実習～ ・家族にインタビューしよう ・「かぞくごはん」報告会をしよう	・家族のことを思いやりながら、栄養バランスを考えて、１食分の献立を考えることができる。　　　　　　　　　　　　（思） ・自分の考えを相手に的確に伝えることできる。　　　　　　　　　　　　　　　　（表） ・学習したことを実生活に生かそうとする。　　　　　　　　　　　　　　　　　　（関）

◎写真 11-2　「かぞくごはん」を作ろう

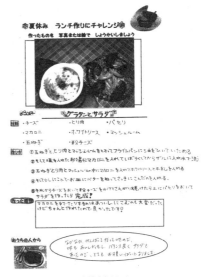

◎資料 11-3

4）学習を終えて

本単元を終えて、児童の振り返りをみると、以下のようになった。

①献立を立てる

- ■大変よくできる
- ■よくできる
- ■できる
- ■少しできる
- ■できない

②調理の準備・調理の片付け

- ■大変よくできる
- ■よくできる
- ■できる
- ■少しできる

③5大栄養素の理解

- ■大変よくできる
- ■よくできる
- ■できる
- ■少しできる
- ■できない

④家族の人に料理をしたい

- ■大変よくできる
- ■よくできる
- ■できる
- ■少しできる
- ■できない

児童の感想より

家族のために、何かをしてあるのは、大切なことだと思いました。これからは、家族のみんなのためにたまに、ごはんを作ってあげたいです。そのために5大栄養素や色どりなどを考えて、いろいろな料理を作って感謝の気持ちを伝えていきたいです。（女子）

かぞくごはんをつくっておいしいと言ってもらったので今週はぼくがごはんをつくりたくなってます。ごはんをつくるのって楽しいなと初めて思いました。（男子）

いつも何気なく食べているものが、作ることがとても大変だったのがわかりました。家族に喜んでもらえると自分もうれしかったので、料理はいいなと思いました。また、喜んでもらえるように栄養を考えて作りたいです。（女子）

　このアンケートから「①献立を立てる」「②調理の準備・調理の片付け」「③5大栄養素の理解」では、9割の児童が「できる」と回答しており、栄養を考えながら献立を立て、調理することに大半の児童が自信を持つことができているようである。また、「④家族の人に料理したい」に関しては半数以上の児童が「大変よくできる」と答えており、家族の人に料理をもっと作ってあげたい

という気持ちになっていることがわかる。

　児童の感想からは、ほとんどの児童が家族への感謝の気持ちを述べており、中には給食でお世話になっている調理師さんの苦労に気づく児童もいた。そして献立を立てる時には、栄養バランスだけでなく、その家族の好みに合うかどうかを考えることが大切という意見もみられた。

　学習を終えて、栄養バランスを考えて1食分の献立を立てたり、調理計画にそって調理をする等の技能の面は向上してきた。自分自身で、「献立をたてる」、「材料をそろえる」、「調理する」、「片付ける」という調理の全過程を最初から最後まで行なうことで、「一人でもできる自分」への成長の第一歩となったようである。

　また、全学習を通じて家庭の連携を重視し、家族からの温かい励ましやアドバイスを受けたことで、学習意欲につながり、自分が役に立つ喜びや、食に対する意識の変化があらわれたようである。

　グループの話し合い活動においては、考えをまとめるために、ホワイトボードを使ったことが効果的であった。「かぞくごはん」の献立を話し合う際には、学習したことをもとに、友だちのアドバイスを聞いて、よりよいものにしていこうとする姿がみられた。また、話し合いをよりスムーズに進めるためには、食に関する基本的な知識を深める授業を事前に組み立て、その知識を土台として話し合いを進めることが重要であると感じた。

　家族に対する思いやりをもって献立を立てたり、調理をしたりすることで、食を通してよりよい人間関係を育てるという点では成果があったように思う。

　課題としては、「家族」を対象として扱う単元であり、プライバシーに踏み込むという点で、配慮を要する難しさがあった。また、個々の家庭によって食生活が異なることから、グループで話し合う場面でも、児童を取り巻く環境に十分配慮して学習を進めるようにしなければならないと感じた。

5）成果と課題

　最後に、本実践の成果と課題について、整理したところ以下のようであった。

　総合的な学習の時間の活用により野菜栽培に取り組んでいたことから、野菜には旬があることを知り、旬の野菜のおいしさを味わうことができた。また、学年園で野菜を種から育てることにより、収穫する喜びや食べ物を大切にする

心、食べ物を作る人への感謝の気持ちが育ってきたように感じられる。食生活の基本となる味覚や野菜への愛着などを育てることできた。

　また、「かぞくごはん」の活動にとりくむことで、毎日の食生活の中で栄養バランスを考えることの大切さについて理解し、家庭でもそれを意識できるようになってきた。実際に調理を行なうことで、準備から片付けまでの計画を立て、作業の時間配分や手順を考えて、グループで分担しながらできるようになった。既習したことをもとに、技能を平易なものから段階的に発展させ、定着させることもできた。その結果、家庭でも進んで実践しようとする児童も増えた。

　さらに、家庭との連携を重視し、アンケートやインタビュー、感想等の協力をお願いしたことで、家族からの温かい励ましの言葉をいただき、学習意欲につながったと考えられ、家族の一員としての意識が高まったように思う。グループの話し合い活動では、車座になって話し合いをすることで、児童同士の距離感が縮まり、自分の意見を出しやすい環境で話し合うことができた。また、系統的な学習と振り返りの積み重ねによって、自分の考えと友だちの考えを比較し、よりよいものにしようとする素地が形成された。

　今後の課題としては、自分の食生活を見直し、バランスのとれた食事の大切さを理解することはできたが、児童の生活環境などの要因により、よりよい食習慣として定着するまでにはいたらなかった。一年間を通して「食」を中心に学習してきたことで、家庭科の「衣」「住」領域の学習時間の確保が難しくなってしまったことも反省点である。

　また、家庭とのつながりが深い教材では、家庭の理解・協力が不可欠であるが、家庭との連携が困難な児童もおり、学習したことを実践する機会を確保する難しさを感じた（以下、資料）。

◎資料11-5　1食分の献立

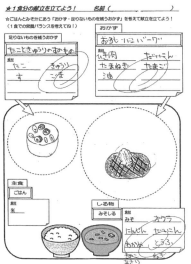

◎資料11-6　1食分の献立表

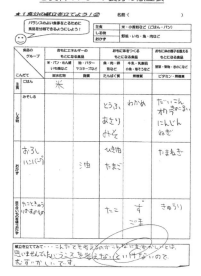

◎資料11-7　家族のための献立（1）

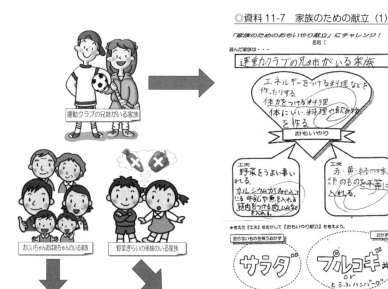

◎資料11-8　家族のための献立（2）

◎資料11-9　家族のための献立（3）

◎写真11-4　黙々と調理中

◎写真11-5　野菜の切り方も検討中

◎資料11-10　お母さんのための献立

267

4．総合的な学習の時間を通した食の取り組み（3年生）
～おいしく食べたいな！　尼いも＆小まつな～

尼崎市立浜田小学校　橘　祥浩

(1)　はじめに

　本学年の児童は、明るく元気で、休み時間は多くの児童が外に出て活発に活動している。給食の時間も楽しく会話をしながら食事をしているが、苦手な献立の時は量を減らしたり、完食に時間がかかったりする児童もいる。

　昨年度は「ふしぎ　発見！　野菜博士」の学習で、育てる、知る、伝える活動を行なってきた。さまざまな野菜を育てたり、食べたり、栄養や特徴を「かるた」にまとめる等の活動を通して、育てた野菜を中心に野菜に興味を持ち、「野菜が好き」な児童が増えてきている。また、「野菜が苦手」ではあるが、少しずつ食べられるようになったり、食べようと努力したりする姿が見受けられるようになってきている。

　そこで、今年度も引き続き、野菜を栽培する、調理する等の体験活動をもとに、さらにその野菜の特徴・栄養・調理レシピなどを調べ、まとめ、伝える活動を行なうことにした。野菜の栽培は、きちんと世話をしていないとうまく育たず収穫ができない。水やりや草ぬきなどの世話をこつこつと行ない、徐々に生長していく様子を観察することで、自分たちで育てた野菜に愛着がわいてくる。だからこそ、無事収穫できたときの喜びはひとしおであろうと思われる。このような活動を通して、野菜への興味関心を高めていくとともに、好き嫌いなく食することのできる気持ちを育んでいくことができると考える。

(2)　題材について

　3年生の社会科では、尼崎市内の様子を学習する。そこで、伝統野菜である「尼いも」と尼崎の農作物の中で生産量がもっとも高い「小松菜」を取り上げることにした。しかし、校区内は畑が少なく、児童は、野菜はどこか遠くで育てられているものと感じている。軟弱野菜で、鮮度が命である小松菜は、遠くの地域で育てられたものよりも、地元で育てられたものの方がおいしく食べることができる。小松菜は、尼崎でたくさん育てられ、地元産と表示され、お店

に並んでいるものもある。そのことを知ることによって、地産地消の意識を高めることができると考えられる。また、短期間で栽培でき、生長の様子・収穫時期がよくわかり、汁もの・炒め物などの調理方法で、給食や家庭料理にもよく使われており、生活の中で身近に感じることのできる野菜である。

　尼いもは、サツマイモの一種で、江戸時代後期から尼崎市内で盛んに生産されたが、1934年の室戸台風と1950年のジェーン台風の高潮被害で生産が途絶えた。しかし、1996年「尼崎公害患者・家族の会」が発表した「尼崎南部再生プラン」のシンボルに尼いもの再生が盛り込まれた。そして2000年にサツマイモを保存栽培する国の研究機関から苗を取り寄せ、「尼いもクラブ」とともに再び広めた。現在、少しずつ収穫量を増やしていっているが、子どもたちのみならず、地域、保護者にもほとんど知られていない状況である。

　さらに、この尼いもと小松菜には植える段階から違いがあり、尼いもは苗から植えるが、小松菜は種から植える。また、「葉を食べる物」「根を食べる物」という大きな違いがあり、栄養素の違いや保存期間の違いなどを比較することもでき、それぞれの野菜の特徴をより深く知ることができる。この学習を通して、自分たちの住む尼崎の特色ある野菜を栽培し、観察することで、より野菜を身近に感じ、進んで食べようとする意欲につなげることができるのではないかと考え、本題材を設定することとした。

(3)　授業の計画

　第一次で、野菜を育てるということを身近に感じさせるために、畑の土作りから全員でとりくませる。そして、野菜を育てるには、土の状態、栄養も重要であることに気づかせることにした。さらに、尼いもの畑にはマルチシートを敷くことで、雑草が生えにくくなることに気づかせ、「つるがえし」をすることで茎から新たな根がはるのを防ぐことを教えるなど、野菜を育てる上での工夫について理解を図った。小松菜の畑では、草引きや害虫取りなど、手間のかかる作業を何度も経験し、生長を見守る中で、気がついたことや感じたことを記録させるために、観察カードをつけさせた。ここでは、理科「植物の育ちとつくり」で学んだことを生かし、それぞれの育ちの違いや共通点に気づかせた。また、家庭でも協力してもらい、買い物して調理してもらったことを記録させ

るようにした。

　次に第二次で、自分たちが手塩にかけて育てた尼いもと小松菜を収穫し、調理した。苦手なものは、どうすれば食べられるかと問いかけ、子どもたち自身の工夫により調理する計画をたてさせた。収穫の喜びと、工夫して調理方法を考えることで、より野菜に愛着を持つことができたと考えられる。また、手軽な方法で調理できることを知ることによって、家でも作ってみたいという気持ちにつなげることができた。

　さらに第三次では、グループに分かれて学習したことをまとめ発表させた。ここでは、国語科「わたしたちの学校行事」で学んだグループごとの話し合いや発表メモの作り方、説明の仕方の工夫を取り入れた。自分たちの思いや考えをしっかり持ち、相手に伝える力を一層身につけさせるための手立てとなった。また、尼いもや小松菜の優れたところや、尼崎にとって大切な伝統野菜や地場産物であることを伝え合うことが、より身近な野菜として愛着を持つことに結びついたと考えられる。また、ゲストティーチャーを有効に活用し、野菜博士Ｋさんを迎え、土作りから栽培に至ることを、プロから学ぶ経験をほどこしていただいた。育てることの難しさを知り、体験したこと・調べたことをまとめ、話し合う中で、食物に関わるものすべてに感謝の気持ちを持ち、野菜マイスターとして自信をもつ第一歩となってほしいと願っている。

（4）　実践

（1）題材名　　「おいしく食べたいな！　尼いも＆小まつな」

（2）題材目標

・「尼いも・小まつな」の栽培、収穫、調理の体験を通して、理解を深め、好き嫌いなく食べようとする気持ちを持つことができる。

　　　　　　　　　　　　　　　　　　（関心・意欲・態度）〈感・社〉

・「尼いも・小まつな」について学習し、尼崎の伝統野菜や地場産物の存在を知ることができる。　　　　　　　　　　（知識・理解）〈文・健〉

・調べたことや体験したことを、わかりやすくまとめ、発表することができる。　　　　　　　　　　　　（技能・表現・思考・判断）〈選・重・健〉

◎写真11-6　ぼくが育てた尼いも

（3）題材の指導計画（全18時間）

	学習活動	評価
	「尼いも・小まつな」を育てよう！調べよう！ 〜大きくりっぱに育てるために〜	
第一次 （5）	・畑を耕す。 ・尼いもの植え方と育て方を知る。 ・尼いもの苗を植える。 　　講師：文化財収蔵庫　担当者 ・小松菜の種をまく。 ・水やりや草ぬきをする。 ・尼いも・小松菜の世話をしながら、生長を記録する。［観察カード］ ・食べ物の3つの働きを確かめる。 ・家の人と買い物に行って気がついたことを記録する。 ・家で食べたことを記録しておく。	・ゲストティーチャーに教わったことを観察カードに書くことができる。 　　　　　（技能・表現）〈感・文〉 ・小松菜の種の様子やまいた時の　様子を観察カードに書くことが　できる。 　　　　　（技能・表現）〈感・文〉 ・進んで水やりや草ぬきができる。 　　　（関心・意欲・態度）〈感・社〉 ・生長の様子（つるののび方、形、長さなどの変化）に気づき、記録することができる。 　　　（関心・意欲・態度）〈感・社〉 ・栄養のバランスをよくするために、好き嫌いなく食べることが必要であることに気づく。　　　　（知識・理解）〈健・選〉 ・売り場の広さ、置いてある場所、価格、産地などに目を向けて記録することができる。 　　　（関心・意欲・態度）〈感・社〉 ・調理のしかたや味などについて感想を持つことができる。　（技能・表現）〈感・文〉
第二次 （8）	「尼いも・小松菜」を収穫しよう！調理しよう！ 〜おいしく食べるために〜	
	・夏休みに小松菜を食べたことを発表する。 ・2回目の小松菜の種まきをする。 ・手軽に作れる尼いもや、小松菜を使った献立を考える。	・1回目の栽培で失敗したことを生かして、世話をしている。 　　　（関心・意欲・態度）〈感・社〉 ・苦手な食材を食べやすくするための工夫を

・尼いもと小松菜を収穫する。 ・調理されたものを食べる。 　尼いも…つるや葉の佃煮 　小松菜…間引き菜 ・調理して食べる。 　尼いも…パンケーキに入れる。 　小松菜…お好み焼きに入れる。	考えることができる。 　　　　　　（思考・判断）〈健・選〉 ・気が付いたことを進んで発表できている。 　　　　　　（思考・判断）〈選・感〉 ・興味を持って参加している。 　　　　（関心・意欲・態度）〈感・社〉 ・友だちと協力して調理することができる。 　　　　（関心・意欲・態度）〈感・社〉 ・感想を発表することができる。 　　　　　　（思考・判断）〈選・感〉
第三次（5）	「尼いも・小松菜」についてまとめよう！発表しよう！ 〜めざせ！尼いも小松菜マイスター！〜
	・尼いも・小松菜グループに分かれて、発表の計画を立てる。 ・今までに学んできたことをまとめる。 ・グループごとに発表する。 	・野菜の良さや特徴が相手に伝わるように、今まで学んだことを工夫して発表することができる。　　　（技能・表現）〈選・感・文〉 ・自分の考えと比べながら発表を聞くことができる。 （知識・思考・判断）〈選・感・文・健〉 ・尼いも、小松菜マイスターとしての意欲・知識を高めることができる。 （関心・意欲・態度、知識）〈重・健・選・感・文〉

(5) 題材を終えて

　1学期、尼いもと小松菜を育てるために、まず土作りから始めた。畑の土に肥料をまぜて耕した後、尼いもの畑をマルチシートで覆うことで、雑草を防ぐ工夫を知ることができた。子どもたちは、昨年度もさまざまな野菜作りを経験しているので、意欲的に取り組んでいた。植え付けの準備ができた後、文化財収蔵庫の指導員にゲストティーチャーとして来ていただき、尼いもの栽培方法と歴史について教えていただいた。昔の尼いもは、細長く甘くておいしかったということや、苗の植え付け方を学んだ。また、小松菜の種も同時期にまき、それぞれ生長を観察した。尼いもと小松菜の畑に、手作りの看板を作って立てたり、虫や鳥よけの工夫をすることで、自分たちの尼いもと小松菜という意識が高まっていったと考えられる。

　夏休みに入り、食べ頃になった（生長した）小松菜を、水泳教室に来ていた子どもたちに収穫させ、調理して食べさせたところ、普段、給食に出てくる小松菜に苦手意識がある子どもも積極的に食べ、何度もおかわりしていた。

　2学期に入り、尼崎市公設地方卸売市場へ見学に行った際、小松菜は尼崎でも作られていること、さらには、傷みやすい野菜であるため、地元で育てられたものの方が新鮮な状態で食べられることを知った。また、この頃に、再び小松菜の種を畑と植木鉢にまいて、その生長の観察を始めた。生長の過程で、栄養の奪い合いを避けるために、間引きする必要性があることも知った。そして、間引いた小松菜を味わう活動も行なった。

　収穫後、「尼いも入りパンケーキ」と「小松菜入りお好み焼き」を調理して味わった。簡単に作れることから、家庭でも作ってみたという子どもが多数いた。家でも食べてみようと思うぐらい、身近な野菜になってきたのだと感じられた。尼いもについては、収穫した際に、葉を希望者は持ち帰った。家庭の協力もあり、天ぷら・サラダ・かき揚げなどさまざまな料理にチャレンジし、写真やポスターで報告してくれた。さらに、つるは学校でつくだ煮にして味わった。このような体験から、尼いもは捨てるところのないエコな食材であるということが、子どもたちの中にも定着したと考えられる。また、小松菜は調理しやすく、どの料理にもよく合うことを知り、その上、栄養価の高いすばらしい野菜であることを再確認した。

　調べ学習と発表の締めくくりに、尼いも・小松菜マイスターとして、自分が一番伝えたいことを「キャッチコピー」で書き表わす活動を行なった。自分の思いを短い言葉で書くことで、たくさんの人に、尼いもと小松菜の良さをわかってもらおうと努力していた。

◎資料11-11

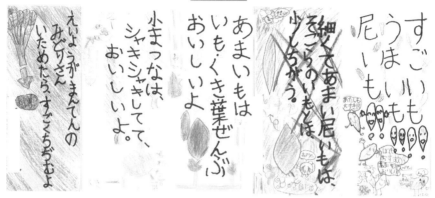

(5) 成果と課題

　本実践の成果と課題については、以下のように整理することができた。成果としては、まず、尼崎の伝統野菜や、地場産物について知ることができ、地域に愛着を持つきっかけとなった。尼いもや、小松菜の栽培にとりくみ、生長の様子を記録することで、土作りや水やりの大切さを知り、さらに害虫や害鳥による被害などに遭うことで、栽培の大変さを実感し、その対策を考えようとする意欲が出てきた。

　また、尼いもと小松菜を同時に栽培することで、苗から植える・種をまく、土の中の部分「根」を食べる・土の上の部分「茎」「葉」を食べる、保存性がよい・悪い等、比較しながら学ぶことができた。この他、小松菜は軟弱野菜であるため、地元で栽培され、販売されたものの方がより新鮮でおいしいことに気づき、「地産地消」の意識を高めることができた。自分たちで栽培し、収穫したものを調理して食べることで、苦手なものでも食べてみようという意欲につながり、調理方法や栄養について進んで調べることもできた。

　さらに、グループで体験したことをまとめ、発表の練習をすることで、協力し共に学んでいく姿が見られた。また、よりわかりやすい発表をするために、話し方・資料の提示方法などを考えることで、表現に工夫が見られた。

　以上のように、尼いもと小松菜の栽培・収穫・調理の体験活動を通して、育てることの大変さを知り、収穫することの喜びを味わうことができた。さらに、

尼いもと小松菜について、グループごとに調べてわかったことをまとめ、伝えるという活動には、2つの野菜を比較できるというよさがあった。

　今後の課題としては、調べたことを相手に伝える時、野菜の栽培や歴史については、専門的な言葉が多いため、伝える側が十分に理解できてない部分もあった。また、伝えたいことが多すぎて、うまく焦点をしぼりきれてない部分もあった。たくさんの情報の中から、特に大切な部分を自分たちの言葉（生きた言葉）でわかりやすくまとめる工夫を指導していかなければならない。

　野菜を栽培する時は、収穫時期から逆算して種まき等を行なわなければならない。計算して栽培したつもりだったが、気候・場所・土壌等の影響もあり、なかなか思う時期に収穫できなかった。愛情を注いだ野菜を収穫する喜びを、共に分かち合うという経験を何度も体験させるためには、もっと早く活動していかなければならなかった。

　さらに、野菜の調理等について、家庭の協力を多く得られた。子どもたちが調べたことを、掲示物や学級通信等で家庭に発信したが、食に対する意識が家庭でも変わったかどうか、その結果をアンケート等で検証することもできればよかった。

◎写真11-7　野菜作りは土作りから

◎写真11-8　大きく育った小松菜

【注】（3）題材の指導計画の表中の省略記号は以下の内容である。

＜重＞食事の重要性、＜健＞心身の健康、＜選＞食品を選択する能力
＜感＞感謝の心、＜社＞社会性、＜文＞食文化

5. 食育集会を通した表現活動（全校）
「からだ丸ごと元キッズ」〜S小フェア〜

尼崎市立浜田小学校　橘　祥浩

(1) 取り組みの内容

　全校食育集会「からだ丸ごと元キッズ！」は、オープンスクール「S小フェア」の一環として、児童・保護者だけでなく、地域の方々・市内の教職員にも授業公開した。本校は、兵庫県教育委員会「平成24年度地域の特色を生かした食育推進事業　食育推進校」に指定されており、地域の特色を生かしつつ、学校の教育活動全体を通じて行なう食育についての研究にとりくんできた。

プログラム

（1）みんなでGO！食育GO！
　　　とりくみについての説明

（2）伝え合おう！私たちの食育「S小グリーンワールド活動」
　　　各学年の学習活動発表

（3）野菜博士と一緒に
　　　ゲストティーチャーに学ぶ　　　トマト農家Kさん

（4）めざせ！S小マイスター！
　　　「S小検定」の告知
　　　※S小グリーンワールドとは、本校の学校園の名称で、
　　　　児童の応募、選考により命名されたものです。

　当日は、まず本校の食育の取り組みについて説明した。保護者・地域の方々にもわかりやすいよう映像機器も利用して行なった。児童にも、できるだけわかりやすい言葉を選んで話し、学習していることの意義を伝えた（資料参照）。
　次に、各学年の学習活動の発表を児童が行なった。1年生は、「きゅうしょくのひみつをさがそう」のテーマで、自分たちが給食室探検で知ったことや、ある日の給食の献立から学んだ、いろいろな食材や食べ物のはたらきについてなど、元気いっぱいに発表した。2年生は、クイズを交えて、野菜の秘密を発表、3年生は、尼いも・小松菜の栽培報告をおこなった。特別支援学級も、農

園での活動を報告した。4年生は、大豆について調べ、不思議に思ったことや、実験したことを発表した。5年生は、米作りの様子を寸劇を交え発表した。苗の植え方から、稲刈りの鎌の扱い方まで具体的に伝えることができた。最後は6年生、「世界の食から学ぼう」のテーマで、世界の民族料理について調べたことなどを発表した。

　各学年の発表が終わり、本校で日頃からゲストティーチャーとしてお世話になっている市内のトマト農家のKさんにお話しいただいた。小学校2年生の時、学校の授業で校区探検に出かけた時、実家の田植えを見学し、父親の作業する姿に憧れ、その時に農家になろうと思ったという話をされた。そして、「この中から、将来農家をめざす子がいたらうれしいです」とも話された。

　それから、農家になって初めてトマトを作った時、ほとんどが病気になり出荷できなかった辛かった話や、その時に近所の方に「来年、昔食べたおいしいトマトの復活を楽しみに待っているよ」と声をかけられ、父親に「もう1度がんばって挑戦したらいい」と励まされ、再度トマト作りに挑戦。翌年にはおいしいトマトを収穫することができたという苦労話をされた。基本を守り、正しく栽培することや、身体を大切にすることなど、日頃から心がけていることも教えていただいた。児童は、自分たちにとって「野菜博士」「トマト博士」とお世話になっているKさんの話に、熱心に耳を傾けていた。

　最後に、めざせ！S小マイスター！「S小検定」の告知をおこなった。検定は約1か月後に実施し、学校に関することや、各学年からの問題が全部で50問出題。問題は各学年の掲示板に予告しその中から出題されること、今日の発表や、各学年がとりくんだことに答えがあることを伝えた。だから、わからないことがあれば、掲示をしっかり見て、その学年の児童に尋ねるようアドバイスした。この活動を通して、他の学年の活動にも興味をもち、伝え合う活動ができるようにと企画した（問題例は資料参照）。

　閉会のあいさつでは、児童会代表が、Kさんに日頃の感謝の気持ちを伝えた。1時間の集会だったが、本校のとりくみを保護者・地域の方々に伝えることができたと思う。また、児童は、他学年の取り組みを見聞きすることで、お互いを高め合うことができた。

(2)　成果と課題

　3年間に取り組んできた栽培・体験活動の成果については、苦手な食材も食べてみようとする意欲につながった。栽培することの大変さを知り、感謝の心を持つようになった。工夫することの大切さやすばらしさを感じることができた。伝統野菜や地場産物について知り、地域で昔から伝えられてきたものに興味や愛着を持つきっかけとなった。などがあげられる。しかしまた、適当な時期に収穫できなかったり、十分な量がとれなかったり、一人ひとりで収穫時期がずれたりしたので、授業でうまく活用できないこともあった。栽培を授業に組み込む難しさもあった。

◎資料11-12

```
～Ｓ小検定の問題より～
3年　27．尼いもの葉っぱの特徴はどれでしょう。
            A　ハートの形
            B　たまごのような形
            C　ギザギザのアサガオの葉のような形

        28．サツマイモや尼いものつるがのびてきたとき、必要のない根がのびないよ
            うにするためにすることは何でしょう。
            A　はっぱがえし
            B　つるがえし
            C　つるのおんがえし
```

　食生活全般については、献立の名前がわかったり、野菜の名前を知ることで、興味や関心を持つことができ、食生活を考えたりするよい機会となった。学習した食材だけでなく、それ以外の食材にも関心が広がった。給食が味や栄養などいろいろ考えて作られていることに気づき、給食を残さないようにする児童が増えた。給食では嫌いなものを食べるようにがんばったり、よい食生活を送ることの大切さは理解できたが、家庭では好きなものばかり食べている児童もまだいることから、家庭との継続的な連携も必要である。

　表現活動については、継続して観察したり、体験したりすることにより、より深く実感でき、思ったことや考えたことを工夫して伝えようとすることができた。学年に応じて、グループや学年全体などいろいろな形で話し合い、交流したりすることで、考えを深め合うことができた。また、いろいろな形態で発表したり、交流したりすることが表現力の向上につながることがわかった。今後も言語力を高めて自分たちの言葉でまとめたり伝えたりする機会を増やし、継続的な指導を行なっていきたい。

◎写真 11-9　３年生の発表資料

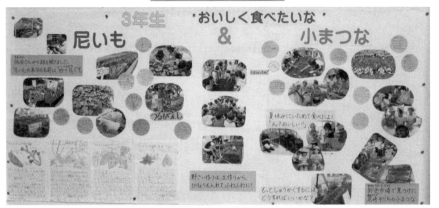

コラム3　持続可能な未来を共に創る担い手の育成
「何かできることはないか・・・」感じて動く大人の姿に学ぶ

南三陸町にて＜撮影＞加賀恵子

　2011年の夏、東日本大震災の被災地である気仙沼市と南三陸町の中学校を訪問する機会があった。津波によって全校生徒の7割の自宅が全半壊となり、中学校の体育館は、地域住民が500人以上も身を寄せて生活をする避難所になっていた。

　その折に、校長先生から伺ったお話。みんなのために、地域のために、精一杯がんばる大人たちの姿を見た中学2年生が、こんなことを言ったという。「今まで、災害に備えていろいろなものを整えてきたけど、そんなものは津波の前に何の役にもたたなかった。一番大切なのは、人のつながりだった。自分もあんなかっこいい大人になりたい」と。

　それ以来、家庭科の題材を構想する時、「他者とともに力を合わせて行動する大人に登場してもらおう」と考えるようになった。

　例えば、食生活の領域で「食料自給率」や「食品ロス」などについて扱おうとした時には、NPO法人「フードバンク関西」を取材した。「フードバンク関西」では、包装の破損や商品入れ替えなどの理由で賞味期限前に廃棄される余剰食品を引き取り、福祉施設や一般家庭などに無償で配布する活動をされていた。そこには、市民ボランティアと企業・行政がつながり、よりよい社会を作ろうとする大人たちの協働があった。

　授業では、この活動の背景にある課題や価値、これを支える大人たちにも焦点をあてた。持続可能な未来を共に作る担い手を育成するために・・・。

●NPO法人「フードバンク関西」　理事長　浅葉めぐみさん

　まだ美味しく食べられるのに廃棄される食品がある一方で、満足な食生活を送れない人たちがいます。フードバンクは、その両方を繋ぎ、企業や個人から提供された余剰食品を、支援を必要とする人達に無償でお届けします。こうして、食べ物は廃棄されることなく美味しく活用され、命の糧として、本来の価値を全うできます。私たちは、環境に優しく、人にも優しく、互いに支え合い、尊重し合える社会の実現をめざします。

大型スーパーから届いた消費期限当日の
パンや賞味期限切れ前の食品など
＜撮影＞加賀恵子

余剰食品を必要とする支援先毎に分けています
＜写真提供＞フードバンク関西

　家庭科は、生徒が自分の生活を見つめ、問題に気づき、それを改善、解決する実践力を身につけること、つまり生活主体を育てることを目標としている。しかし、現代の生活は、個人や家族などの私的な範囲にとどまらない。個人の生活をよりよくするには、家族の生活や社会もともによりよくしていかなければならない。そのためには、自分の問題を社会との関係で捉える能力や、他者と力をあわせて行動する実践的な態度の育成が必要となる。シティズンシップの育成である。

　　　　　　　　　　2006（平成 18）年の教育基本法の改正では、「学校・家庭・地域住民その他の関係者は、教育におけるそれぞれの役割と責任を自覚するとともに、相互の連携及び協力に努めるものとする」と規定された。

2015 年に国連で採択された持続可能な開発目標 SDGs でも目標 17「パートナーシップで目標を達成しよう」が掲げられている。

　教育の担い手は公的セクターである学校教育や社会教育に限らず、地域社会やボランティア・NPO などの市民社会 (組織) や企業を含めた多元的なものに移行しつつある。総合的な学習に時間が教育課程に位置づけられて以降、外部人材の積極的な活用が言われてきた。教育に携わるすべての人々のシティズンシップによって「地域全体で子どもの教育を担う」ことを頭に置きつつ、よりよい社会の担い手を育てる魅力的な授業づくりをしたいものである。感じて動くかっこいい大人たちと共に・・・。

■索 引■　(50音順)

【編者プロフィール】

大本　久美子（おおもと　くみこ）

京都市に生まれる
現在　大阪教育大学　教授
専門　教科教育　消費者教育　家政学　生活経営学　家族関係学

著書
『初等家庭科教育法－新しい家庭科の授業をつくる－』2011　ミネルヴァ書房（共著）
『小学校家庭科概論－生活の学びを深めるために－』2011　ミネルヴァ書房　（共著）
『今こそ家政学－暮らしをつくる 11 のヒント』2012　ナカニシヤ出版　（共著）
『楽しもう家政学　あなたの生活に寄り添う身近な学問』2017　開隆堂出版　（共著）
『やさしい家政学原論』2018　建帛社　（共著）
『持続可能な社会をつくる生活経営学』2020　朝倉書店（共著）
『生活を愉しみ豊かに生きる　家政学者の生活実践』2021　烽火書房

【シリーズ・新時代の学びを創る】9

　　家庭科　授業の理論と実践

━━

2020 年 1 月 12 日　初版　第 1 刷　発行　　　　　　　　定価はカバーに表示しています。
2024 年 8 月 31 日　初版　第 3 刷　発行

編　者　　大本久美子
発行所　　（株）あいり出版
　　　　　〒600-8436　京都市下京区室町通松原下る
　　　　　　　　　　　元両替町 259-1　ベラジオ五条烏丸 305
　　　　　電話／FAX　075-344-4505　http://airpub.jp/
発行者　　石黒憲一
印刷／製本　モリモト印刷（株）

━━

Ⓒ 2020　ISBN978-4-86555-071-9　C3037　Printed in Japan